峰地光重の教育実践

学習者主体教育への挑戦

出雲俊江

溪水社

池袋児童の村小学校入学式　大正14年頃。最後列右から　小砂丘忠義、野村芳兵衛、野口援太郎、峰地光重、2人おいて小林かねよ。

上灘小学校　郷土室

はじめに

　池袋児童の村小学校は、関東大震災の翌年、野口援太郎の自宅を校舎として開校されました。特に看板も無かったので、その前を通っても、それが学校であるとは気付かない人も多かったそうです。そこは子どもが学びたいことやりたいことなら何でも学習とみなす、言わばとんでもない学校でした。そんなところで、果たして子ども達に学びが成立するのでしょうか。教師達や親達の半信半疑の中、子ども達は初めこそいたずらしたり暴れ回っていましたが、次第に落ち着き、それぞれに好きなことを始めたそうです。また子ども達一人一人の興味の範囲は広く、狭い分野に偏ることがなかったというのも驚きです。それらは、やってみなければ分からなかったことでした。

　池袋児童の村小学校は、そのような学習者主体を原理とする本当の意味での実験校でした。雑誌『教育の世紀』に目を通すたびに、この小学校を作った教育の世紀社の四人の同人達の熱い思いに胸が熱くなります。

　峰地光重は、この実験校の教師として二年半を過ごし、その初期の実践を中心となって作っていった人物です。

　これといった具体的プランも無く開校された池袋児童の村小学校の実践は、訓導として赴任した数名の教師達にゆだねられました。雑誌『教育の世紀』からは、平田のぶや峰地光重らの、実践者としての資質と高いスキル、そして実践の奮闘が、初期の池袋児童の村小学校の学習者主体教育を支えていたことがうかがわれます。

　あらかじめ決められた学習内容も、時間割も決まった教室もない学校。それはただの放任とどう違うのか。その問いは、学校とは何かという問いでもあります。

　今のところ私はその違いを考えるヒントが、アメリカの思想家ノディングズ「ケアリング」にいうケアにあると考えています。ノディングズ

は、お見舞いには行かない方がよいという判断に基づいて行かずにいることを、ただ行かないことと区別して、ケアという行為として位置づけることをその例として示しています。池袋児童の村小学校の実践は、まさにこのケアでした。この小さな学校が学校であることを支えていたのは教師達だったといえます。

　峰地光重の、学習者主体教育実践者としての素地は、池袋児童の村小学校赴任以前の綴方教育実践に見ることが出来ます。子ども達自身が本当に表現したいと思う、子ども達自身の声を綴ることを綴方教育とした取り組みです。学習者の声に耳を澄ますこと。今も当然のように言われるけれど、それは思いのほか難しいことです。耳を澄ますとはどうすることか。学習者の声とは。声の出せる場とは。そういった多くの問いに、峰地光重は正面から向き合っています。

　池袋児童の村小学校退職後、鳥取に帰郷した峰地光重は、校長兼訓導として赴任した公立小学校で郷土教育に取り組みました。それは当時の厳しい社会情勢と学校不信の中で、公立学校としての決められた枠組みの下にある学校の中に、複層的に学習者主体教育を原理とする学校を作る試みでした。それが可能であった理由は、形に表れた活動の構成ではないという学習者主体教育の特徴にあります。実際、彼の郷土教育構築のための努力の中心は、子どもそれぞれの認識に寄り添い、それを学びとして受け止め支援すること、教師も児童も一人の個としてある場を作ることにありました。そして残念なことに、その壮大な実践は、いわゆる綴方教師弾圧事件に関わる検挙によって突然終了しました。

　本書は、峰地光重の実践を学習者主体教育としての観点から見直そうとするものです。魅力を言われながらも部分的評価や論理性の弱さの指摘に甘んじてきた峰地実践は、それによって全く別の姿を現します。峰地光重は多くの著作を残しましたが、それらはいずれも実践者の立場で書かれたものです。その願いと仕事に迫ることができたらと考えています。

目　次

はじめに…………………………………………………………………… i

序章　　　主体としての学びを求めて ………………… 3
　第1節　問題のありか ………………………………………… 3
　第2節　研究の課題 …………………………………………… 4
　第3節　研究の方針 …………………………………………… 6

第1章　峰地光重と学習者主体 ………………………………… 9
　第1節　学習者主体と学習者中心 …………………………… 9
　第2節　峰地光重について …………………………………… 12
　　1．峰地光重について ……………………………………… 12
　　2．先行研究概観 …………………………………………… 13

第2章　「生活の記録」—『文化中心綴方新教授法』— ……… 17
　第1節　主体的表現としての「写生」……………………… 18
　　1．主体としての書き手 …………………………………… 18
　　2．認識主体と生活主体 …………………………………… 19
　　3．主体的表現のための「課題」………………………… 21
　第2節　鈴木三重吉『赤い鳥』綴方における「写生」
　　　　　——認識を言葉にする取り組み—— ……………… 24
　　1．先行研究 ………………………………………………… 24
　　2．『赤い鳥』綴方とその指導 …………………………… 25
　　3．『赤い鳥』綴方の特徴 ………………………………… 34
　　4．『赤い鳥』綴方が目指したもの ……………………… 41
　第3節　『文化中心綴方新教授法』の実践
　　　　　——認識を形成する取り組み—— ………………… 41
　　1．綴方学習の枠組み ……………………………………… 43

2．綴方指導の実際 ……………………………………… 48
　　3．『赤い鳥』綴方との比較 ……………………………… 64
　第4節　『文化中心綴方新教授法』の理論
　　　　　——それぞれにとっての価値の記録—— ………… 65
　　1．「生活の記録」としての綴方 ………………………… 65
　　2．綴方学習の要諦 ……………………………………… 71
　第5節　『文化中心綴方新教授法』綴方のまとめ
　　　　　——児童に目覚めた教育—— ……………………… 78

第3章　「生活学習」—池袋児童の村小学校— …………… 81
　第1節　池袋児童の村小学校の教育構想としての学習者主体 …… 82
　　1．教育の世紀社と児童の村 …………………………… 82
　　2．教育の世紀社と児童の村の教育構想にみる
　　　学習者主体教育実践化の要件 ………………………… 84
　第2節　「生活学習」の確立
　　　　　—『教育の世紀』掲載記事の変遷— ……………… 91
　　1．赴任1年目（1924（大正13）年9月〜1925（大正14）年8月）
　　　　……………………………………………………… 93
　　2．赴任2年目（1925（大正14）年9月〜1926（大正15）年8月）
　　　　……………………………………………………… 99
　　3．赴任3年目（1926（大正15）年9月〜1927（昭和2）年3月）
　　　　……………………………………………………… 110
　　4．まとめと考察 ………………………………………… 112
　第3節　「生活学習」の理論と実践
　　　　　—『文化中心国語新教授法』— …………………… 113
　　1．「生活学習」の理論 ………………………………… 114
　　2．「生活学習」としての国語実践 …………………… 126
　　3．まとめと考察 ………………………………………… 141
　第4節　篠原助市の「教育即生活」論 ………………………… 144

1．篠原助市について ………………………………………… 145
　　2．篠原助市「教育即生活論」とデューイ「教育即生活論」… 146
　　3．「生活学習」の特徴
　　　　―篠原・デューイ「教育即生活論」との比較から― …… 152
　第5節　『デューイ実験学校』実践 ………………………………… 161
　　1．『デューイ実験学校』のカリキュラムと言葉に関わる実践
　　　　……………………………………………………………… 161
　　2．峰地「生活学習」における学習指導案 ………………… 170
　　3．『デューイ実験学校』カリキュラムと峰地学習指導案 … 174
　　4．テーマ別の実践比較 ……………………………………… 176
　　5．まとめ ……………………………………………………… 182
　第6節　考察 ―目的と価値の内在― ……………………………… 182
　　1．「生活学習」のまとめ …………………………………… 182
　　2．学習者主体教育成立の要件 ……………………………… 185

第4章　「新郷土教育」―上灘小学校・東郷小学校― ………… 193
　第1節　峰地郷土教育に関する先行研究の整理と本章の課題 …… 194
　第2節　郷土教育前夜　―『綴方生活』地方児童考― …………… 197
　　1．『綴方生活』記事より …………………………………… 198
　　2．地方児童の思想 …………………………………………… 200
　　3．イデオロギーと教育 ……………………………………… 211
　　4．まとめ ……………………………………………………… 214
　第3節　『新郷土教育の原理と實際』の理論 …………………… 215
　　1．「新郷土教育」の理論 …………………………………… 216
　　2．「郷土研究」新たな郷土の見方 ………………………… 222
　　3．まとめと考察 ……………………………………………… 228
　第4節　郷土教育実践（1）―科学的認識― …………………… 230
　　1．綴方作品の記述における科学的認識 …………………… 230
　　2．科学的態度と情緒 ………………………………………… 233

第5節　郷土教育実践（2）―「郷土室」実践― ……………………242
　1．「郷土室」実践……………………………………………………242
　2．考察…………………………………………………………………247
第6節　郷土教育実践（3）　―新課題主義― ……………………249
　1．興味と課題…………………………………………………………249
　2．目的としての「見る」こと ……………………………………253
　3．竹内利美「川島村小学校『郷土誌』」実践における「課題」
　　　……………………………………………………………………266
　4．まとめ　「課題」に見る峰地「郷土教育」……………………279
第7節　郷土教育実践（4）　―郷土化― …………………………280
　1．読方実践……………………………………………………………281
　2．「郷土化」という思考 ……………………………………………294
　3．まとめ………………………………………………………………296
第8節　郷土教育実践（5）　―生産教育― ………………………297
　1．生産教育の理論……………………………………………………298
　2．生産教育論争………………………………………………………303
　3．考察　「生産教育」もう一つの学校世界 ……………………309
第9節　考察　―「概念なき認識」― ………………………………311

終章　学習者主体教育への挑戦 ……………………………319
　第1節　峰地光重教育実践の変遷 ……………………………………319
　　1．「写生文」としての綴方 ………………………………………319
　　2．「生活学習」……………………………………………………320
　　3．「郷土教育」……………………………………………………320
　　4．目的としての「見る」こと……………………………………321
　第2節　学習者主体教育のありか ……………………………………321

　おわりに ………………………………………………………………324
　主要引用参考文献………………………………………………………327

vi

事項索引 …………………………………………………… 333
人名索引 …………………………………………………… 336
書名索引 …………………………………………………… 338

峰地光重の教育実践
―― 学習者主体教育への挑戦 ――

序章　主体としての学びを求めて

第1節　問題のありか

　子ども達と毎日長い時間を過ごす学校は、他で失われてしまった古きよき世界を見せてくれる場所である。黒板を背にして立つ教師と、先生に向かって座る子供たち。現在の学校は、学校外の厳しい状況に目をつぶってしまえば、教師と子どもたち双方にとって思いのほか居心地のよい場所である。そして、それを保つ努力をしている点で、教師と子どもたちは協力関係にある。

　学校の外側に目を向けると、そこは子どもにとって特に厳しい状況となっている。そこでは大人も子どもも等しく一人であり、子どももまた言動に責任を負うべき一人として投げ出され、情報の海を漂っている。強者も弱者も遠慮無く同一に扱うこのような社会では、弱者に力をつける場としての学校の存在価値はかえって大きなものとなるはずである。しかし現在の学校はその必要に応えてはいない。

　大抵の場合教師は、古い形の校舎の中で、その外形と実体とのひずみを個人の責任として一身に引き受けている。一方で郷愁に満ちた古い学校の形式を維持し、一方で子どもが彼等の置かれた現実を生きてゆけるように小さくも涙ぐましい工夫をするという職人芸的毎日の仕事に埋没する、私もそのような教師の一人である。

　すべて人は、自身の生の主体として、現実をいかに深く認識し、感じることが出来ているかを常に問われる存在としてある。主体であるとは、行

為者であることでも、利害関係にあることでもない。その状況に目を向け、自分の問題として感じ考えようとすることである。いつからか私は、国語科教育とは、言葉との関わりを通じて主体であることを教えようとする教科であると考えるようになった。国語科教育は、そこにある全員を言葉に関わる主体として前提している。言葉との関わりを内容とする国語科教育の教室で、最も本質的な問いは、その場にある教師と学習者とが、そこにある言葉にどう関わろうとしているのかという問いだからである。

　学校での学びが、学び手である子どもにとって、今に目を向け、今を生きることである実践とはどのようなものか。それが、教師としての私の問いである。

第2節　研究の課題

　峰地光重は、子ども自身が彼らをとりまく世界にどう向き合うのかという問題に、学校教育として取り組んだ教育実践者の一人である。本書は、大正・昭和戦前期の教育実践者である峰地光重の軌跡を追うことを通じて、この問いについて考えようとするものである。

　峰地光重は、教育への管理や政治の介入が進む時代にあって、学習者が今を生きる場としての学校教育の実現を目指した実践の構築を続けた。峰地におけるその実践化の基盤は学習者主体にあったと考えられる。「学習者主体」とは、学習目的を含めて学習者が自ら模索してゆく形での学習の支援を原理とする教育の考え方、あり方を指す語で、90年代半ばに日本語教育の分野から提示された概念である。

　峰地光重が訓導として勤務した大正「新教育」期の私立学校である池袋児童の村小学校は、この「学習者主体」を立場とする学校教育の実現を目指した壮大な実験として始められたと考えられる。

　池袋児童の村小学校は、教育運動団体である教育の世紀社の実験学校として設立され、当時「新教育」といわれるさまざまな教育実践が試みられた中でも、その徹底して自由な教育実践から大正「新教育」の象徴的存在

として知られる。これまで池袋児童の村小学校の初期の実践については、混乱期とそれに続く野村芳兵衛を中心とした「協働自治」を原理とする実践への過渡期として位置づけられてきた。しかし学習者主体の観点からこれを見たとき、教育の世紀社の構想は、学習者主体への教育のパラダイムの転換を目指すものとして、初期の池袋児童の村小学校の実践は、その端緒としての実践化の実験とその後退の軌跡として見えてくる。

　池袋児童の村小学校開校以前の教育の世紀社の教育構想には、実践計画としての具体的なものは乏しく、実際の実践は、赴任した訓導達によって築かれていったものである。その初期の実践にあたった訓導(野村芳兵衛、志垣寛、平田のぶ、峰地光重、小林かねよ)のうち、実践についての内容、方法、考え方などについて、最も具体的に著しているのが峰地光重である。

　そもそも学習者がそれぞれの事情に応じてそれぞれに学習を進めることを基本とする「学習者主体」教育は、学校教育として実現できるのだろうか。できるとすればどのような形で実現されうるのだろうか。

　時代や状況に応じて様々に形を変えた峰地光重の教育実践は、いずれも、学習者である子どもの認識とその形成を中心に構成されている。そのことが、学習目的を含めて学習者が自ら模索してゆく学習のあり方としての「学習者主体」を立場とする学習の構想を可能にしていた。また学習者主体が別の教育パラダイムであることは、その後の公立小学校実践の中に伏流として学習者主体を組み込むことを可能にしている。

　魅力をいわれながらも、部分的評価や論理性の弱さを指摘されがちであった峰地光重の実践は、「学習者主体」の立場から見るとき、全く別のものとして見えてくる。

　本書は、峰地実践を学校教育における「学習者主体」教育への挑戦の軌跡として捉え直し、その観点からの再評価を目指すものである。そのことは、学習者が今を生きることを学びとする国語科教育と、それを含む学校実践のあり方とその可能性を考えるにあたって、重要な手がかりとなると考えている。

第３節　研究の方針

　研究は、実践を読み解くことを中心とした。教育は、実践となって初めて教育となる。その背後にある願いや理論や思想、そして言葉にならないそれらを相互に照らしつつ、峰地光重の教育の営みについての再考を試みる。
　考察の方針は、以下の３点である。

（１）峰地光重教育の実践と理論の根幹は、すべて戦前期に形成されたものであると考え、その形成過程を視野に入れつつ、戦前の実践と理論についてのみ取り上げることとした。考察は、その時期と特色から、以下の３期に分けて行う。
　　鳥取県師範学校卒業後の鳥取勤務時代　綴方教育実践（第２章）
　　池袋児童の村小学校訓導期　「生活学習」（第３章）
　　鳥取帰郷後の公立小学校　郷土教育実践（第４章）

（２）各時期について、それぞれ近似の教育論及び実践を取り上げ、それとの比較考察を行う。
　教育実践やその理論は、時代状況や制約、思潮の特徴などの影響下に成り立っており、同一の時期においては、理論そのものや用いる語彙も似通っている。その中での峰地光重教育の特性をより明らかにするために、近似のものとの、実践レベルでの比較を行い、峰地におけるそれらの意味や意図を、確実に捉えることを方法とした。

（３）資料は実践当時のもののみとする。
　峰地光重は、戦後も精力的に執筆活動を行っており、『学習指導のあゆみ　作文教育』（1957（昭和32）年、東洋館出版社、今井誉次郎との共著）や『私の歩んだ生活綴方の道』（1959（昭和34）年、明治図書）などを初めとして、

戦前の実践に関して述べた著作や論文も少なくない。それらの記述には、当時とは異なる立場や観点からの記述も見られるため、参考としつつ、本論の資料としては、実践当時のものに限って取り上げることとした。

第 1 章　峰地光重と学習者主体

第 1 節　学習者主体と学習者中心

　「子供が学習の主体である」という時、それは具体的にはどういう状況をさすのだろうか。まずそれは、子供が単に知識・技能を習得する主体であることを指すのではないことは言うまでもないだろう。また、教師の定める到達点に向かう学習の過程における積極的な学習行為者であることでもない。

　主体としての学びは、学習者自身がその現実に向き合い、それを自分自身で新たに捉え直そうとすることの上にある。真の意味で「子供が学習の主体である」ということは、子供自身が、彼自身の求めるところによって、自らその認識を構成・展開してゆく学習者であることだと考える。

　主体としての学習者について考える中で出会ったのが「学習者主体」という概念である。「学習者主体」は日本語教育の分野において提示された概念で、例えば「学習者の主観に基づく認識と学習者の主体的，さらには創造的参加を前提にする教育パラダイム」[1]と定義される。

　「学習者主体（learner-agency）」は「学習者中心（learner-centered）」の別名ではなく、全く異なる教育の概念であり、日本語教育ではその現在を学習者主体という第三のパラダイムにあると位置づけている。

　「学習者主体」教育は、「学習者中心」教育とは全く異なる教育のありかたである。

　いわゆる児童中心＝学習者中心教育では、教師が、児童の発達段階及び児童の自発的な活動や経験を重視し、児童の立場に立って教育の内容，方

法等を決定している。そこでは学習の行為者は学習者であるものの、学習全体を構想し、学習の流れを形成するのは教師であり、その意味でその学習における主体は教師である。

　例えば、ジョン・デューイの教育実践は「学習者中心」教育である。彼は将来の社会に備える準備教育を強く批判した。その主著の一つ『子どもとカリキュラム』においてデューイは地図のたとえを用いている。教科は地図であり「地図は、未来の経験へのガイドとして役立つ」ものである[2]。つまり子どもが歩く大まかな道筋と到達点は、教師によって先に想定されている。教師は、「その題材（研究対象）が経験の一部になるようにする方法」に関心をもつべき存在として位置づけられ、「子どもの生活の一連の領域内や活動範囲で取り上げ、発展させること」に大きな注意が払われている。実際に『学校と社会』[3]に描かれる実践や『デューイ実験学校』[4]のカリキュラムでは、アメリカ社会が発展して行くさまを学年が進むに従って体験してゆく構造があらかじめ設定されている。デューイの教育では、教師が学習全体を構想し到達点を決定している点で、実践の主体はやはり教師である。

　このような「学習者中心」教育に対し、日本語教育の分野では学習目的を含めて自ら模索してゆく学習のあり方としての「学習者主体」という概念が用いられている。

　「学習者主体」は、90年代半ば、日本語教育における学習者の多様化・高度化などの実践上の必要から、学習者の主体的認識の重要性が指摘される中、細川英雄によって提示された語である[5]。佐々木倫子（2006）[6]の整理によれば、日本語教育は80年代半ばの、言語構造の理解と定着を重視する教師主導型の教授法から、コミュニケーションやニーズ重視のコミュニカティブ・アプローチへの転換（実践方法としては、場面設定をした会話練習といった構造練習、その後のロールプレイや教室の外へ連れ出すといった実践への転換を含む）を経て、現在「学習者主体」という「第3の教育パラダイム」にあるとされている。

　学習者主体教育は、学習者中心教育における‘学習者の意見や興味への

配慮を学習活動の構成に取り入れる割合'が限りなく増大していった先にあるものではない。

　「学習者主体」と「学習者中心」は、教育のあり方を全く異にするものであるにもかかわらず、これまでは明確に区別されてこなかった。その理由の一つは、違いが教育実践の場面での学習者の活動の様態として表面に表れにくいことにある。教師が企てる学習活動も学習者自らとりくむ学習活動も、活動の行為としては同じものとなる場合は多い。上述のデューイ実践においても、一つ一つの場面では、子ども達は主体的にいきいきと学習に取り組んでいる。

　このことは二つの区別を困難にしている理由のもう一つ、「学習者主体」を立場とする教育の評価のあり方が見つかっていないこととつながっている。学習者の能動性の程度（いきいき取り組んでいるなど）、または取り扱い内容や到達度の量的な違い（より早く理解できたなど）といったこれまでの指標だけでは、「学習者主体」を立場とする実践を評価することはできない。

　最後に用語について述べておきたい。「学習者主体」という語は、「主体」の語を「脱−中心化」された存在として捉える「主体化論」の立場にたって用いるなら自家撞着である。教育という広義の語りかけの場面での主体化＝従属化は受動的なものでしかないからである。また学習者主体とは、言い換えれば当事者によって進められる学習という意味である。当事者による研究を指す「当事者研究」ということばがあるので、用語は「当事者学習」とするほうがよいかも知れない。しかし本書では「学習者主体」の語を用いたいと考えた。学習者主体教育が、学習者中心教育実践の一変形として吸収されることを避けるため、二つの違いが常に意識されやすい方がよいと考えたことと、教師の存在を念頭に置いていることがその理由である。

　本書では、日本語教育の知見を踏まえ、「学習者の主観に基づく認識と学習者の主体的、さらには創造的参加を前提にする教育パラダイム」を学習者主体と呼び、考察を進めてゆくこととする。

第2節　峰地光重について

1．峰地光重について

　峰地光重（1890（明治23）―1968（昭和43））は、大正・昭和戦前期の小学校教育の実践者である。鳥取県師範学校卒業後、県内の庄内尋常高等小学校、光徳尋常高等小学校に訓導として、高麗尋常高等小学校に訓導兼校長として勤務し、その間の綴方実践を中心に、『最新小學綴方教授細目』（1921（大正10）年）『文化中心綴方新教授法』（1922（大正11）年）を出版している。鳥取におけるこの時期の峰地の綴方実践は、綴方指導を通じた学習者個々の認識への焦点化とその形成としての実践である。これは池袋児童の村における学習者主体教育の実践化に力のあった峰地の素地を示すものとして見ることが出来る。

　その後鳥取県師範学校訓導として勤務中の1924（大正13）年8月、請われて上京し、池袋児童の村小学校の訓導として2年半を過ごした。峰地が池袋児童の村小学校で行った実践「生活学習」は、学校実践としての学習者主体教育といえるものであった。その実践を下敷きとして『文化中心國語新教授法』（上下）（1925（大正14）年）を著している。

　1927（昭和2）年3月、児童の村を辞して帰郷。帰郷後も、その後の児童の村小学校を初めとして中央ともゆるやかに接触を保ち、『綴方生活』同人として名を連ねるなど生活綴方の濫觴期に立ち会っている。

　帰京後退職までの15年間は、上灘尋常高等小学校、東郷尋常高等小学校の校長兼訓導として、彼が「新郷土教育」と呼んだ実践を精力的に行った。その実践については『新郷土教育の原理と實際』（1930（昭和5）年、大西伍一と共著）をはじめとする、郷土教育実践に関するいくつかの著書として出版され、当時の郷土教育に大きな影響を与えている。「新郷土教育」は、児童の村小学校での実践によって培われたものを土台とする学習者主体教育実践の、公立小学校における展開であったと考えられる。

　1942（昭和17）年3月、いわゆる綴方教師弾圧事件に関わる検挙など

により退職。戦後は1952（昭和27）年より、岐阜県多治見市池田小学校廿原分校に勤務した。廿原分校における、綴方を中心とした4年間の実践は、『はらっぱ教室』（1955（昭和30）年）などに著されている。また戦前の自らの教育思想や実践について『私の歩んだ生活綴方の道』（1959（昭和34）年）他の著作を行っている。

２．先行研究概観

　峰地光重に関する先行研究の多くは、実践スタイルごとに別々に行われている。

　綴方については、前田真証（1981（昭和56）年）[7]、佐藤明宏（1996（平成8）年）[8]が初期の綴方指導の実際をとりあげている。郷土教育における綴方については、まず佐々井秀緒（1984（昭和59）年）[9]が、「調べる綴方」の先駆として位置づけた。太郎良信（1990（平成2）年）（1993（平成5）年）[10]は、綴方と「生活指導」の関わりを中心にその実践についての考察を行っているが、太郎良は、郷土教育における綴方とそれ以前のものとの一貫性を否定している。久保田英助（2003（平成15）年）[11]も、郷土教育における綴方は、それ以前の自由主義教育を批判克服し、いわゆる社会認識力育成を主眼とする教育として方向転換したものとして位置づけている。

　池袋児童の村小学校に関わっては、山本茂喜（1986（昭和61）年）[12]の研究が、実践と「生活」のかかわりを中心に取り上げ、丁寧な考察を行っている。ここでは、峰地の「生活」が学習の方法として位置づけられていたことが確認されている。

　「郷土教育」については、森分孝治（1971（昭和46）年）[13]が、峰地の郷土教育を、児童の村小学校での実践を批判的に克服したものとして位置づけ、優れた社会認識教育として評価したのを初めとして、主に社会認識教育の観点から評価されてきた。谷口和也（1998（平成10）年）[14]は、社会認識教育の立場から峰地の郷土教育実践を評価しつつ、児童中心の考え方を立場とする点でそれ以前と郷土教育とのつながりを見ている。反対に谷口雅子（2004（平成16）年）[15]は児童の自主性の有無という観点から一

貫性を否定している。

　峰地の教育全体を視野に入れた研究については中内敏夫（1970（昭和45）年）[16]がある。中内は、綴方の考察から、峰地教育を一貫した「生活主義教育」として、峰地を生活綴方教師に含めないとしている。また中内敏夫（2000（平成12）年）[17]では、その「生活主義教育」の独自性を黒住教の影響から説明し、峰地の教育に「地域学校」構想を見出している。これは、学習活動やその成果以外の点から峰地教育を考えようとしたものであるが、実践レベルでの考察は行われていない。

　中洌正堯（1986（昭和61）年）[18]は、晩年の「生活読方」を関してとりあげた研究である。ここで指摘された事物主義と言葉との関わりは、晩年だけでなく峰地実践を貫く特徴であり、それを実践内容を示して指摘したものである。

　浅井幸子（2002（平成14）年）[19]は、郷土教育が事物教育であったことを指摘し、「生活学習」との一貫性を述べている。それをつなぐものを児童の自主性としたが、生産教育を含めていない。

　これらの先行研究の検討から、峰地実践の評価においては、児童の自主性をどこにどう見出すかが重要な点であることが浮かびあがる。

　戦前の峰地光重の著作の多くは、実践の様子や子どもの描写であり、また子どもの成果物の発表である。そのため論理性の弱さや成果の不十分さを指摘されてきた。しかしこのような著述の特性自体、峰地の実践と著作が、教師には目的と計画の存在しない学習者主体教育についてのものであったことを裏付けているとも言える。

　学習者主体教育の実践は、学習活動の表面に表れた形を見るだけでは、その意義や成果を見いだすことは難しい。学習者である子ども達個々の自発的な活動のうち、どの部分がどのような意味で学習として位置づけられるのかは、教師と学習者の中にあるからである。

　学習者主体における学びを見出すには、学習者と教師との関係や学校のあり方を含む広い意味での実践を全体像として捉えつつ、その実践全体を

通じ、教師が子どもとの関係の中でどう位置し、何に目を向け、何を行い、何を行わないできたかに目を向け、注意深く見てゆくことが必要であると考える。

---

1 ）小川貴志、「主体的なコミュニケーションをどのようにクラスで実現させるか」、小川貴志編著、『日本語教育のフロンティア ―学習者主体と協働』、2007、くろしお出版
2 ）ジョン・デューイ『子どもとカリキュラム』、市村尚久訳、『学校と社会・子どもとカリキュラム』、1998、講談社学術文庫、p.287
3 ）John Dewey, The School and Society, 1915, Dover Publications,Inc., 2001, 市村尚久訳、『学校と社会・子供とカリキュラム』、1998、講談社学術文庫
4 ）K. C. Mayhew & A. C. Edwards, The Dewey School, 1936, Atheron Press, 1965, ⓒ2007 メイヨー／エドワーズ共著、梅根悟／石原静子共訳、『シリーズ世界の教育改革4　デューイ実験学校』、1978、明治図書
5 ）小川貴志、「まえがき」、小川貴志編著、『日本語教育のフロンティア ―学習者主体と協働』、2007、くろしお出版
6 ）佐々木倫子、「パラダイムシフト再考」、独立行政法人国立国語研究所編、『日本語教育の新たな文脈 ―学習環境，接触場面，コミュニケーションの多様性―』、2006、アルク
7 ）前田真証、「峰地光重氏の綴り方教授観―小学校綴り方教授細目を中心に―」、『福岡教育大学紀要（文化編）３１』、1981
8 ）佐藤明宏、「峰地光重の最新綴方細目に見られる文章表現観」、香川大学教育学部研究報告、1996
9 ）佐々井秀緒・峰地利平、『綴方作文の先覚峰地光重』、あゆみ出版、1984
10）太郎良信、『生活綴方教育史の研究―課題と方法―』、教育資料出版会、1990
　　太郎良信、「峰地光重の生活指導論の検討―特別活動の歴史的系譜についての研究―」、「日本特別活動学会紀要、第１号」、1993.3
11）久保田英助、「郷土の綴方教育――上灘小学校における峰地光重の実践――」、『国語教育史研究』、2003
12）山本茂喜、「池袋児童の村小学校における峰地光重の綴方教育」、筑波大学国語・国文学会『日本語と日本文学』6、1986.11
13）森分孝治、「郷土教育論における社会認識教育Ⅰ―峰地光重の場合―」、内海巌編著、『社会認識教育の理論と実践―社会教育学原理―』、葵書房、1971
14）谷口和也、『昭和前期社会認識教育の史的展開』、風間書房、1998
15）谷口雅子、「戦前日本における教育実践史研究Ⅴ―社会認識教育を中心として（郷土教育連盟の郷土学習論と各地の郷土学習の様相）―」、「福岡教育大学紀要第53号　第２分冊」、2004
16）中内敏夫、『生活綴方成立史研究』、明治図書、1970

17）中内敏夫、「「活き通し」の人間形成」、『中内敏夫著作集Ⅶ　民衆宗教と教員文化』、藤原書店、2000
18）中洌正堯「峰地光重の読方教育論」、全国大学国語教育学会『国語科教育』第三十三集、1986
19）浅井幸子、『教師の語りと新教育―「児童の村」の1920年代―』、東京大学出版会、2008

第2章 「生活の記録」
―『文化中心綴方新教授法』―

　本章では、鳥取での最初の勤務当時に書かれた『文化中心綴方新教授法』(1922(大正11)年10月)における峰地光重の綴方教育についてとりあげる。
　峰地の綴方指導は、児童自身が身の回りの事実に眼を向けそれを文章に書くという形の綴方指導である。ただしそれは、作品としての達成より、書くことを通じた認識形成と主体性の涵養を目的としたものであった。『文化中心綴方新教授法』は、その教室実践としての詳細な記述を含む点で興味深いものである。
　綴方を通じて児童それぞれの認識のありように目を向け、生活全体を学習として位置づけようとした実践の試みは、その後の池袋児童の村小学校実践における学習者主体教育の実践化への大きな素地となっている。その素地としての児童観や学習者に対する教師としての立ち位置に留意しつつ見てゆきたい。

　作文・綴方教育において「日常生活をありのままに書く」という広義の写生(日常生活に材を取り、事実を書くとして文章を書くことをここでは広義の写生と呼ぶこととする)が実際に広く教育現場に定着したのは、大正から昭和戦前期にかけてである。峰地光重の綴方指導もその中に位置づけられる。
　大正初期、芦田恵之助『綴り方教授』(育英書院1913(大正2)年)が、「兒童の實生活中」より「實感の明かなるもの」を材料として、綴方に児童自身の実感や認識の表現を求めた。その2年後には、五味義武らの『寫生を主としたる綴方新教授細案』(目黒書店1915(大正4)年)など、汎用的・

技術的な綴方指導の方法を中心とする写生主義綴方についての著作が出され広まっている。

また1918（大正7）年、巻末に児童の綴方作品の投稿ページを設けた形で鈴木三重吉による雑誌『赤い鳥』が創刊された。これは当初こそ教育現場との直接的な関わりは少なかったが、次第に影響を与えてゆくことになる。

有名な芦田恵之助と友納友次郎の「随意選題論争」は1921（大正10）年1月である。同年、田上新吉『生命の綴方教授』が出版されたが、これは綴方を書き手である児童の内的なものに繋がる表現として位置づけるもので広く読まれた。

峰地光重の最初の著作『最新小学綴方教授細目』（1921（大正10）年）はその同年、翌年に『文化中心綴方新教授法』（1922（大正11）年）が出版されている。ここに示された峰地の綴方教育も、綴方を書くことと書き手である子どもの認識とのつながりを重視する綴方観に立ち、子ども自身がその日常生活に取材し、対峙・体験した事物について書くことを指導するものであった。

峰地光重の綴方指導は、児童の視線とその表現を重視するという点で三重吉『赤い鳥』綴方指導とよく似ている。本章では、峰地光重の綴方教育について述べる前に、時間的に先行する鈴木三重吉『赤い鳥』綴方をとりあげ、そこでの「写生文」指導の意義と特徴について考察し、それを踏まえた上で、峰地綴方指導の理論と実践を見てゆくこととする。

第1節　主体的表現としての「写生」

1. 主体としての書き手

明治30年代に文学的創作の方法として表れた「写生」は、作文教育においても同じ頃、体験重視、日記などの形で表れる。

作文を一つの作品となすまでには、書き手は何らかの主体性を必要とす

ると考えられることから、作文教育は早くから単なる文章技術教育でなく、主体性育成という目的をもって行われていた。

　柄谷行人は、「風景の発見」「内面の発見」という言い方で、明治時代の言文一致や正岡子規による写生などがもたらしたものについて述べている。「われわれにとって風景は眼前に疑いなく存在する。しかしそれが「風景」として見出されたのは、明治二十年代に、それまでの外界を拒絶するような「内面性」をもった文学者によってである。それ以後、「風景」はあたかも客観的に存在し、それを写すことがリアリズムであるかのようにみなされる[1]。」（傍点筆者）このような「発見」を伴うリアリズムは、当然教育の場面にもさまざまな形でもたらされたはずである。

　高橋修は、「作文教育のディスクール―〈日常〉の発見と写生文―」[2]において、文章教育における「ありのまま」の理念の起源を辿ることを試みている。

　高橋は、『ホトゝギス』同人たちにとって、「ありのまゝ」が決してただの「ありのまゝ」でなく、書き手による構成体であり、その意味で文学においては写生文が「従来のマニュアル化した美文的筆法から離脱し、日常的些事に新たな意味を見出すこと」を可能にする方法であったことについて述べている。その上で、その「構成」という観点から、作文教育についての考察を行い、上田萬年『作文教授法』、樋口勘次郎『統合主義新教授法』の体験重視、作文の題材としての「日記」など、明治三十年代当時の作文教育が、児童に対し、構成主体であること、いわゆる近代的自我の確立を要求するものであったことを指摘している。しかし高橋も指摘する[3]ように、実際のそのような意味での作文学習は容易には定着を見ず、教育現場に浸透するには、その後かなりの時間を必要とした。

２．認識主体と生活主体

　その後この書き手の主体性という点が大きく問題とされたのが、1921（大正10）年の随意選題論争である。随意選題論争は、教育の場面における、子どもの主体性と教師の役割についての考察が、綴方の指導法に関する論

争として行われたものであるともいえる。

　波多野完治は、随意選題論争について考察を行った「自由選題論争の歴史性―綴方教育問題史―」[4]において、芦田の自由選題の主張によって、綴方が人生科とみなされるようになったことを指摘している。波多野は、芦田において綴方が「漢学流の人間教育」における主体性育成につながるものとして考えられていたとする。初等教育における綴方は、芦田においては、庶民に漢学流の人間教育を要望するもので、随意選題はその方法であったとしている。

　そもそも、事実を書くという意味での「広義の写生」が、学校現場における書くことの指導に定着してゆくまでの階梯として、芦田綴方を看過することはできない。

　芦田は随意選題の主張以前の『綴り方教授』(1913(大正2)年)[5]において、実生活より来る題目・実感を綴るべきであるとし、彼が事実を書くことを重視した様子が見られる。「兒童の實生活上に文を書く必要あり」として以下のように述べる。

　　即ち兒童の實生活より來る必要な題目によつて、發表しなければならぬ境遇を作り、こゝに兒童を置いて、實感を綴らせるのである。かの兒童が「先生うそを書いてもよろしいか。」といふやうな綴り方教授は、余の主張する意義の中には存在することを許さぬ。

　「實感を綴」ることを重視する点には、児童を認識する主体として位置づけて育てようとする芦田の姿勢が見える。上記引用部の「實生活より來る必要な題目によって、發表しなければならぬ境遇を作」ってその上で書かせることは、児童に書くことの要求を生むための「環境整理」である。

　しかしこの時の芦田氏の言には、事実を書くことに、柄谷のいう「写生」による書き手の主体性育成と同じ意味あいを見ていたとは考えにくい。ここで重視されているのは「實感」であって「實生活」ではないからである。児童自身による日常の「発見」と「構成」は含まれていない。

第 2 章　「生活の記録」

　波多野は、上の論文において、自由選題に対する反論として、田上新吉と友納友次郎のものを示し、題材については、芦田と友納は題材を事実に限らないという点で一致を見ているとし、直接経験にこだわる田上を問題としている[6]。

　波多野は、友納友次郎が随意選題１２の欠点の第一として「取材の範囲を直接経験にかぎって居る」（『学校教育』、1919（大正８）年６・７月号）ことをあげ、芦田もまた「子供の空想をもかゝすやうな指導方法を取て居る」ことを示す。それに対して田上新吉「綴方教授最近の傾向を論ず」（『國語教育』、1919（大正８）年10月）の以下のような批判を引用し、事実にこだわる点で「田上氏の批評は的をはづれだ」としている。

　　「随意選題はもしこれが絶對に兒童の自由な選題といふことになつたら、兒童は勝手次第に自己の興味に偏し、遂には空想でも嘘でもおかまひなしに書くやうになるとも限らぬ。さうなつたら、芦田氏の所謂『兒童の生活に深き關係を有する問題』即ち實生活とは思はずもかけ離れるやうな結果を生じはすまいか」

　田上にとって直接体験がゆずれない点であったのは、彼が児童が自身の生活に目を向けること自体に意義を見ていたからである。田上が目指したのは「発見」と「構成」を伴う「写生文」としての綴方であったと考えられる。それは、児童を認識する主体としてだけでなく、その生活の主体として位置づけ育てようとするものであったと考える。

３．主体的表現のための「課題」

　峰地光重は、随意選題論争について、友納氏らとは別の形での「課題」の必要性について述べ、その上で自らの綴方実践について、随意選題論争を止揚したものとして位置づけている[7]。その「課題」とは、題材や練習を指示するものではなく、児童が身の周りの広く様々なものに目を向ける刺激としての「課題」であった。

このような「課題」のあり方は、その後の峰地実践を貫く特徴の一つである。ここから峰地の綴方が、田上と同様、綴方を通じて生活する主体を育てようとするものであったことがうかがわれる。
　『文化中心綴方新教授法』第四章の「四　附帯的指導教材の内容」の「（一）物を見ること」には、次のような部分がある。

　　人はともすると、その日常生活に馴れ切つてしまつて、價値あるものがその自然の中に綻び出してゐても、極めて放漫な態度でそれを看過してしまひ易いのである。しかし何かの刺戟に依つて、驚嘆するやうな心持で、そのものゝ値打を見出すことがある。　　　　（p.114）

この「驚嘆するやうな心持ち」という表現は、第二章に國木田獨歩を引用しつつ述べられた以下の内容と照応している。

　　國木田獨歩氏の小説に「牛肉と馬鈴薯」といふのがある。この作の中に出てゐる岡本といふ青年が
　　『吃驚したいといふのが僕の願ひです』『この使ひ古した眼球を刎り出せ』
　　といつてゐるが、これはつまり物事に慣れ切つて、痲痺れてしまつた心の眼を目覺して、嬰兒のやうな新鮮な心に取り直したいといふ心持を表はしたものと思はれる。キリストが「爾曹、嬰兒の如くならざれば天國に入ること能はざるべし」と叫んだのもこの心境を明言したものであらう。兎に角この新鮮な心を常に抱いてゐることが頗る肝要なことである。　　　　　　　　　　　　　　　　　　（p.26）

　ここには、「驚嘆するやうな心持」「新鮮な心」といったような「心持」のあり方によって、「馴れきって」見過ごしてしまっている日常生活の中にある価値あるものを「見出す」とする峰地の立場が見て取れる。ここに見られる、綴方を日常生活にそれまで見えていなかった価値を見出す営み

とする考え方は、文学における「写生」をそれまで背景として価値を持たなかったものを発見するものとして位置づけている柄谷行人の論に近いものである。

　國木田獨歩『牛肉と馬鈴薯』のこの部分は、柄谷行人によってもとりあげられている。(p.69)　柄谷は、引用部分の獨歩の「驚く」について、「内面」とそれを記述する言葉を隔てる膜を破ることであるとし、そこに「文」に表現しきれない「真の自己」という幻影の、文に対する優位が見られるとしている。柄谷における「写生」は、それまでの背景でしかなかったものへの着目という点で「発見」であり、「価値転倒」である。またそこでは着目する「内的人間」の存在が強くクローズアップされる。いわゆる近代的自我である。

　この「写生」における「価値の転倒」という要素について、綴方における「写生」にあてはめて考えてみる。

　子どもは既成の概念や知識に乏しいものであるので、もともと転倒すべき既存の価値体系の中にはいない。よって既存の価値体系の転倒という意味での「価値の転倒」は起こりえない。ただし、別の観点から、子どもにとっての価値の転倒が起こると考えられる。それは、子どもが主体的表現者となるという意味での「価値転倒」である。

　子ども自身が、「発見」した題材について表現しようとするとき、それまで受け取るものでしかなかった自分を含む世界が、子ども自身によって「発見」され表現されるものとなる。また同時に自分自身が主体的表現者として位置づけられる。主体的表現者となるということは、子ども自身にとって自分の位置づけの転換である。裏返せば「写生」としての綴方が成立するためには、子ども自身が主体的表現者であることが必須である。

　峰地の綴方指導における刺激としての「課題」は、学校実践としての綴方指導において、書くことが児童の主体的行為として行われるための配慮であり、方法であったと考える。

　それは、綴方を通して身の回りの事実に目を向け、平凡なものに価値を

見出そうとするという点で「写生文」指導であり、それによって書き手の子どもを生活主体として位置づけ育成することを目指す実践としてあったと考えられる。

第2節　鈴木三重吉『赤い鳥』綴方における「写生」
――認識を言葉にする取り組み――

　教育現場への「写生文」の浸透に大きな役割を果たしたと考えられるものに、鈴木三重吉による雑誌『赤い鳥』の綴方投稿欄がある。

　三重吉の綴方指導の源は『ホトゝギス』の写生文にあるとされている[8]。鈴木三重吉は、『赤い鳥』の創刊（1918（大正7）年）以来、綴方投稿欄の選と選評という形で一貫して綴方指導を行ったが、そこで三重吉は、繰り返し子どもに「ありのまゝ」を書くことを求めている。

　本節では、雑誌『赤い鳥』綴方が、鈴木三重吉による、「写生文」指導を通じての人間教育実践であったとすることについて述べた上で、その観点から『赤い鳥』綴方の特徴について捉えることを目的とする。

　考察にあたっては、峰地『文化中心綴方新教授法』（1922（大正11）年10月）との比較を行う立場から、『赤い鳥』綴方のうち、その当時頃までのものを資料として取り上げた。

1．先行研究

　中内敏夫[9]は、「『赤い鳥』運動を通じて、「写生文」という一つの文学精神が、実に容易ならぬ大きな影響を、我が国の教育の上に与えたことはまず疑いのないところである。」とする。ここで中内の言う教育への影響とは、児童文学の領域において「読み物における勧善懲悪主義の追放と言文一致体の採用という成人純文学の領域ではすでに遂行ずみの文学の近代化を、児童文学の領域において遂行しようとし」た点についてである。

　三重吉自身は、綴方を「人間教育の一分課」[10]としているが、中内はしかし、『赤い鳥』における鈴木三重吉の綴方指導については、文章表現の

能力に限定されたものであるとし、教育的な観点での評価は低い。滑川道夫[11]も、三重吉の関心が表現技術に絞られていたとする点で一致している。
　一方山住正己[12]・岡谷昭雄（1998）[13]らは、後期『赤い鳥』（休刊後1931.1-1936.8）の、豊田正子『綴方教室』的な北方性の生活綴方運動につながる内容をあげて、それが人間教育であったとしている。
　大内善一（1997）[14]は、『赤い鳥』綴方が子どもの自己表現であるという点、また大内（2006）[15]では、三重吉の「叙写」概念がただ書き写すというだけでない内容性を持つという点から、前期『赤い鳥』綴方作品をも含めて人間教育を意図していたとする。
　ここでは、『赤い鳥』綴方がどういう点で人間教育であるといえるのかについて、「写生文」指導が子どもにもたらすものという観点から、具体例をあげつつ検討したい。

2．『赤い鳥』綴方とその指導

　『赤い鳥』における綴方指導の形式は、綴方投稿欄の選と選評である。創刊号（1918（大正7）年7月）の綴方投稿欄の選評の三重吉の言葉に、「すべて大人でも子供でも、みんなかういふ風に、文章は、あつたこと感じたことを、不断使つてゐるまゝのあたりまへの言葉を使つて、ありのまゝに書くやうにならなければ、少くとも、さういふ文章を一ばんよい文章として褒めるやうにならなければ間違ひです。」とあることはよく知られている。「ありのまゝ」に書くことは、その後の三重吉の選評でも繰り返し述べられている。しかし終始「ありのまゝ」を求めたはずの『赤い鳥』綴方は、その後唯美主義的であるとされ、次第に綴方指導の大勢は『綴方生活』など生活を標榜する綴方に移っていった。
　三重吉の求めた「ありのまゝ」とは実際にはどのようなものであったのだろうか。文学における「写生」をその指導の源とした三重吉の綴方指導の実践は、教育としてどのような意味を持つものだったのかという観点から、実際の『赤い鳥』前期の入選作品とその評を見てみたい。

２．１ 「対象化」と「構成」

　三重吉の『赤い鳥』綴方の「写生文」指導が教育にもたらしたものについて、書き手の主体化という観点から考える。次にあげる「顔の傷」は、高等小学校三年生の綴方作品とその評である。次の「私のお父さん」は小学校六年生の作品である。

　まず、この作品と評を、題材としての日常生活の「対象化」という観点から見てゆくこととする。

　「顔の傷」
　　僕の顔の左のまゆ毛から耳へかけて大きな傷が四つもある。「顔の傷はどうしたのか」とよく人にたづねられる。
　　僕が丁度七歳のまだ小さい時であつた。夏でしかも土用の或汗のぐづ／＼流れる暑い日であつた。土藏のうしろで一人で遊んでゐたら、垣根越しに隣の次郎さんが、僕と一緒に梅とりに行かないかといふので、僕も一緒に後について行つた。やがて糸屋のうらの梅の木に來たので、僕は落ちた梅を拾つてゐた。次郎さんはしきりに石をなげてゐた。
　　そのうちに、ふいに大きな一本の木切が僕の額に當つた。それは次郎さんが梅を落としに投げたのであつた。次郎さんは走つて來て、僕のまゆ毛の傷口を見てびつくりして、
　　「許してや／＼」としきりにいふ。眞赤な血がだく／＼と流れ出る。僕はそこへ泣き倒れた。
　　糸屋の手代に抱かれて家へ運ばれたすぐ血に染まつた着物を着かへて、僕は車で叔母さんと一緒に病院へ急いだ。傷がじく／＼痛んで、恐しいところへでも行くやうな氣がした。
　　間もなく佐藤病院についた。すぐ傷を洗はれて、寝臺の上でそこを縫ひ合わせた。一寸ほどの傷であつた。その日から毎日／＼病院へ通つた。そして三週間ほどですつかり直つた。それは八月の中頃で、ま

だ／＼暑い頃であつた。

　ところが縫ひ合せた時に、ばいきんが残つてゐたものか、九月あたりからまた傷痕にうみを持つて腫れ上つた。(中略)

　そこがよくなつたら、また別なところへ腫れうつツた。そしてまた前と同じやうな手術をした。

　今でも時々僕の頭が痛むのも、こんなに病院通ひをしたからであらう。僕は年中繃帯坊主であつた。その翌年無事に尋常一年生を終へた。隣の人たちは外へ引つ越して行つてしまつた。

　僕はとう／＼このために、まゆ毛が半分しかない上に、大傷が四ケ所もある見にくい子になつてしまつた。今でもその時のことを思ひ出して、傷痕に触つて見ると、まだごき／＼してゐる。

　　　　　　　　　（第二巻第二号　1919（大正８）年２月　p.64〜65）

「顔の傷」の評

「顔の傷」はもと「小さい時」といふ題だつたのですが、それでは題を見たゞけで中にどんなことが書いてあるのか分りませんから、私が「顔の傷」といふのに直しました。自分のことをよくこれだけ落着いて書いたものです。事実ありの儘を正直に少しも飾らずに書いたところがエライと思ひます。

「私のお父さん」

　私のお父さんは、目をなくしてから今年で七年になります。僕が五つか六つの時でした。お父さんは畑へかせぎに出て、引き上げにたのまれて、そのたまつた汚い水が目に這入つたのがもとださうです。米澤の医者に出やうじやうに行つて余程よくなりましたが、一年ばかりたつて又やめ出しました。その時はねることも出来ないで、三日もやめどほしだつたさうですが、いまは少しもやめません。けれども見ることは不自由です。家の留守居番をしながら、たいくつだものですからわらぢなぞを作ることもあります。一昨年福島から、神しん心をするやうに教へてくれた人がありましたが、やつぱりよくなりません。

とき／＼僕を呼びますから、返事をすると、お前ならいゝと言ひます。誰が來ても見わげ(ママ)がつかないからでせう。
　　私はそんな時には一人で悲しく思ひます。
　　　　　　　　　　（第二巻第三号　1919（大正８）年３月　p.69〜70）
　評には「私のお父さん」に触れる部分なし。

　たとえば、この「顔の傷」のように、出来れば触れたくないような自分の姿を綴方の題材とし、「ありの儘を正直に少しも飾らずに」書くことは、普通はなかなか難しいことである。それを可能にするのは、自分自身を突き放して、他人であるかのように対象として見るという態度である。何かを見て、それについて書くためには、書き手が、その何かを対象として見るという「対象化」が必須である。「顔の傷」のように書き手がありのまま見ることが困難な場合はそのことがより明らかになる。これはごく初期の掲載作品であるが、『赤い鳥』にはその後もこのような自身や家族の負の要素を正面から捉えて題材とした作品が、時折掲載されている。
　次の「私のお父さん」も同様である。失明した父は、書き手の子どもによって「対象化」され、無力で無気力であることが認識されている。そしてそれと同時に、父にとっては重要でない自分もまた「対象化」され認識されている。このように、身近なものを「対象化」することによって、書き手は、その周囲に関わって存在している自分も同時に「対象化」することになる。「対象化」は、対象と書き手を分離することである。自分を含む日常を題材として書こうとするとき、そこには、書かれる対象としての自分と、書く視点としての自分が生じることになる。
　人間を写生の対象として見る三重吉の綴方指導は、『赤い鳥』の早い時点から見られ、のちに、豊田正子の綴方に見られる家族や自己の対象化とそれのもたらす厳しい観察につながるものが、この時点ですでに見出される。

　次に「構成」について考えてみる。作品中に見られる構成意識の有無に、

書き手の主体意識の有無を見る立場があるからである。

　出来事は、初めと終わりのある一連のまとまったものとして認識されてはじめて出来事となる[16]。その意味では、身近な出来事を、出来事として認識した時点で、認識のレベルでは、すでにその認識主体による現実の「構成」が行われていると言える。つまり初めに日常生活の中の何かを題材として書こうと決めてから書き始める場合、それを「対象化」し認識してから綴方を書き始めるのであるから、同時に書き手は認識のレベルでは「構成」する行為を行っているということである。つまり書かれた作品の構造がいわゆる構成的であるか否かに関わらず、書き手の児童はその「構成」主体である。

　たとえば「うちの人」を見てみよう。

　　「うちの人」
　　　私たちには父母のほかに兄弟がたくさんをります。父のなは「いたきしろま」と言ひます。母のなは「たねもんころ」と言ひます。兄のとしは二十六になります。ねえさんははたちになります。兄のなは「かねきち」と言ひます。ねえさんのなは「こうよ」と言ひます。私のとしは今年十一になります。いもうとは八つになります。弟は今年五つになります。私のなは「よう」と言ひます。いもうとは「たねよ」と言ひます。弟は「そうたらう」と言ひます。母は家にゐて、き物をぬつたりせんたくをしたりしてをります。父は家にゐておぼんをこしらへてをります。　（第一巻第五号　1918（大正7）年11月　p.68〜69）
　　「うちの人」の評
　　「うちの人」を書いた川村さんは、北海道に永く住んでゐた人の子孫で、初めて日本語を學んでこれだけの文章を書かれたのです。そのつもりで讀んで下さい。

　一見これは、家族の名前と年齢の単なる列挙に思われるが、それを作文に書く対象として取り上げようとする態度の中には、北海道先住民である

自分を含む家族を対象として見ている書き手の視線があり、順に取り上げる行為も「構成」である。その意味で「うちの人」は綴方作品であり、作品としてそれを作ることは、それら一つひとつを問われては答えるのとは全く異なる意味を持つ。文章表現技術としてのいわゆる構成とは別に、「対象化」の時点で内的にはすでに「構成」が行われており、その意味では「対象化」と「構成」は同じことを指しているといえる。

　一方、自分の中で「対象化」され、認識したものを文章に書くことと、文章を書く作業の中で次第に「対象化」され認識されるということの両方の場合があることは、私たちがしばしば経験することである。
　たとえば次の「くらがり」、「山の上」の評における低学年の児童に向けての三重吉の助言は、先に題材として「対象化」したものを書くのでなく、まず書くことから入ろうとする態度のすすめである。

　　「くらがり」
　　　私は、あるばん、おとなりの村上さんの所へ行つた。みんなは、第一に雙六をしようといつて一番おもしろい豊臣秀吉の雙六をした。中ほどになるとでんきがきえてまつ暗になつてしまつた。すると私のそばにゐた子が、私をさぐりあてゝ、「これは吉田君だらう」といつた。こんどは私が「これは水田君だね」といつて、水田君のはなをつまんだ。水田君は「うゝう／＼」といつた。私の前にゐた村上さんがふいに、「うおう」とどなつた。するとこんどはだれだか「おばけだ」といつた。皆はおどろいて、にげこんでしまつた。私は、くらがりをよくすかして見たら、小さな黒いものがぢきそばにゐた。私は「ねずみだ／＼」といつた。村上さんは「ねずみぢやない、ねこだ／＼」といつた。
　　　そのうちに、ひよいとでんきがとぼつた。見ると、ねずみもねこもゐなかつた。みんなは「やァい」と笑つた。
　　　　　　　　　　（第一巻第二号　1918（大正7）年8月　p.73）
　「選んだあとに」（綴方全体の評：抜粋）

第 2 章 「生活の記録」

こんども立派な作文ばかりを選びました。ごほうび^{ママ}をあげない分でも、たゞかいてあることが、ほかのとくらべて少しありふれてゐるといふだけで、ふつうの人たちの作文にくらべると、どんなによいかわかりません。次に私は頭でこしらへて書いた作文はとりませんから、どうか、見たこと聞いたこと、あつたことを、そのまゝ書いた作文をよこして下さい。今度の「くらがり」だの「兵たいさんとせんかうてい」のやうに、何でもかまはず自由に書いて御覧なさい。

「山の上」
^{松ちゃん}「又男體山（なんたいざん）へ登（のぼ）んだなや」こはげにいふ。^{とりちゃん}「ほだ、こはくてやんなつちやァ」たけの高（たか）さ六尺（しやく）もあるやうな西洋人（せいやうじん）二人（ふたり）來（く）る。^{松ちゃん}「西洋人（せいやうじん）來（き）たよ」小（ちい）さい聲（こゑ）でいふ。^{とりちゃん}「あれよォ」^私「さつきの西洋人（せいやうじん）だな」^{そのちゃん}「ほだ」^{西洋人の一人}「皆（みな）さん今日（こんにち）は」笑（わら）ひながらいふ。だまつてゐる。^{まつちゃん}「あれ、今西洋人（いませいやうじん）なんとかいつたやうだつけな」後（あと）ふり向（む）く。^{とりちゃん}「ん、いつたは」^私「みなさんこんちはつていつたんだよ」^{松ちゃん}「やだ、おらァ」と、おどろいたやうにいふ。^{おづちゃん}「よく日本語出來（にほんごでき）らなァ」^{若ちゃん}「きつと横濱（よこはま）あたりにゐたんだつぺェ」^{とりちゃん}「目の玉（めのたま）ぎよろぎよろしてんのなあ」^{ママ}^私「ほだ、目（め）が青（あを）くて笑（わら）つてゐる所（ところ）なんだ、うすきみわりやなあ」^{松ちゃん}「ほだ」^{とりちゃん}「ほんだが、ずゐぶん色白（いろしろ）いんぢやねェかァ」

（第七巻第二号　1921（大正10）年8月　p.91～92）

「山の上」の評
「山の上」は、いかにも躍動した對話です。みんなの表情がすつかり目に見えます。
次号の九月号の選評の最後に「山の上」に触れた部分。
　最後に、どなたも前號の「山の上」のやうな對話をかいてよこして御覧なさい。自分と人とが話したことや、人と人との話した言葉だけを「赤い鳥」の劇にあるやうに、並べてかいて行けばいゝのです。これも綴方の一つのいゝ練習になる上に、作としても、いろいろおもし

ろいものが得られるでせう。

　これらは、ただそのまま書くという作業を通じて、身近な出来事を対象化して見ることへつなげようとするものであると思われる。その意味では当然題材は「何でも構わ」ないことになる。すでに「対象化」され認識された書きたいことを書くのでなく、書くことによる「対象化」であり、その意味で「対象化」の「練習」である。

2.2　自己表現としての綴方

　三重吉にとって「写生文」を書くことは、その認識の表現であると同時に自己の表現であったと思われる。三重吉がそう考えていたことは、子どもの認識をそのまま表現することにこだわったことから見て取れる。

　三重吉による『赤い鳥』綴方の選評の中には、表現に手を入れないようにという指導者に対しての要求が、何度も繰り返し行われている。以下に選評のあとの指導者向けの記述をいくつかあげてみる。

　①選評の後、指導者向けに
　私は同校長高橋幸高氏以下、すべての先生方の怖らく容易ならぬ不断の努力に對し常に感謝を捧げてをります。どうか、諸校の指導者諸君はどこまでも子供の自然を、畏れ貴んで、<u>彼等の自已を、つまり彼等の考へる儘、ありの儘を</u>（下線筆者）、その儘表出さすやうに努めていたゞきたいものです。表現方法についても子供は彼等自身の言ひ方、現はし方を持つてゐます。<u>その自已自身に最容易で且つ自然な表現法によらせればこそ、彼等の眞實が本當の眞實となる</u>のです。大人の技巧を強課するのが一等いけません。たゞいつもいふとほり、年級によつて文字、假名使ひ、事實の錯誤、重複、叙寫の不秩序等について、適當な注意を與へて下さる以外には、決して表現について口を入れないで下さい。それよりも寧もつと根本の問題として、そんな閑で出來るだけ作品に表はれた事實について、子供たちの生活を正しく深

く、大きくするやうに、彼等の實さいの考へと行ひとの上に適當な注意を與へて下さい。綴方は常に子供等の實生活を窺ひ計る、好箇の機會を與へてゐるのです。　　　　（第六巻第三号　1921（大正10）年3月　p.92）

②綴り方の評の後、指導者向けに
文字の誤り、かなづかひの間違ひの訂正は別として、ところ／゛＼、その方自身の感じなり見方なりで補修されてあるなぞは非常によくないと思ひます。
　大人がそんな風に手を入れたのでは最早子供の作ではなく、一人の子供とあなたと二人の作になつてしまふぢやありませんか。どこまでも子供それ自身のものでなければ全で無意味です。
　　　　　　　　　（第六巻第一号　1921（大正10）年1月　p.91）

　①の下線部「彼等の自己を、つまり彼等の考へる儘、ありの儘」という表現には、自己とは認識した内容そのものであるとする三重吉の立場が見える。また「自己自身に最容易で且つ自然な表現法によらせればこそ、彼等の眞實が本當に眞實となる」には、認識主体としての自己を「彼等の眞實」とし、綴方を通してそのような意味での自己を確立しようとする三重吉の考え方が表れているといえる。
　三重吉のこのような子ども自身の認識と表現を自己そのものとして重視する態度は、そのまま、方言の使用を認めることへとつながっている。『赤い鳥』綴方の教育場面への影響として、方言使用肯定への動きがあるが、下記に見られる「標準語でものをかゝさうと強いることも非常な障害になってゐる」という三重吉の気づきは、子ども自身の声が表現として表れることの中に自己確立という大きな意義を見ていることによってもたらされたものであったと考えられる。

　③選評のあと　指導者向けに

私は方言の使用については、これまでも度度言つておきましたとほり、もと／＼、みんなの綴方がのび／＼しないのは、ほかにもいろ／＼のわけもありますが、第一標準語でものをかゝさうと強いることも非常な障害になつてゐるという點に、すべての人がもつと早く注意を向けなければならない筈でした。子供たちが自分等の日常使つてゐるより外の言葉で、ものをかくといふことは、丁度われ／＼が外國語を考へ／＼、話すのと同じやうに、言はうとすることを、一々飜譯しつつかいて行くわけで、それが少くとも年少の子供には、どんなに多大の桎梏であるか分りません。對話を寫實的に生かすといふ手段としてばかりでなく、それ以外の地の文でもかまはず、どん／＼方言でかゝすのが一等いゝのです。さうすれば、言はうとすることがすぐ直接に表はされて行くわけです。

（第七巻第三号　1921（大正10）年９月　p.93〜94）

　多くの先行研究において、「文章表現の能力に限定された」とされるその三重吉の綴方指導の特色は、この表現そのものに書き手の自己を見ていたことによるこだわりの強さからもたらされたものであったと考えられる。
　三重吉は、日常を「ありのまゝ」に書くという綴方指導によって、書き手の児童に、日常生活の認識主体としての自己の確立を目指していたといえる。

３．『赤い鳥』綴方の特徴

　三重吉の綴方指導の源は『ホトゝギス』の写生文にあるとされている。そこで『赤い鳥』入選作の特徴とその源とされる『ホトゝギス』「写生文」の特性との比較を行い、「ありのまゝ」を言う『赤い鳥』綴方における三重吉の「写生文」の特徴について考えてみたい。
　『ホトゝギス』「写生文」の特徴については、松井貴子(2002)[17]によるものを用いることとする。松井のあげる特徴は以下である。

・子規の「写生文」の特徴[18]
　○日常的な出来事を描く
　○短編を綴り合わせて長編とする
　○自然を視覚的に描写する
　○事実を取捨選択した素材を使う
　○読者が情景を再現できる表現を工夫する
・その後虚子が付けくわえた「写生文」の特徴として。
　○特殊な舞台を選ぶ
　○気分的、感覚的な作品世界を創り出す
　○現実世界の生々しい人間関係や、社会問題とは無関係の美の世界に遊ぶ

　これらの特徴と、三重吉選の綴方作品「写生文」との比較を行う。
　両者の共通点としては、「日常的な出来事を書く」「事実を取捨選択した素材を使う」「読者が情景を再現できる表現を工夫する」があげられる。
　相違点としては、「自然を視覚的に描写する」があげられる。『赤い鳥』綴方においては、自然以外を題材とする作品の方が多く、また自然描写も視覚的描写でなく、自分と自分、自分と家族、友人、学校、地域の人など、自分と身近な人との関わりの描写として描かれている。
　たとえば『赤い鳥』綴方には次にあげる「蟬」、「犬」のように、興味を持った生き物を題材とした作品が多く含まれている。そのような題材で書かれた作品においては、ほとんどが客観的観察の形式でなく、この「蟬」「犬」に見るように書き手の児童との関わりを中心に描かれたものである。同様に、出来事の描写も、書き手の児童が直接その出来事に関わらない場合であっても、その児童との関わりの中で描かれている。

　「蟬」
　　夕方庭のすみの橙の木を見ると、一匹のまだ殻をぬがない蟬がとま

つてゐました。十分ばかりたつてからまた行つて見ると、もう枝の先にぢつとしてゐました。ちよつとさはつて見ても、動かないので、死んだのかと思つてよく見ると、背中がわれてやはらかなからだが少し見えてゐました。
「早く來て見給へ。蟬が殼から出かゝつてゐるから」と僕は大きな聲で呼びました。すると、五つになる弟と姉さんと、お向うの秀ちやんとが走つて來ました。弟はすぐに蟬をとらうとするので、「とつてはいけない」と言つてもどうしてもきゝません。そこで、「さはると食ひつくよ」と言つたら、こはがつて姉さんのうしろへかくれてしまひました。弟がおとなしくなつたので、みんな靜かにして見てゐると、だんだんに蟬の背中が出て來ました。
「僕が出してやらう」と言ふと、秀ちやんが「僕が出す」と言つてむりに出さうとしました。すると姉さんが、「むりに出すと羽根がよくのびませんよ」とおつしやつたので、二人ともやめました。
　そのうちに、頭が出てぶらんとさかさになりました。その時お母さんが、「はやく行水をしなければいけませんよ」とおよびになつたので、殼から出てしまふまで見てゐることが出來ませんでした。
　明る朝起きて見に行つたら、ぬけ殼が枝の先にくツついてゐました。
　　　　　　　　　（第一巻第五号　1918（大正７）年11月　p.73）
評には「蟬」に触れる部分なし。

「犬」
　私のうちの、二三げんさきのうちでは、大きな犬をかつておきます。そして、よるも、かにくはれながら、どろぼうのばんをしてゐます。
　私ががくかうへいくときにも、かへるときにも、そのうちのまへをとほりますと、いつでも、くびをあげて私をにらめますから、びく／＼してとほります。
　　　　　　　　　（第一巻第六号　1918（大正７）年12月　p.72〜73）
評には「犬」に触れる部分なし。

第 2 章 「生活の記録」

　書き手の児童の位置を明確にするというこの特徴は意識的なものであったと考えられる。下の「魚市場」の評には"誰が、いつ"という意味での「個性を通しての、時間的推移の叙写」でなければならないとする評語が見られる。

　「魚市場」
　　私の家から十二三間西に行くと、向つて左側に魚市場があります。その魚市場は去年の四月一日にはじめて出來上りました。事務所だけが二階で、あとはすつかり平屋です。茶色のペンキでまはりがきれいに塗つてあります。中はセメントのたゝきです。三崎の港にはひつた漁船は、旅船でも何でも皆この魚市場に魚を賣るのです。ですから一年中、お魚のたえたことはありません。一度に船が來て魚を上げるときにはいさばの人たちは尻ぱしよりになつたり、シヤツ一枚で元氣のいゝはじまき姿で市場の中はまるでお祭のやうにごた／＼してゐます。(後略)

　　　　　　　　　(第十三巻第一号　1924（大正13）年7月　p.139〜140)
「魚市場」の評
「魚市場」は觀察の精緻な、いゝ作です。原作には「だれ／＼が何々するのも面白い」「魚がこれ／＼したのも面白い」といふ風に一々の叙寫に「面白い」「面白い」といふやうな主觀語がつけてありましたその調子が、何だか、小學讀本なぞの叙法のやうに、型にはまつた厭みがありましたから削つておきました。讀本なぞの、すべてかういふ風な記事は、だれ／＼が、いついかなるときに見た事といふ、箇性を通しての、時間的推移の叙寫でなくて、いつも大抵空想と感覺に缺けた、ひからびた總括的手法で概念的にかいてあるのがお極りです。

　題材に自然以外も大いに含み、また視覚的描写でなく書き手と対象との関わりを作品内に書くよう求めたことは、三重吉に特徴的であると考えて

よいと思われる。

相違点について続ける。

「気分的感覚的な作品世界を作り出す」という方向性は全く見られない。「現実世界の生々しい人間関係や、社会問題とは無関係の美の世界に遊ぶ」という項目も全く当たらない。すでに例示した作品にも見られるとおり、話題選択も多岐にわたり、一般に言われている唯美的傾向はなく、実際の入選作には生活の些末なことがらや人間の暗い部分に触れたものも多く含んでいる。

また一致点としてあげた「日常的な出来事を書く」という項目についても、子規の写生文では、内面描写は含まないが、三重吉選の入選作では、出来事における行為の内面的な理由の描写が見られる。

たとえば次の綴方作品「兄さんの小さい時」とその評を見てみる。

「兄さんの小さい時」
兄さんは一年生の頃には、先生はえらいんだから、しよんべんをひらないと思ってゐたさうです。すると或日のこと先生が便所にはひられたので、どこからしよんべんをひるかと思つて、ふし穴からのぞいて見てゐると、先生に見つかりましたので、すぐに廊下の方へにげて行くと先生が來てつかんで、晩まで教室へたたされたさうです。
　　　　　　　　　　（第四巻第三号　1920（大正9）年3月　p.92）

「兄さんの小さい時」の評
池上君の「兄さんの小さいとき」は、綴（方）[18]の力だけ見れば何でもないものかも知れないが、事柄は大層私を感動させました。人から完全無欽の人間として見られてゐるといふことは、お互にこれに對する責任が當に怖ろしい位です。又、人のすることで外見上、悪いいたづらのやうに見えることも、よく正して見ると、かういふ風に相當に許されるべき理由のあることもあります。だれでも、輕々しく人をとがめることは出來ません。ともかく、この一篇は、一寸見ると、びらうなことで、をかしいやうですが、決してゲラ／＼笑つて讀むべき作

品ではありません。その最ねうちのあるところは、兄さんが、先生はしよんべんをもしない方だと信じてゐたその心持です。たゞ、それが、あんな、びらうなことをするやうな好奇心となつて現はれたのはをしいことです。だれでも不思議に思ふことは、わけをよく話して先生に聞くがよいと思ひます。聞けば分かることを聞かないであんな勝手な試驗をして見るのは甚よくありません。聞く人の氣持さへ正しい以上は、先生は、かなり、どんなことでも話して下さる筈です。

　この評には、「綴方の力」よりも「事柄は大層私を感動させました。」とある。ここで評価されたのは、そこに書かれた内容（兄さんが先生は小便をしないと思っていたことや、便所をのぞいたことなど）の、題材としての自由さだけではないだろう。この作品では、兄の行動だけでなくその行為に至る内面（先生への畏怖や好奇心）が対象化され、題材となっている。
　内面の「対象化」について松井は『ホトヽギス』「写生文」の流れの先にあるものとして、志賀直哉『暗夜行路』（前編1921（大正10）年）を取り上げ、その特徴について「人間を主たる対象とし、平板でなく描くこと、表面的な美ではなく、人間の内面を深く観察した点で写生文的方法を逸脱しており、自己の内面を追及した」[19)]としている。これと三重吉の「写生文」を比較すると、人間をその内面も含めて観察対象とする点では共通性が見いだせる。しかし、三重吉の「写生文」に見られるのは、認識主体としての自己と周囲との関わりそのものへの関心であり、自己の内面を追及するものではない。「兄さんの小さい時」の評にはそのことが見てとれる。またこの評の後半には、関わりのあり方への道徳的指導がある。ここには、文章表現以外への人間教育への関心が見られる。そのことは次の「雪野」においても見られる。

　「雪野」
　（前略）眞先に万太さんが着いて、達者でゐたのに喜んで手や耳や鼻は無事かと氣づかつてくれた。冷たいところは足ばかりだと言ふと、

すぐに足をふところに入れて暖め、持つて來た藁火をたきつけ、あたりの木を伐つて皆で燃した。火はまつすぐに高く上り、火のこが落ちる。出してくれたむすびをさつそくたべながらふるへた。そ内又向うから五六人で來た。「どうだ死んだか」「大丈夫達者でゐた」と、いふと、再びかけ寄つて喜んだ。早く家へ知らせを送れと、二人を飛ばした。少したつて、新町の兄ちやんにけうとで足をくるんでおぶつてもらつた。すると恐ろしい崖を下りる時は兄ちやんも足のつめたいのも忘れて通つた。寒氣は殊に強く皆の頭やからだぢゆう雪の花が咲いてゐた。幾人かにおぶひ代へてもらつて家へ着いたのは朝の四時であつた。家のものは達者でゐたかと、手足も燒かず無事であつたのを喜んで、顔を見ると、母はうれし泣きに泣き出した。親類も大ぜい來て心配してゐた。新町の兄ちやんは足へたびがしみついて、水の中でとかして取つたが、痛みがひどくて、やつとがまんして家へ歸つたが、後はひどくやけて未だに苦しんでゐる。

(第六巻第五号　1921（大正10）年5月　p.85)

「雪野」の評

高山君は、あんな書きにくいことを、よく上手に纏めてかきましたすべてのことが一々目に入るやうに、いきいきと寫せてゐます。中でも、村の人たちが探し出してからのところなぞは躍るやうに動いてゐます。かき方に一寸も誇張がないために實感がまざ／＼と出て來るのです。高山君はこれから先いつまでも、あの晩のすべての感情を忘れないでゐなければいけません。あのみんなの人によつて君の命が救はれたことを一生忘れてはなりません。そのことを考へるたびに、君はなほ／＼正しい人になつて生き何かの仕方で、社會に對して役立ちをしなければならないといふ、大きな責任を感ずるだらうと思ひます。その意味で、あの出來ごとは、これから先、永久に君のためにい〻刺戟になつて仕合せです。

　三重吉の「写生文」の特徴は、日常生活の中の自然や出来事を自分との

関わりの中で題材とし、特に自然や出来事に関わる際の、書き手を含む人間が写生の対象である点にあるといえる。

4．『赤い鳥』綴方が目指したもの

「写生文」を書くことは、日常生活の中で書き手が関わる自然や出来事の「対象化」と「構成」を行うことである。三重吉が「ありのま〻」を求めたことは、書き手の児童に、題材の「対象化」（対象と視点である自己の分離を伴う）と「構成」（認識主体として日常生活を位置づけること）を要求するものであり、それによって書き手に認識主体としての自己の確立をもたらすことであった。三重吉はその作用を自覚していたと思われる。

また三重吉にとっては、その認識のあり方こそがその児童の自己であって、その意味で綴方作品は児童の自己表現そのものであった。そのため、作品における表現のあり方は、その自己とつながるものとして重要であった。そのことは、方言による表現を認めた点や、先行研究においてその関心が文章表現にしかなかったとされるほどの表現指導の厳しさとなって表れている。しかし評言には、書き手の児童への道徳面の言及もあるなど文章表現以外への関心も見られる。

『ホト〻ギス』との比較から三重吉の「写生文」は、題材である自然や出来事との書き手との関わりを重視したことにその特徴がある。

これらのことから鈴木三重吉は『赤い鳥』綴方を通して子どもそれぞれに生活する主体としての自己確立を目指していたと考える。

第３節　『文化中心綴方新教授法』の実践
──認識を形成する取り組み──

『文化中心綴方新教授法』（1922（大正11）年10月　教育研究会）は、鳥取県西伯郡高麗小学校校長として勤務中に執筆されたものであり、峰地にとっては前年に出版した『最新小學綴方教授細目』（1921（大正10）年６月）に続いての２冊目の書である。前書『最新小學綴方教授細目』の理論部分

が第三章の一部としてそのまま含まれており、その考え方に大きな変化は見られない。

　峰地の綴方指導は、『赤い鳥』綴方と同じく「写生文」の指導である。児童自身が身の回りの事実に目を向けそれを文章に書くという形での綴方指導であり、書くことを通じて生活主体としての認識形成自体を目的としたものであった。

　「写生文」を書くことは、子ども自身にとって自分を含む世界が、子ども自身によって「発見」され表現されるものとなるという意味で、書き手の子どもを見る主体として位置づけるものである。この場合、その「発見」が子ども自身によるものであり、真に子どもの表現であることが条件である。

　しかし、学校における作文の場合、その記述そのものが子どもの主体的行為としてなされない場合も多い。その場合の作文は、文章表現技術としての「構成」が行われていたとしても、それが内面の形成や自己の位置づけの転換といった深い意味での主体性形成にはつながらないものとなる。

　『文化中心綴方新教授法』は、その意味での難しさをもつ教室実践としての「写生文」指導の詳細な記述が含まれている点で興味深いものである。

　当書の構成は以下のとおりである。

　　第一章　綴方と云ふ観念の範囲
　　第二章　新しい綴方教授の指標
　　第三章　綴方教授の輪郭
　　第四章　綴方の教材に関する私の考
　　第五章　新しい綴方の學習法
　　第六章　著者の小品

　本節では、「第五章　新しい綴方の學習法」に紹介された実践を取り上げる。ここに紹介された実践の特徴は、綴方の記述以前の物の見方についての指導が内容のほとんどを占めている点にある。それらが具体的にはど

のような指導であったのかを実践例によって確認する。
　なお以下本章における引用とそのページ数は、特に表記の無い場合は全て『文化中心綴方新教授法』からのものである。

１．綴方学習の枠組み

　「第五章　新しい綴方の學習法」の冒頭は、学習全体の体系についての記述である。綴方は「発表的学習」として位置づけられている。以下は峰地による学習全体の体系表である。「発表的学習」としての綴方は、「創作的学習（創作的発表学習）」と「模倣的学習（被補導的発表学習）」の二つに分けられている。

(p.134)

　峰地は、当時のいわゆる自由教育や自由選題などの流れの中にあって、早くから学習における指導の必要をその主張としていた。五章冒頭部分においても、教師の指導の必要性について述べている。いわゆる綴方の指導にあたる具体的な指導は、「発表的学習」の中に「模倣的発表学習」として位置づけられている。「模倣」を積極的な指導の方法として置く点が特徴的である。

１．１創作的学習

　峰地は、綴方を「純粋なその人の生活から生れた思想、生の創造的要求から生れた所の思想をありのまゝに表現するもの」と述べ、児童の創作と

して位置づけている。初めに文章を書きあげるまでについては、「創作的学習」「補導的学習」の両方において「独自学習」と位置づけ、具体的な内容については示されていない。

「創作的發表學習の方法的順序」として以下のような順を示した上で、その説明を行っている。

  一、題材の發見
  二、思想の練熟
  三、腹案構成
  四、自由記述
  五、處理   (p.134)

「創作的学習」において重要なこととして示されているのは、綴方が「生の創造的要求」とつながるものであること、それによって題材が発見されること、また題材について熟考することの必要性についてである。「創作的学習」は個の営みであり、干渉すべきでないという立場から、具体的な内容や記述の方法の指導は、全く行わない。

「一、題材の發見」については、それが創作的学習にとって重要な「生の創造的要求」とつながるものであることが以下のように述べられている。ただし発見の方法については述べられていない。

 創作的學習は、純粋なその人の生活から生れた思想、生の創造的要求から生れた所の思想をありのまゝに表現するものである。でこの學習の根本的な力となるものは、生の創造的要求に外ならぬのである。而してこの要求は或る場合に於ては全く屛息してゐるが、或る場合には極めて強い力となつて現はれるものである。それで第一にこの學習に必要なことは、この要求の發動を要する。この發動が何物かを機縁として起つた場合——それが所謂題材の發見となるのである。
                 (p.135)

第 2 章 「生活の記録」

「二、思想の練熟」として、一つの題材について熟考することの必要を述べている。練熟の方法や内容についての記述はない。

> 發見せられた題材は、やがて生命の中心となつて活動する。思想の練熟といふ仕事がそれである。グレーという詩人は一篇の詩を練るのに三十年かゝつたと云はれてゐる、時鳥の一句を得るために一夜まんじりともしなかつた加賀千代の話は誰知らぬものもない程有名な話である。思想の練熟といふ事はさう容易に出來るものではないのである。
> (p.135)

> 思想を練るといふことのためには、文題を多くもつといふことは却つて弊害となる場合がある。
> (p.136)

> 一つの題材に對して、その全生命を傾到して深く／＼掘り下げて行かなければならない。
> (p.137)

「三、腹案構成」「四、自由記述」「五、處理」についての説明は、以下の短い記述のみである。

> こゝまで來るともう腹案は自づと立ち、記述も至つて滑らかに出來る。出來た作品に推敲が加つて、初めて自己の満足した作品が出來上るのである。
> (p.137)

1.2 補導的学習（模倣的発表学習）

「補導的学習」についての方法的順序は以下のように記されている。これは「創作的学習」の方法的順序とは大きく異なっている。

一　指導（課題）

二　記述
　　三　推敲　清書
　　四　處理
　　五　練習作　　　　　　　　　　　　　　　　　　　(p.174)

　合わせて従来の綴方指導は干渉であったとし、その實踐例をあげて批判している。その一つは写生主義者の実踐についてである。教師が題材の取捨加除を判断することについて批判している。

　　　文材を集めて置いて、それからその文材を一つ／\吟味させて、不用のものは捨てさせ、足らないと思ふものは補はせる。つまり教師が可否の判定を與へて、共同で吟味して材料の取捨加除を決するのである。　　　　　　　　　　　　　　　　　　　　　　　(p.180)

　　　直觀と表現の間には密接な細かな關係があるのに、その間に立入つて、その文材に對して取捨を行ひ、加除を施すとは何と云ふ無謀な指導であらう。干渉でなくして何であらう！、生命の冒瀆でなくして何であらう！　想と表現との間に直接的に教師の働きの入ることは恐しい干渉だ。　　　　　　　　　　　　　　　　　(p.184)

また、上の教授法を批判して書かれた別の綴方教授法についても、教師が先に書き方を決めること（下では擬人法）について批判している。

　　　この場合擬人法といふ記述的態度が先づ第一に決定せられてゐる。そしてそれを第一に兒童に詰込んで居つて記述にかゝるのである。で嫌でも何でも兒童は擬人的態度の記述をなさねばならないのである。これでは本當の生命ある作品の出来る筈はないのである。　　(p.184)

　峰地のいう真の指導とは「思想を培い豊かにすること」であり、そのた

めに指導教材の選定や指導的学習の必要があるとし、その方法の主体は範文指導である。また、記述後も教師による添削は行わない。書き手の児童自身による推敲を促すことを指導としている。

①範文指導

　範文指導とは、手本となるべき文章を示すという形の綴方指導である。個性尊重の風潮の中での範文指導への当時の批判点をあげ、その否定と範文指導の意義を述べている。峰地の実践の特徴を形成している課題のあり方や教師の立ち位置についての説明となっているので内容を抜粋して示してみたい。
「第一　範文指導は模倣を強ひる傾向がある」という非難について

　　　範文指導はたゞ児童の模倣力、理解力を利用して創作力を陶冶せんとする時にのみ用ひるのであるから、何の危険もないのである。のみならずこの場合には、大に児童の心力を啓培するのものである。
(p.189)

「第二　範文を多く示すことは却つて児童の個性を虐げることになる」について

　　　範文はその目的が、その時、その場に依つていろ／＼違ふのであるけれども、教師の人格とその文章との間に繋がつてゐる密接なる交渉を、児童が汲みとることが出來れば、それで範文の提供の目的の大部分は達し得られたものである。何も教師が児童になりかはつて文を綴る必要はない。「これは私の文である。」と云つて範文を示すところに價値があるのである。で「文は人なり」の眞意が児童に徹して居り、教師の個性がその範文の上に表はれて居るのであつたならば、その範文の目的は充分に達し得られるのである。
(p.190)

この後に、峰地の文章「野萱の芽」を範文として示した後に書かれた児童作品に、児童各自の育てている「白菜」についてが多かったことを述べ、その作品例が掲載されている。それは範文指導が単なる模倣に終わるのでなく、書き手の内面をくぐって別の作品として表現されることを実証する例としての掲載である。峰地の文章「野萱の芽」は巻末第六章「著者の小品」に掲載されている。

②文話

　ほかに推敲指導の有効な方法として、文話をあげている。文話とは、文章を書く場合の心得や、修行談を書いた文章のことである。その他に「推敲指導の方便物」として「最も苦心になった文の草稿及び校正刷」があげられ、それらを児童に示して、推敲の重要性を指導するとしている。

２．綴方指導の実際

　峰地は綴方指導の理論・実践についてとも、心の持ち方や物の見方を重視している。そこで求められた心の持ち方、物の見方が、どのような内容のものであるのかを中心に、実践例を見てゆくこととする。

　児童の記述内容に触れる指導は全て「相互学習」とされている。「相互学習」とは、教師がその綴方作品の内容について指導する場合も、児童が作品について批評などを交換する場合も含むものである。綴方を書く営みのうち、特に記述するまでは個人の内面に関わる部分であり、「独自学習」としている。その時点での内容についての具体的な指示は干渉であって、指導でも学習でもないとする峰地の考え方がこのような形でも表れている。よって記述後の「相互学習」が、一般的な綴方指導の実践にあたるものである。

　「相互学習」として述べられた綴方指導の実践例を見てゆく。

〈実践例①〉　「とけいや」「三毛が死んだ」（細かく見ること）

　一番初めにあげられている実践は、次の綴方作品「とけいや」である。

これは、教師が児童の作品を味読することによってその生活が見える例としてあげられている。実際の指導内容は、「観ること」の指導としてある。「観ること」は、理論部分においても繰り返し述べられている。

　　○とけいや
　　とけいやには、とけいがたくさんあります。とけいやのやねには大きなとけいがつけてあります。中には私のせいより高いとけいもあります。小さなくわいちうどけいもあります。はいり口のいけすには金魚がゐました。　　　　　　　　　　　　　　　　　　　　(p.139)

　この作品「とけいや」について峰地は、「觀察の粗漏なところは、この文の大きな缺點である。もう少し觀察が精緻に行きとゞいたならば、もつといゝ作になる」として課題を与え、書き直しをすすめている。下は与えた課題と書き直し後の作品である。

　一、とけいやのかんばんはどうなつてゐますか。
　二、とけいやのうちはどうなつてゐますか。
　三、並べられてゐる時計にはどんなのがあるか。
　四、時計の外になにがあるか。
　五、とけいやさんのしごとは何ですか。　　　　　　　　(p.140)

　　○とけいや
　　とけいやのやねには、大きなとけいのかんばんがかゝつてゐます。このとけいはかんばんですからうごきません。
　　とけいやの中にはたくさんとけいがかけてあります。私のせいよりも高いやうな大どけいがすえてあります。このとけいはかつち／＼と大やうにうごいてゐます。又いそがしくうごいてゐるどんたくどけい（はしら時計の方言）や、めざましどけいもあります。かつち／＼、こつ／＼、ちよつ／＼……まことにやかましい。とけいのほかには、ぎ

んのくさりやメタルなどもうつくしくならべられてゐます。又くわい
ちうでんきもあります。とけいやさんはその中にゐて目がねをかけて
とけいをなほしてゐます。
　　とけいやさんのはいり口のいけすには、金魚がたくさん泳いでゐま
した。　　　　　　　　　　　　　　　　　　　　　　　　(p.140)

同じく観ることの指導の例として「とけいや」の次に、もう一つあげられ
ている作品「三毛が死んだ」でも、「もう少し詳しく書いてみては」とす
すめて以下のような質問を行ったことが書かれている。

　（問）三毛のなぐられた棒はどんなのでした。
　（答）かつぎ棒でありました。
　（問）傷がついてゐましたか。
　（答）私が抱いてかえりがけに見たときは、何とも氣づきませんでし
　　　　たが、夜しらべてみましたら、背骨がおれてゐました。
　（問）背骨の折れてゐるのは、どうして分りましたか。
　（答）どうしても立ちませんでした。からだを動かすたびに、かち
　　　／＼と骨のかち合ふ音が、かすかに聞へました。　　(p.142)

この「とけいや」「三毛が死んだ」の両実践とも、教師が課題や質問を与
えることによって、より詳しく、また実際の様子が目に浮かぶように書く
ことを求めている。この両作品においては、既に題材は決まっており、ま
た文章表現の仕方についての言及ではないところから、上述の順序でいえ
ば「二、思想の練熟」の指導にあたると考えられる。峰地においては、細
かく観察することが、「思想の練熟」の方法としてあったと考えられる。
　「細かく見ること」は、対象を対象として明確に意識することを促すこ
とでもある。それは書き手の児童から「見る」ものとして切り離された「対
象」を、ぼんやり認識するのでなく、より一層書き手の児童から切り離さ
れた別のものとして意識させる作用があると思われる。

第2章 「生活の記録」

　その一方で「細かく見ること」は、「対象」に関心を寄せることでもある。関心がなければ、細かい色々は見えてこない。対象の観察は関心の形成にもつながっている。関心と観察の何れが先かは別として、対象の観察は関心のありようとつながっているといえる。

〈実践例②〉「無題〜けしき」（題材の発見・観察）
　この次にあげられている実践例は、引き続き児童をよく見るという例としてのもので、劣生指導として一人の児童に対して行われた継続的な指導の例である。これは、峰地が綴方としてどのような作品を求めているかがかなり具体的に示された実践として印象的な指導例である。○は綴方作品、（　）はそれを見ての峰地の感想及び指導の抜粋である。

　　○（無題）
　さだのみさきのさだのほうゑん、ほにほがさいて、みちのこぐさに米がなる。　　　　　　　　　　　　　　　　　　　　　　　　　　（p.144）
　（これは「今年や豊年穂に穂がさいて道の小草に米がなる」という俚謡があるが、それと何か他の俚謡とをまぜ合わせて記憶してゐたのを、そのまゝ表現したものらしい。……「こんどはお前の見たものについて書いて來て下さいな。」）　　　　　　　　　　　　　　　　　　　　　　　　（p.146）

　　○スズメ
　ホウ／＼トイツテ、スヾメボウト、スヾメハバタ／″＼トイハセテ、タツテトヲイホウニニゲマシタ。
　　（この作品は想そのものが正しく、そして生きた事實から生まれたものである。よし一二の脱字はあつても、觀察の粗漏な所はあつても、實に系統の立つた正しい思想が表現されてゐる。）　　　　　　　　　　　　（p.148）

　　○學校にゆきがけ
　しろめをとをつて、川ばたにきて、いしがきのあひだを見ると、大

きななくさがいたので、私がたけをひろつてつゝくと、なくさわおくへはいつてしまた。 (p.148)
（こゝまで書けるのだつたら、もう想の理解と、觀察の仕方の骨合が分かれば、屹度いゝ綴方を書く……「綴方を書く材料は何處にもあるものである」と云ふことを話してやつて、一二の例を讀んできかせた。） (p.149)

　　○いうべの雨
　朝はやくをきてみちへでゝみると、人がてらの松の木にかみなりがおちたといつたのでびつくりした。
（思想が別な方面に向かつてゐて、私の暗示はよくきいたのであつた。
　しかし、觀察は何時ものやうに極めて粗漏である。次の或日私は虹の美しくかゝつてゐる掛圖を觀察させて書かせることにした。）
「この繪を見て書いて見ませう。うつくしい虹がかゝつてゐますね。それを見たとほり、こまかく書くのです」
　私はさう云つて、その仕事にうつらせました。 (p.149)

　　○けしき
　のはらがあります。のはらのよこにわ、川がながれています。川にははしがかけてあります。三人の子供がにじをながめています。のはらの中に一つけんやがあります。いへのそらににじがたつています。にじの下にすぎの木が二本はいています。すぎの木の下はうつくしいのはらです。
（この作は前の何れに比べても本當に格段に優れてゐる。無論觀察の錯雜してゐる所などは缺陷と見ねばならないのであるが。しかし初めに提出したものに比すると實に格段な進歩である。） (p.150)

これらの指導の内容を少し詳しく見た上で、その考察を試みる。
「○（無題）」では、まず事實を書くことを求めている
「○スズメ」では、その際「想」の正しさ、「生きた事實から生れた」

ということがいわれている。

「〇學校にゆきがけ」では、「觀察の骨合」という表現がなされている。ここで「材料は何處にでもある」というのは、見たものを書けばよいという意味でいわれているのではないことは明らかで、「想」「觀察の骨合」を捉えると何でも材料になるという意味であろうと思われる。

「〇スズメ」「〇學校にゆきがけ」は事実を書いている。ここにに書かれた内容は、書き手の児童の動作によって逃げていったなど、書き手の児童の行動を中心とした出来事について書いたものである。

「〇いうべの雨」は「思想が別の方向に向か」ったとされて評価されている。その「方向」の変化とは、前の「〇スズメ」「〇學校にゆきがけ」は自分がスズメやしろめに対してしたこととその様子が書かれていたのに対し、「〇いうべの雨」には自分のはたらきかけとは関わらない距離を置いた観察が記されていることを指すと思われる。ただし、観察は「極めて粗漏である」とされている。

「〇いうべの雨」は、その前に「一二の例を讀んできかせた」とあるためか、確かに内容が質的に変化している。この作品で、「松の木にかみなりがおちた」ことは、直接この児童が見たことではなく、人から聞いたことである。この場面で、書き手の児童は、雷が落ちたのを聞いた人という位置におり、それまでの作中では行為者であったことから比べると、第三者の位置に後退している。またこの作文の中心は、「びっくりした」ことにあり、聞いたことではなく、その時の内面である。

「〇けしき」は掛図による指導である。事前に「見たとほり、こまかく」という注意がなされている。

これまで、「〇けしき」以前に指導されているのは、まず、自分が見たものを書くこと。次に周囲の事物を、観察する対象として意識することである。その上で、題材は身の回りの何でもよいことや、細かく観察することが指導されているといえる。しかし最後の掛け図を用いての指導は、身の回りの事物からの取材でなく、すでに観察され捨象して描かれた作品を与えての指導である。その意図について考えてみる。

この指導は、身の回りの事物を観察する際の対象との距離のとり方や、要求される観察の細かさといったようなものを教えようとする指導であったと思われる。すでに題材として観察され再構成された掛け図の「けしき」を文章としてなぞることによって、書き手の児童には、「けしき」を描いた画家の目線を追体験することになる。それによって、今まで身の回りを景色として見ることのなかった児童が、周囲を「けしき」としてみる距離のとり方を体験することになるからである。これが「觀察の骨合」といわれているものだと思われる。また、観察の細かさについても同様である。どの程度細かく観るのかが掛け図をなぞることによって体験される。一度そのような距離感や細かさについて体得すると、その後は実際の景色を景色として観察することが可能になる。

　そう考えると、既に観察された掛け図を用いて観察の指導としているという不自然にも納得できる。

　この児童は、次に似たような川にかかった橋を見たとき、これまで生活の通路でしかなかったそれを、風景として意識することになるのではないだろうか。それが「対象化」である。この掛け図指導で峰地が目指したものの一つが、「対象化」の視線を体得させることではなかったかと考える。

〈**実践例③**〉　**自然を材料としての指導**　（題材の発見・観察）

　次に取り上げるのは、「自然を材料としての指導」の実践である。上と同様に「題材の発見」や観察の仕方に関わっての実践であり、文話について述べた部分に紹介されている。

　この実践では「生きた自然を材料として文話を行ひ、そして親しく日常接する實際の事柄、自然の現象、人間の心の經緯……そんなすべてのものに對して、それを細かく判讀するだけの心の發育を助ける事が必要である」とし、子ども達とともに、山を眺め、雲雀の声に耳を傾ける時間を過ごす様子を描写している。峰地はその指導の様子とねらいを以下のように記述している。（初めの部分と途中を一部省略している。）

自然を材料としての指導――
私はこの大空の下、開かれたる教場で、兒童とゝもに、かうした氣持のいゝ春の氣分の中にひたり入るのであつた。

　教師「皆さん！春が次第々々に動き出して來たね……
　あの高麗山をごらんなさい。
　しかしまだちゞこまつた冬の姿は容易にぬがないが、大分雪も少くなつたね。……紫色の影が谷にひそんでゐるのが見えるだらう。落付のある氣持のいゝ色だね。あれは朝のうすじめりに生れた春の靄なんですよ。
……あのなだらかな山の描く一線も本當にいゝね……
おや、……靜かにしてごらんなさい。何か鳴いてゐるぞ…………。
雲雀ではないか！」
（中略）
　教師「一二三四……六人ある。ではそれより前にも聞いた人がありますか？。ありませんか。ではこの邊では昨日のが初雲雀だね……」
　おだやかな空……雲雀……明るく匂ふ日の光……麥もだん／\濃綠をまして行く。
　教師「油菜も大分伸んで行つたから、あの黄色い花を咲かすのも遠くはあるまい。私はあの菜の花を見ると、一時に春が來たやうな氣がする。しかしこの花の匂は何となく淋しい冷たさがありますね」
　兒童「先生、菫ももう少ししたら咲きませうね」
　兒童「たんぽぽも咲きませうね」
　教師「もうすぐだらう。おや鐘がなつてゐる。では今日はこれでしまひませう。」
　この指導は云はゞ自然の持つ光線と、色彩と、音響との交融した美しい諧調を味はせたい心持で行つたものであつた。　　　　　(p.206)

ここで教師の峰地は、春の空の下に子ども達を連れ出して、自然を眺め、

子ども達の前でその良さを味わってみせている。具体的には、まず「高麗山」に目を向けさせ、谷の「紫色の影」を「落付のある氣持のいゝ色だね」、山の稜線について「なだらかな山の描く一線も本當にいゝね」という具合に自身の感想を述べるという形である。次に雲雀を取り上げて、先にそれに気づいていた者に手を上げさせるなどしている。雲雀の後は油菜を取り上げて、「一時に春が來たような氣がする。」「この花の匂いは何となく淋しい冷たさがありますね」と再び自身の感想を述べると、子どもはそれに倣って菫やたんぽぽを話題に出す。最後の部分に、指導のねらいとして「自然のもつ光線と、色彩と、音響との交融した美しい階調を味はせたい」と述べられている。

　この指導は、範文と同様、身の回りにありふれた自然への教師自身の向き合い方や感じ方を示してみせるという指導である。この指導によって、身の回りの自然は、ただあたりまえにそこにあるものではなく、見て味わう対象となる。「題材の発見」である。また同時に子ども達は、教師の味わい方から自然との距離のとりかたなどの「觀察の骨合」を手に入れることになる。つまり上に引用した掛け図による指導と同様のことが、実際の風景を用いて行われているのがこの「自然を材料としての指導」の指導場面であるといえる。

　この部分の直後には「指導が終はると、やがて課題を與へるのである。」とある。この「自然を材料としての指導」の後の課題が何であったのかは書かれていないが、おそらくこの日の春の景色から何かを選んで綴方を書くなどといった事柄が課題になると思われる。子どもは、この日教師が示した自然の見方感じ方を自分の中で応用し、課題の範囲で、自分なりに何かの題材を見つけて、綴方作品に記述することになるのである。

　このようにして一旦題材としての観察の仕方（骨合）を手に入れると、これまで身の回りをとりまいていた平凡な風景が、観察の対象となり、題材となる。峰地はこの実践において、そのような視線によって、平凡な生活の中にある様々なものを、題材として取り上げ、観察してみせているといえる。以下の部分は、そのことを述べていると思われる。

第2章　「生活の記録」

　凡そ我々の生活そのものが、一種の課題生活になつてゐるのではあるまいか。風が吹く。雨がふる。夜がある。晝がある。生がある。死がある。……みんな我々の生活の上に課せられた課題ではないか。本當に我々の生活は課題から課題への生の持續であるやうに思はれる。
(p.211)

　ここでいう「課題」とは、題材として取り上げ、それを味わうべきものとするという意味での「課題」である。綴方の題材とすべき見方（観察の骨合）によれば、「生活そのもの」がすべて「課題」である。上の劣生指導において「綴方を書く材料は何処にもあるものである」といっているのはこの意味である。そのような対象との距離感や味わい方をもって身の回りを観察しそれを味わい深めることによって、平凡な生活が綴方に記述するにふさわしい新たなものとして見えてくるというのである。「内なる心を細かにしてそれらのものに対する」ことや、「純粋に観、聴き、感ずる」態度をもって観察すると表現していた「心持」は、このことを述べたものであると思われる。

〈実践例④〉児童対児童の相互学習

　峰地が指導の実際として示した例は、上にあげたような教師対児童の相互学習としての課題や問答の他に、児童どおしの相互学習としても示されている。文の回覧による学習では、「児童各自は、物の観方や、表現の方法についてい〻暗示をうける」としてその様子を次のように記している。

　「おや、この景色は僕も毎日観てゐる所だ。Kさんはうまくうつし出してゐるぞ！」
　「なるほどこんな風に書けばい〻んだな」
　「おや、これは田中君のことをS君が書いてゐるぞ。S君には田中君があゝ見へる(ママ)のかな。」
　「この經驗も、この心持も僕も味わつてゐる事だ。それだのにTさん

に先んぜられた」
　總ての作品が自己の生活の中に融解する。
　「あの人に出來ることだもの、僕にだって出來る。！」と云ふやうな奮發心もおこる。
　　一方劣惡なものに對する批判力も自然と養はれる。
　「K君のはよく書けてゐたが、文字が大へん粗末で讀みにくかつた。」
　「僕のは文が大へんまづい所があつた。今度は元氣をだしてもつといゝ作を出してやらう。」
　　と云ふやうな心も起る。十人十樣の心が湧き上つて、その人に最もふさはしい感動がその人の心を耕すのである。　　　　　　　　(p.159)

　この児童相互学習の意義として書かれた子どもの言葉は「物の見方」についてが主なものである。自己の生活の中の見方とその表現の練磨に児童の相互学習の意義を見ていたと思われる。

〈実践例⑤〉範文指導「童謡　蛍」（書き手と文章の関係）
　峰地に特徴的な指導として範文指導がある。上述の「自然を材料としての指導」の実践もそうであったが、範文指導は、書き手の人格と文章との関係を、範文を示すことによってつかませようとするものである。
　ここでは、範文指導の実践例から、書き手と文章の関係がどうあるべきであるとしているのかについて見てゆきたい。
　まず、以下は範文指導の意義について述べた部分である。

　　範文はその目的が、その時、その場に依ついていろ／＼違ふのであるけれども、教師の人格とその文章との間に繋がつてゐる密接なる交渉を、兒童が汲みとることが出來れば、それで範文の提供の目的の大部分は達し得られたものである。何も教師が兒童になりかはつて文を綴る必要はない。「これは私の文である。」と云つて範文を示すところに

第 2 章 「生活の記録」

　　價値があるのである。　　　　　　　　　　　　　　　(p.190)

　ここには、教師の文章を示すことの意義を「『これは私の文である。』と云つて範文を示すところに價値がある」としている。峰地にとって範文指導とは、文章と書き手との間の関係を例として示すという意義を持つものである。そのため教師は、子どもが書くべき文章の例を作って示すのでなく、教師は教師その人として書いた文章を示し、その文章と書き手教師の人格とのつながりを見せるべきであるという。
　例として「範文および文話の指導の實際」としてあげられた實践のうち、「感動を主とする指導—童謠の作り方」という項目中の二つの實践の中の初めの一つを見る。これは書き手と文章との関係に関する實践となっている。

　　　皆さんは螢をとるとき、何と云つて唄ひますか。
　　　兒童「ほうたる來いやれ水やろ。あつちの水は苦いぞ、こつちの水は甘いぞ」
　　　さうですね。私の地方でもさう云つて螢をとりますよ。私もこの謠を聞くと、幼い頃螢をとつた時のことが思はれます。大抵螢の出るのは、春蠶の三眠起きた頃です。このころになると白い小手毬の花も咲きます。そしてぽつ／\螢が出初めるのです。螢が出ると、螢は私の好きな叔父さんに頼んで螢籠をこしらへて貰つたものです。
　　　（中略　この後、螢とりの思ひ出話が続く）
　　　この謠をきくと今でもその幼い時のことが、なつかしく思ひ出されるほど、この謠はその子供の生活とよくひつ付いてゐるのです。かうして兒童の生活から、しぜんと生れた歌が童謠なのです。
　　　私の所の子供達の遊びにこんなのがあります。
　　　よく雨だれ落ちに砂がたくさん集まつてゐるものです。その砂をたくさん集めて砂子の茶碗を造つて遊ぶのです。集めて來た砂を平らにならして、それに小さな肘で穴を幾つも幾つも明けます。

（中略　途中に以下の歌を挟んで遊びの様子）
　　しん／＼砂子、早やしなさい。下からよい子が水汲むぞ。しん／＼砂子早やしなさい。下からよい子が水汲むぞ。（省略）
　　つまり童謡といふのは、子供の生活のありのまゝの表現れです。この間山根さんが、かう云ふ童謡を作つてゐました。
　　（後略　童謡「朝顔」）　　　　　　　　　　　　　　　　　(p.197)

　ここではすでに歌われている童謡を取り上げ、それを子どもの生活の中の遊びとつなげてみせている。例として取り上げた二つの童謡とも、そのつながりを実感できる様に、遊びの様子が描写されている。それによって、童謡は最初からあるできあがった歌でなく、子ども達の遊びの中で作られたものとして位置づけられる。こうして子どもの遊びのなかから生れるものとして童謡を位置づけて見せた後、最後に子どもが作った童謡を示している。ここまでのねらいは童謡と作り手との関係性の提示である。
　その後で以下のように課題を出している。

　　これで大體童謡の如何なるものかゞお分りでせう。ではこの次の時間に皆さんの童謡を書いて戴きませう。皆さんの生活から本當に生れたものを書いて下さい。その人の生活を離れては、童謡のねうちはないのですからね。　　　　　　　　　　　　　　　　　　　　(p.204)

　この課題は、童謡における作り手の生活と作品との関わりを理解した上で実作を求めるものである。指導の意図の中心は書き手と作品の関係にあるといえる。

〈実践例⑥〉「僕」　　自己表現としての綴方
　文章についても、書き手と内容との関わりを指導の中心とすることは童謡作と同様である。
　次の実践は、「文の分析的研究指導の實際」として、綴方記述後の具体

的指導の例としてあげられたものである。実践内容としては、課題「思ひ出」として書かれた作品の指導である。ここでも書き手の現在と作品内容とのつながりを明らかにする指導が行われている。

以下は、書き手の児童が初めに書いてきた綴方作品の冒頭部分である。

〇僕

　僕は神戸から生れたのです。僕が三つの年に父が朝鮮の釜山の役所につとめることになつたので、母や兄や僕たちも一所に行きました。朝鮮で、お父さんに連れられて、海水浴に行つたり、釜山のさん橋から小さなちん鯛をつつたりしたことを、夢のやうに覺えてゐます。七つの年に父は大連の役所につとめることになりましたので、又私達は父について大連に行きました。ここで忘れることの出來ないことが二つあります。或時、私が學校から友達と歸りかけてゐると、うしろの方から自轉車がふいに來て、思ふまましきました。

　（後略）　　　　　　　　　　　　　　　　　　　　　　（p.235）

この作文は、「僕は神戸から生れたのです。」という書き出しで、今では別れ住んでいる父との思い出を書いたものである。この作品についての峰地の評は以下のとおりである。

　可成りうまく書いてゐると思つた。しかし何處か物足らぬ所があつた。それは平板を行くやうな單調さが感じられるためであつた。この單調な感じは一たい何處から來るのか。それは自然の生きた組立を、そのまゝ文の組立として表現してゐないからだと思はれた。つまり文の組立方に失敗してゐるのである。　　　　　　　　　（p.236）

そこで、文の組み立ての指導としてわずかな問答を行ったところ、児童が新たに冒頭として次の部分を書いてきた。峰地は「『文の組立』に對して僅かな暗示を與へたゞけで、かく整つた立派な文になつた」としている。

○僕
　僕は今伯父さんの家にお世話になつてゐます。父も兄も大阪に上つて働いてゐますが、僕のみが伯父の家にお世話になつてゐます。そして學校に通つてゐるかたはら、店の手傳をしてゐます。僕は此間の夕方になつてから大八を引いてとぼり／＼町に行きました。そして白砂糖十斤と、ほそ目昆布二貫匁、鯖十本、うどん一箱とを買つてかへりました。歸りはもう暗くなつて、うすい月あかりをたよりに、とぼり／＼かへりました。かえりながら、僕は僕の身の上のことをつく／＼思ひました。僕は何といふいろいろな運命にひきづられて行くことかと思つて涙が出ました。そして思ふとはなしにこれまでのことを思ひうかべました。僕の生れた神戸から朝鮮、朝鮮から大連、大連から今迄のことが目の前にちらついて來ます。
　僕は神戸から生れたのです…………　　　　　　　　　　（p.237）

　この付け加えられた冒頭部分は、書き手の児童の現在をかなり具体的に書いたものである。これを冒頭部分に付け加えることによって、それ以前に書かれた思い出の部分が、そこからふり返るものとして位置づけられることになっている。峰地自身は「文の組立」を問題とし、その指導としているが、ここで行われた変更は、形式的な文章の組み立ての変更ではなく、書き手の現在地の明示である。これによって、元の作品に描かれている思い出は、現在の書き手の児童からふり返るものとなっている。内容としては、ただの思い出でなく、書き手にとってそのつらい現在の中での大切な思い出として位置づく。そうしてようやく、この児童がこれを綴方の題材として選んだ気持ちが理解される。

　初めの綴方作品は、作品としてはよくまとまった作品と云えるものである。しかし峰地が求めているのは、書き手が表現したい思いをそれとして伝えようとする自己表現としてあることである。

　ここで、峰地が求めた自己表現としての綴方について考えるために、この実践を「対象化」の観点から見てみることとする。

第2章 「生活の記録」

　ここでは初めの綴方作品を〈僕1〉、新たな冒頭部を加えてできあがった作品を〈僕2〉とする。
　〈僕1〉では、父との思い出が、書き手の児童の中でひとまとまりのものとして対象化され、認識されている。〈僕2〉では、つらい状況にある現在の自分の姿と、その自分が父とのことを思いだしていることが対象化されている。
　〈僕1〉の時点では、現在の児童自身の姿は対象化されておらず、〈僕2〉の時点で児童は現在の自分を対象化している。いうまでもなく〈僕1〉は児童にとって、大切な思い出であり、それを大切に思う気持ちが、これを題材とした綴方を書かせている。とすれば、この綴方の中心はその気持ちであり、創造的要求はそこにあるといえる。
　作品を自らのその創造的要求の表現とするためには、その気持ちを書き手自身が認識することが必要である。ここでは、父との思い出を大切に思っている自分に気づくことである。それは、現在の自分を認識するということである。自分の気持ちの表現は、表現しようとしている現在の自分の対象化によって初めて可能となる。
　ある題材について書くこと自体が、その題材に何らかの創造的要求を感じた自分を対象化しているということである。具体的に言えば、桜の美しさを書こうとすることは、すでに、桜を美しいと感じた自分に気づいているということである。
　範文指導の実践として、峰地が自分自身の文章「野菜の芽」を範文として示したことを紹介した部分がある。書き手の見える範文の意義について述べたものであるが、峰地はこの指導の後に書かれた児童作品に、児童各自の育てている「白菜」について書かれたものが多かったとしている。これを自分自身の気持ちへの気づきという観点からいえば、書き手である峰地の「野菜の芽」への思いを範文から感じ取った児童が、同じような思いを「白菜」に感じていることに気づいて綴方作品としたのだといえる。
　何かを題材と決めて、それについて書くことは、それを書こうと意欲する現在の自分についての認識の上にあり、その意味ですでに自己表現であ

るといえる。「題材の発見」は、それに創造的要求を抱いた自分自身の発見である。

綴方の学習が、こうした意味で内面とつながるものであるためには、書き手の創造的要求が必須である。創造的要求があるときにのみ、「題材の発見」は自己表現として位置づけられる。

3．『赤い鳥』綴方との比較

鈴木三重吉による『赤い鳥』綴方は、その指導において「ありのまゝ」に書くことを繰り返し求めたこと、また三重吉自身の作品の作風、経歴などの文学史的な観点から、文学における「写生文」に連なるものとして位置づけられている。

峰地の綴方もまた、「生活の記録」と呼びつつ、実践の内容は、書き手の創造的要求を基礎とし、対象化と観察によって発見した題材について書くことを自己表現として行わせるものであったことから、その綴方は、文学における「写生文」の指導であったといえる。

この二つの綴方指導の特徴を比較してみたい。

三重吉『赤い鳥』綴方の特徴は、日常生活の中で書き手の児童が関わる自然や出来事の「対象化」と「構成」を行うことであった。三重吉の「写生文」に見られるのは、認識主体としての自己と周囲との関わりそのものへの関心である。ただしそれは、書き手をとりまくものとしての人間を多く題材としながら、内面を深く追及するものではなかった。

一方、峰地が綴方の題材として多く取り上げているのは、事物そのものである。峰地においては、表現すべき事物の存在価値としての「生命」は、事物と書き手との関係の中で見いだされるものであるため、書き手の描いた事物の中にすでに書き手との関係は表現されていることになる。従ってその綴方作品は、現象として現れている書き手と事物との関係自体を描こうとするものではなかった。

また、三重吉には、作品表現のありかたに強いこだわりが見られる。三重吉にとっては、その作品は、書き手の自己そのものの表現であった。そ

のため、作品における表現のあり方が、その自己とつながるものとして重要であったのである。そのことは、方言による表現を認めたことにも表れている。もちろん、三重吉の指導が、雑誌『赤い鳥』誌面での添削を通じてのものであり、直接対面して行われたものでなかったことも、その表現指導の厳しさにつながっている。

　峰地にとっても、綴方は自己表現であったが、峰地の関心は、作品としての綴方にはなく、児童が自己表現として取り上げる題材を見出すまでの、児童の内面の形成にあった。そのため実践は、題材を見出す以前の指導や、模倣的指導として、範文や文話を示す形での間接的指導の形式をとっている。作品はあくまでも個の生命につながるものであるとして、直接の具体的指導や、添削指導は行わず、綴方作品の完成度にもこだわっていない。これは、その綴方が強制力のある学校の授業として行われるものであり、児童において、「写生文」の前提である「創造的要求」の発動を確保することに注意が必要であったこととも関わっていると考える。

第4節　『文化中心綴方新教授法』の理論
——それぞれにとっての価値の記録——

　『文化中心綴方新教授法』のうち第一章から第四章は、綴方とは何かについて述べた部分である。その内容は「生命」の語で語られる主体論であり、その主体による表現としての綴方論であるが、抽象的でややわかりにくい。本節ではその整理を試みる。

1．「生活の記録」としての綴方
1．1　峰地光重の人生観

　『文化中心綴方新教授法』第一章と第二章は、綴方につながるものとしての、人間の生命、文化などについての記述である。「綴方は人生科である」という峰地における、人生観と綴方とのつながりを明らかにするために、まずその人生観について確認する。

人生観についての記述は、主に第二章が中心である。そこに見られる峰地の人間観は、黒住教の教えと、その後学んだ西洋哲学の思想や、当時の文芸思潮などの要素が混在する独自のものである。その特徴は、人間が非常に能動的、主体的な存在とされていることにある。黒住宗忠の「活通し」、活きて活きて、死そのものさえも生きることであらねばならないとする考え方を土台とし、その上で、人は真・善・美・聖の理想に向かおうとすることを生きることとしている。

　第二章の一節は「伸びて行くこと」と題され、生きることについてが内容である。冒頭には「人は草木のやうに伸び育って行く、伸び育って行くことがその本然のはたらきである。」とあり、続けて人の生について、植物の生長になぞらえながら以下のように述べられている。

　　美しい果實への全生命の集注！！
　　何といふ尊いことだらう！何といふ意味深い事實だらう！！
　　人間の生命も、つまりこゝに力點をもつて進まなければならない。美しい花、聖い花へ、善の果實、眞の果實へ……そこへ私達の生命は全勢力をもつて集中されなければならないと思ふ。　　　　(p.24)

　ここには、人生の意義を、真・善・美・聖に向かって生きることとしていることが見て取れる。峰地における生きることとは、ただ生きているのでなく、生き続けること、伸び続けることである。そこには生家の宗教である黒住教の影響が見られる。

　　唯一度の生命……實に尊い生命だ。そしてその生命に限定された時間と空間とが與へられてゐる。その時間と空間の中から出來るだけ多くの養分を吸収して生長する……それが運命づけられた人間の本然的生長の務である。
　　生長して、生長して、生長しきる。それが人間の本然の務めである。黒住宗忠は「活通し」といふことを云つてゐる。活きて、活きて、活

きゝるのだ。そして死そのものさへも生きることであらねばならない。
　　　我々は何はともあれ生きなければならない。　　　　　　　(p.24)

ここに見られるのは、その生命に限定された時間と空間の中からできるだけ多くの養分を吸収し「生長しきる」ことが「人間の本然の務め」であるということ、そしてその上での、真・美・善・聖という「美しい果実への全生命の集注」こそ「生きる」こととする考え方である。

１．２　児童に目覚めた教育

　峰地においては、人生においても綴方の書き手としても、児童を含む人間が非常に能動的な存在として前提されている。峰地の教育の基本的立場は、能動的存在である児童の要求を基礎とするものである。

　児童を能動的主体とし、その要求に基づく教育を峰地は「児童に目覚めた教育」とよぶ。以下引用部の「児童の文化は児童自身の創造する所」「有価対象も大人のそれではない。児童自身のもの」という表現に、学習者にとっての価値を学習の価値とする点で学習者主体教育の立場が明らかに見られる。そして綴方は、書き手の児童自身にとっての価値についての表現である。

　　　兒童の文化は兒童自身の創造する所である。従ってその有価対象も大
　　人のそれではない。兒童自身のものでなくてはならない。　　(p.11)

　　　私は兒童の純粹な要求といふのは、兒童の生活の向上だと思ふのである。兒童に目覺めた教育は、向上するその兒童の生活と共に、發展する動的のものでなくてはならない。で純粹な兒童の要求から發足しようとする教育は、先づ兒童の生活を凝視せなければならない。
　　　　　　　　　　　　　　　　　　　　　　　　　　　　　(p.9)

ここにいう向上を求める生活とは、精神生活の理想である真・美・善・聖

に向かう生活である。それは児童の要求としての向上であり、児童の生活である。綴方には、児童にとっての要求と向上する生活が表れるとしている。峰地においては、まず、児童の魂の要求として生活の向上があり、綴方は向上を求めるその生活の表現である。

> 綴方はさうした兒童(こども)の文化生活の表現であらねばならない。そしてさうした生活を表現することによつて、その兒童をよりよく伸ばすことでなくてはならない。
> 　兒童の綴方を見つめてゐると、さうした眞實な文化生活の表現が到るところに見受けられる。それは遊戯の時でも、學習の時でも、少しく心を細かくすればすぐに見うけられるが、最も適確に現はれて來るのはその綴方に於てゞある。　　　　　　　　　　　　　　(p.12)

1.3 「生活の記録」

　綴方を、純粋な魂の要求として向上を求めるその「生活の記録」とした点が、この時点での峰地綴方の特徴である。

　ただし峰地のいう「生活の記録」としての綴方は、具体的生活の状況を記録するものではない。書き手の心の中に生まれてきた、言い表そうとするものを文章として表現したものである。それが「生活に基づいて生まれ来る」という点に、生活との関わりがある。児童は綴方に表現することによって、生活の中の値打ちのある心境をよりしっかりと把握することになる。

> 兒童は綴方に於て、かうした（注：例示された綴方作品「山火事」における父への心配といった）値打(ねうち)のある心境を體驗して表現する。表現することによつてその尊い心境を確(しか ママ)かりと把握する。さうして一歩より一歩は高く、その生命を創造して行くのである。　　(p.18)

　綴方は兒童の生活……眞・善・美・聖を目標として進んで行く、その

第 2 章　「生活の記録」

　　生活の記録でなくてはならない。　　　　　　　　　　　(p.19)

　「値打のある心境」とは「眞・善・美・聖」を求めるその心境である。「生活」は、それらを「目標として進んで行く、その生活」である。「生活の記録」としての綴方は児童の文化生活の表現であり、児童は、文化の創造を担う者として位置づけられている。
　「生活の記録」として表現されるべき内容は、「個々のもの相互の上に繋がってゐる存在理由」である。それは「魂の力」によって「探り求め」られるものとしてある。

　　綴方は、兒童がその魂の力で、自然や人間の心の中にある値打のあるものを探り求め、その結果として知り得た個々のもの相互の上に繋つてゐる存在理由(レーゾンデートル)を、そのまゝ生きた言葉で表現するものである。
　　　　　　　　　　　　　　　　　　　　　　　　　　　　(p.30)

「魂の力」については、この前の部分に説明がある。以下の記述から、「魂の力」は能動的に知る力であると考えられる。

　　智慧は魂が眼を開いて、自然の物の深さを觀、識り、感じ、そしてそれを身に帶びさせて顯はれて來る力なのである。もつと簡単な表現を求めるならば、智慧は魂の力であると云へよう。　　　　(p.29)

　　智慧には能動的なはたらきが件つてゐる。同じく知るのでも受け入れて知るのでなくして、發動的に知るのである。　　　　　　(p.29)

「自然や人間の心の中にある値打ちのあるもの」は、以下の部分に「知識となって有り餘るほど澤山存在してゐる」とされている。ここでは「内なる心を細かにしてそれ等のものに對する」ことが、その「心の養料、魂の食物」とされる「知識」を求める方法である。

> 心の養料、魂の食物は、我々の周圍をとりまく自然や人間の生きた狀態の中に知識となつて有り餘るほど澤山存在してゐるのである。それで内なる心を細かにしてそれ等のものに對するのであつたならば、汲めども盡きない知識の泉を與へてくれるのである。　　　　（p.25）

　その方法は、以下の引用部では「純粹に觀、聽き、感ずること」と言い換えられているが同じ内容を指すと思われる。

> 純粹に觀、聽き、感ずることは、それ自身の中に深まりゆくことによつて強まり行くものである。自然のもつてゐる生きた生命の中に深く進み行けば行くほど、そこにはより個性化された高價な世界が開けてゐる。この生命を摑むことは、絶對なるものゝ存在を内的に確立させることである。無限なるものゝ自己實現である。　（p.27）

ここで求められているのは、「それ自身の中に深まりゆくこと」である。それによって自然の生命の中に進み行けば「個性化された高價な世界」に入ることができる。それと同義のものとして言い換えられている「生命を摑むこと」は、「絶對なるものゝ存在を内的に確立させること」と説明されている。

　印象的なのは、綴方表現以前の、「内なる心を細かにして」「純粹に觀、聽き、感ずること」「魂が眼を開いて、自然の物の深さを觀、識り、感じ、そしてそれを身に帶びさせて」といった、対象に対する態度について繰り返し述べる点である。「生活の記録」として綴方に書かれるべき内容は具体的には例示されず、上に見たような態度のみが示されている。

　峰地は、児童が生命を摑もうとするその活動自体に意味を見ている。それは綴方としての形式や表現以前の、児童をとりまく事物との交渉に意義を見ているということである。

　峰地における「生活の記録」としての綴方とは、単なる生活の記録でなく、彼の言うところの児童個々が摑んだ生命を表現するものである。「生命を

摑む」こと（＝存在理由を知ること）は、あくまで児童の純粋な要求であり、魂の力による能動的な活動としてあり、その活動によって知り得た存在理由を表現するのが綴方である。

２．綴方学習の要諦

第三章「綴方教授の輪郭」と第四章「綴方の教材に関する私の考へ」は実践に関する理論である。第三章後半と第四章は教材論として項目立てされているが、述べられているのは指導の要諦である。

2.1　綴方学習の三つの道

第三章には、綴方学習のために重要な三つの道として、「正しき文章觀」「生活指導」「綴方教授の系統化」があげられている。

一つめの道である「正しき文章觀」を築くためには、正しい文章を与えることを方法の第一として、読本における教材論と、彼の編纂になる「生命の読本」についての説明が掲載されている。範文指導を重要としている。

二つめの道としての「生活指導」については、生活指導と綴方の関係について述べた、よく知られている以下の部分がある。

> 文は立派な魂がなければ、立派なものが出来ないのだから、誰でもその日常生活の中に、眞の經驗を積んで立派な魂をもつ人にならなければならない。
> しかるに兒童はどちらかと云へば、その生活を至つて放漫な態度で過してゐる場合が多い。そこでその生活を指導して、價値ある生活を體驗するやうに導かねばならない。生活指導をぬきにしては綴方はあり得ないのである。　　　　　　　　　　　　　　　　　　(p.68)

この部分だけを見ると、良い文章を書くために、生活を立派なものにする必要がいわれているように思われるが、そうではない。たとえば上の引用部に言う「眞の經驗」については、その前の部分に次のように説明されて

いる。

> その人が單に個々の事柄を知ると云ふのみでなく、その一つの事柄に對して、敬虔な心を以て、細かに深く考へようとする心を持つてゐるとするならば、いろ／\な多くの事については知つてゐないとしても、その人の心は狹いやうで實は遠い所まで目がとゞいてゐる。どんなことでも理解し、身體の中に生かし得る力をもつてゐる。こゝに至らなければ本當の經驗といふことは出來ないと思ふ。　　　(p.66)

「敬虔な心を以て、細かに深く考へようとする心」は、前に「魂の力」を得るための方法として述べられた「内なる心を細かにしてそれ等のものに對する」ことに通じている。また上の「價値ある生活」とは、先に確認した真・善・美・聖に向かって向上を目指す生活のことである。いわゆる立派な生活ではない。その「價値ある生活」の表現が綴方であり、従って「價値ある生活」に導く「生活指導をぬきにしては綴方はあり得ない」ことになる。

　この意味での「生活」指導の方法として、「よりよき綴方を生むための生活指導」「その綴方の上に表れたる生活を指導して、更によりよき生活に導き入れようとするもの」の二方面があるとされている。

　前者「よりよき綴方を生むための生活指導」の具体的実践として示されているのは、教師自身が「生活を發表示現する事」つまり「價値あるものが閃いて顯れたときそれをそのまゝ直ぐ發表すること」である。そこには例として自身が書いたハガキなどの短い文章が掲載されている。後者「その綴方の上に表れたる生活を指導して、更によりよき生活に導き入れようとするもの」については第五章に別記とされている。

　三つめの道である「綴方教授の系統化」については、その方針についてが前著『最新小學綴方教授細目』から「綴方教授細目の新使命」という部分を引用して第三章に示されている。これは、課題主義と随意選題主義の論争を経ての新しい細目として展開されたものである。創作教材として随

意選題をとり、指導教材として「基本的指導教材」「附帯的指導教材」を設けるというものであり、その具体的内容は第四章に書かれている。(第四章の内容については、次で取り上げる。)ここでは、時間数を多くとる必要を述べ、時間配当表が掲載されている。

2.2 綴方教材論

　第四章は教材論の具体的内容である。教材は、大きく創作教材・指導教材の二つに分けられている。創作教材については、「創作教材としての自由作は、飽くまで兒童の自由なる生活の表現を基調とするもの」(p.98)とされ、自由な生活の表現であることを述べるにとどまっている。指導教材は、「基本的指導教材」「附帯的指導教材」の二つに分けられ、以下のように項目立てされている。

　　基本的指導教材
　一、觀たまゝを書きあらはすこと。
　二、感じを抒べること。
　三、日記を書くこと。
　四、書翰を書くこと。
　五、時間の順序に述べること。
　六、事物のわけを述べ明かすこと。
　七、考へを述べること。　　　　　　　　　　　　　　(p.100)

　　附帯的指導教材
　一、物を觀ること
　二、文の組立
　三、文の段落
　四、文の調子
　五、比喩の仕方
　六、推敲の仕方　　　　　　　　　　　　　　　　　(p.103)

「基本的指導教材」と「附帶的指導教材」について、このようにそれぞれの項目立てを示したあと、項目毎に内容や留意点が述べられる。それらはやはり全て身の回りの事實を書くことが前提である。教材といひながら、細目的に題材とすべきものをあげているわけではない。
　まず基本的指導教材から、書く内容について述べた部分を見る。
　「最も細かい心で、自然及び人事を觀察し」、「要はたゞ心を細かにしてゐるか否かに依つて分れる」「實際生活に對する心の持ち方を指導する」「深く見、深く考へること」など、「心の持ち方」によって平凡な生活が價値あるものとなるという記述がその内容のほとんどである。引用して示す。

　（一）觀たまゝを書きあらはすこと。
　　これは最も細かい心で、自然及び人事を觀察して、そのありのまゝを表現することを指すのである。（中略）外部的な或る形式を敎へるといふやうなことは、毛頭しないのである。この敎材主要精神の働らく結果として、旅行記や對話や寫生文などが出來るのである。
　　　　　　　　　　　　　　　　　　　　　　　　　　　　(p.104)

　（三）日記を書くこと。
　　人はこの平凡な日常生活を外にしては、その生活はあり得ない。而してその平凡な日常生活を外にしては、その生命を伸ばし得る境地はないのである。しかしその平凡だと思はれる生活の中にも、自然は思はぬ奇らしいものを突發させて、私達の魂を育てゝくれる。平凡な生活と云ひ、趣味ある生活といひ、要はたゞ心を細かにしてゐるか否かに依つて分れることなのである。（中略）
　　決して平凡だといふやうな簡單な言葉で、その生活を片づけてしまつてはならない。日記を敎材として採り入れたのは、さうした實際生活に對する心の持ち方を指導するためであつたのである。　　(p.108)

　（六）事物のわけを述べ明かすこと。

第2章 「生活の記録」

　或る與へられたる事物は、文化財の一つとしても、又自然物の一としても、何れもそこに人間乃至自然の魂が深く入り込んでゐるのである。それを深く見、深く考へることは、我々にとつては一つの生命の糧となるものである。　　　　　　　　　　　　　　　　(p.111)

　次に附帯的指導教材について述べた部分を見てみる。ここでも「心の持ち方」に焦点がある。「驚嘆するやうな心持で、そのものゝ値打ちを見出すこと」「凝視(みつめ)ることによつて、益々感じ知ることが深められて行く」「小さい一つ一つの材料に對してよく働らく心」など、これらの心持ちによつて、日常生活の中に値打ちが見出されるとする点は、基本的指導教材についての記述と全く同じである。

　（一）物を觀ること。
　（略）人はともすると、その日常生活に馴れ切つてしまつて、價値あるものがその自然の中に綻び出してゐても、極めて放漫な態度でそれを看過してしまひ易いのである。しかし何かの刺戟に依つて、驚嘆するやうな心持で、そのものゝ値打を見出すことがある。　　　(p.114)

　（二）特色を捉へること。（ママ。「文の組立」は「（三）文の組立、文の段落」とあり。）
　（略）題材を處理するためには、どうしてもその場の情景を組み立てゝゐる小さい一つ一つの材料に對して、よく働らく心がなくてはならぬ。つまり小さい一つ一つの材料を見いだす力と、その一つ一つに表はれてゐる自然の深い啓示を汲み取る力とがなくてはならない。この力を見きわめた時思想が熟するのである。　　　　　(p.116)

　上の「（一）物を觀ること。」には、引用部に続けて「彼我主客の融合燃焼の絶對的境地」について述べられている。峰地綴方にとつて重要な内容

であると思われるので取り上げたい。それは以下のような記述である。

  そしてその價値は凝視（みつめ）ることによつて、益々感じ知ることが深められて行く、深められて行く中に、客觀と主觀と、彼と我とが、その對立的差別觀を沒して、彼我主客の融合燃燒の絕對的境地が顯出される。この場合に於ては、雜多なる樣相を呈してゐた世界が、急に統一あるものとして觀ぜられ、偶然であつたものが必然となり、さあらぬ自然が莊嚴の相を呈し、心は深みに向けて開け、内に無限のものを含むやうになる。例へば幼兒が赤い太皷をたゝいて悅に入つていたとする。その太皷の中から生れる、暢びやかな音調と彼とは全く融合燃燒してゐる。彼は太皷の中にあり、太皷は彼の中にある。つまり兒童の世界は、この場合太皷より外にはないのである。太皷の中に兒童の全生命は傾けられてゐる。でその太皷を奪ひでもしようものなら、その兒童の全世界は無くなつてしまふのである。
(p.114)

この「主客融合」についてはこの後に続けて、主客融合こそが創作へつながるものであるとした説明が続いている。引き続き引用する。

  然らばどうしてさうした、主客渾一融合の境地が生れるか、それは純粹に見入り、感じせまることから初まる。そして見るものと、見られるものとの二つの對立が結合によつて橋渡しされる。對立の相對が、結合の絕對へまで進むのである。而してかうした境地は可なり長く續くこともあるが、又瞬間にして終わることもある。
  何れもこれが文の核心となつて、
 「うむこれだ！」
  と云ふ感じが頭腦の中に閃めいて、創作の芽生が出來るのである。
(p.115)

「純粹に見入り、感じせまること」から始まり、絶対へという書き方は、

第2章 「生活の記録」

前述の「生命を摑む」ことについて述べた部分と丁度符号する。
　この見るものと見られるものとの「主客融合」の境地は、それが「文の核心」となって「創作の芽生え」ができるとされている。
　これとは別に「(二) 特色を捉へること。」について、先の引用部の最後に「思想が熟する」という表現がある。「主客融合」から「文の核心」「創作の芽生」などに向う様子を具体的に述べているとも言えるので、その説明部分を取り上げ紹介しておきたい。

　　先づ中心となるべき思想が見つかると、その中心思想を生かし育てるために、常に細心な注意をもつて、その思想の味方となるべきものを収穫するのである。書物を讀む場合でもこの心構で讀み、談話の折にも景色を眺める場合にも、その思想の特色を中心として、引きつけて考へるやうにする。さうするとその思想の個性を愈々特色づけるやうな材料がぽつ／＼集つて來る。又自分自身の考の中からも、或は散歩の折とか、談話、食事の折などに、ひよい／＼と加勢になるものが湧いて來る。それを心覺の爲めに、手帳の端などに認めて置くのである。かうして三日たち四日たち、五日十日たつ中にだん／＼考が集つてくる。かうして集まつて來る中に自分の考に適するものもあるが、又その考に反するものも出て來るのである。それ等のものが心の中で戰ひ初める。戰つてゐる中に、初め考へてゐた思想が次第々々に肥え太つて來て、向ふに何か明るい光りが見えだして來る。そこをねらつて筆をとるのである。
　　　　　　　　　　　　　　　　　　　　　　　　　　　(p.117)

　「生活の記録」は、単に周囲の事物を見てそのまま書くというのではなく、自然など物の存在価値を掴みそれを表現するとしていた。峰地は、それ以前の写生主義綴方について、単に見て書くことを綴方とするあり方を批判している。

　　寫生主義論者や、練習目的論者が常に得意として取扱つてゐた、科學

的製作法とでも云ふべき方法である。この主義の行き方に從へば、位置、存在、屬性と云つたやうな部分的、分析的方法で練習して、更に六何法で纏めなければ、完全な文は出來ないものと思つてゐたのである。(p.177)

　この批判は、いわば見た物をそのまま書いて纏めることを方法的に行う綴方指導への批判である。峰地における「生活の記録」は、写生主義綴方に見られるような汎用的な客観的方法を練習することによっては行い得ないものである。「主客融合」とは、それが文の核心になるのであり、そこから得られる絶対が、「生活の記録」として記録すべき生命の存在価値である。

第5節　『文化中心綴方新教授法』綴方のまとめ
——児童に目覚めた教育——

　峰地は、前著『最新小學綴方教授細目』の時点ですでに「綴方は人生科である」ことを標榜し、そのことは『文化中心綴方新教授法』においても変化していない。綴方を表現方法や表現技術としてでなく、生き方に関わるものとして捉え、その人間観との関わりの中に綴方を位置づけ、綴方の可能性を記述しようとしている。
　峰地においては、人生に於いても、綴方の書き手としても、児童を含む人間が非常に能動的な存在として前提されている。能動的主体である児童の要求に基づく教育を「児童に目覚めた教育」と呼び、綴方は児童にとっての価値を児童自身が掴むための指導としてあった。ここに学習者主体の立場とその後の実践につながる素地が見出される。

　峰地の綴方「生活の記録」は、書き手である児童が、その周囲から題材を見出し、描写することをもって自己表現とするものであり、それはとりもなおさず、文学における「写生文」そのものであった。
　峰地が綴方指導として行ったことは、児童が対象として周囲の事物を見

るという、対象化の視線の獲得を目指すことである。

　対象化の視線を獲得することと、対象としての観察は、綴方における「題材の発見」のための出発点である。「題材の発見」は、それに創造的要求を抱いた自分自身の発見である。

　峰地の「生活の記録」とは、創造的要求を基礎とし、対象化と観察によって発見した題材について書くことを自己表現とする創作であった。

　峰地が、その綴方指導において直接的な書き方指導を行っていないのは、教室実践の中で子どもの「創造的要求」を重視し、子ども自身の「発見」と真の意味での「表現」を子どもに保証することへの配慮であったと考えられる。

　また峰地は、作品としての綴方の完成度に関心がなかった。子どもはもともと充分な言葉を持たない。日常から何かを「発見」し、自分の言葉で語りうる自分に見えたものを述べることに意義があり、表現者となるにはそれで充分である。作品そのものの完成度は問題ではないことになる。彼の関心は、児童が自己表現として取り上げる題材を見出すまでの、児童の内面の形成にあった。

　峰地が綴方の「題材」としたのは、児童それぞれにとって表現すべき事物の存在価値としての「生命」である。

　峰地の「生活の記録」としての綴方とは、単なる生活の記録でなく、児童個々が掴んだ生命を表現するものである。峰地は、児童が生命を掴もうとするそのこと自体に意味を見ていた。

　峰地光重の綴方教育は、児童が、自分自身にとって価値あるものをそれぞれに掴むことを中心的内容とする「写生文」の指導を通じ、児童をそれぞれをその生活における主体として位置づけ育成することを目指すものであった。

1）柄谷行人『定本　柄谷行人集1　日本近代文学の起源』、2004、岩波書店、p.162（初版は1980）
2）高橋修「作文教育のディスクール　ー＜日常＞の発見と写生文ー」、小森陽一・

紅野謙介・高橋修ほか『メディア・表象・イデオロギー　明治三十年代の文化研究』、1997、小沢書店
3）高橋は、「『ありのまゝ』であることが繰り返し要求されながら、それが子どもたちのものの見方を管理、呪縛している。」と述べて、「写生」が、子どもたちの見方を管理・訓育するものとして機能したとしている。
4）波多野完治「自由選題論争の歴史性―綴方教育問題史―」、『教育』、第3巻第2号、1935、
5）『近代国語教育論大系4　大正期Ⅰ』光村図書、1975、p.23
6）この論文中には、波多野の意見として「然し事実、子供の空想、子供のうそほど子供の生活がよくあらはれるものはないのである。」という記述があり、またその後の仕事から、波多野氏自身は作文指導に事実を書くことや、「写生」という方法をとらない考え方を持っていたことがわかる。
7）峰地光重「綴方教授細目の新使命―本教授細目編纂方針並に使用上の注意―」、『最新小學綴方教授細目』、1921、児童研究社、p.2
8）小田迪夫「『赤い鳥』の科学的説明文」、『国語科教育』26、1979、全国大学国語教育学会
9）中内敏夫『生活綴方成立史研究』、1970、明治図書、p.404
10）鈴木三重吉『綴方読本』、1935、序　など
11）滑川道夫「文芸的綴方リアリズム」、『日本作文綴方教育史2大正篇』、1978、国土社
12）山住正己「解説」、『新編　綴方教室』、1995、岩波文庫
13）岡谷昭雄「鈴木三重吉『赤い鳥』綴方成立史の研究」、教育学部論集、第9号、1998、仏教大学
14）大内善一「秋田の『赤い鳥』綴方教育―高橋忠一編『落とした銭』『夏みかん』の考察を中心に―」、『秋田論叢』、第13号、1997、のち大内善一『国語科教育への道』、2004年　渓水社に収録
15）大内善一「『赤い鳥』における鈴木三重吉の「表現」概念の位相」、第110回全国大学国語教育学会　自由研究発表資料、2006
16）野家啓一『物語の哲学』、2005、岩波現代文庫、p.326
17）松井貴子『写生の変容―フォンタネージから子規、そして直哉へ』、2002、明治書院　子規における「写生」の形成とその後の変容をとりあげ、丁寧な考証を行っている。
18）原典の印字が不鮮明のため、便宜上筆者が補填した。
19）松井貴子『写生の変容―フォンタネージから子規、そして直哉へ』、2002、明治書院、p.360
20）松井貴子『写生の変容―フォンタネージから子規、そして直哉へ』、2002、明治書院、p.385

第3章 「生活学習」
―池袋児童の村小学校―

　池袋児童の村小学校は、学習者主体を理念とする学校実践の実験校として設立された。それは、全く新しい実践の試みであったが、児童の求めるものを教育内容とするというその特性もあって、具体的な実践計画はほとんどないままのスタートであった。

　池袋児童の村小学校の様子は、機関誌でもある雑誌『教育の世紀』に毎号報告されたが、多くの先行研究によって'混乱'と評されている初期の実践内容について最も詳細に具体的に報告しているのが峰地光重である。峰地光重は、開校半年後の1924（大正13）年8月、志垣寛を引き継いでの訓導として年度途中に赴任した。そこから1927（昭和2）年3月までの2年半の在籍であった。在籍中に出版された『文化中心國語新教授法（上）』（1925（大正14）年10月）『文化中心國語新教授法　（下）』（1925（大正14）年12月）は、初期の池袋児童の村小学校における日々の実践とその意義について述べようとしたものである。峰地はこの池袋児童の村小学校における実験的な実践を、「生活学習」と呼び意義づけている。

　本章はその「生活学習」の理論と実践についての考察である。

　第1節では、池袋児童の村小学校開講前の教育の世紀社の教育構想について述べる。

　第2節では、雑誌『教育の世紀』掲載記事から、「生活学習」が実践として次第に確立してゆく様子について検証する。

　第3節では、『文化中心國語新教授法（上）』『文化中心國語新教授法（下）』に述べられた理論について整理と考察を行う。

　第4節では、峰地「生活学習」の理論形成に大きな影響を与えたと思わ

れる篠原助市の「教育即生活」論について取り上げ「生活学習」との比較を行う。

第5節では『デューイ実験学校』の実践との比較を行う。その上で篠原助一の論との比較も含め、峰地「生活学習」の特徴について考察する。

第1節　池袋児童の村小学校の教育構想としての学習者主体

1．教育の世紀社と児童の村

　教育の世紀社は、関東大震災の翌月の1923（大正12）年10月、'世界'に言及する壮大な「宣言」を機関誌『教育の世紀』創刊号に掲載して設立された教育運動団体である。同人は野口援太郎、下中彌三郎、爲藤五郎、志垣寛の4人である。

　池袋児童の村小学校は、教育の世紀社の実験校である第一児童の村として『教育の世紀』創刊号にある予定通りに、震災の翌年の1924（大正13）年4月、開校された。野口の自宅を校舎とするなど、震災によって当初の計画の変更を余儀なくされながらの開校である。野口援太郎を校長とし、訓導は応募者の中から採用された平田のぶ、野村芳兵衛の2人に同人の志垣寛を加えた3人、これも応募者から採用された研究生3名、音楽、国語、英語それぞれの担任、という10名のスタッフで、58名（1924.7月時の人数。申し込み61名）の児童を迎えている[1]。

　開校当初の池袋児童の村小学校では、教室や時間割や教育内容など様々な点で徹底した「自由」を標榜する型破りな実践が試みられ、その様子は『教育の世紀』に毎月報告された。その後、当初の構想から少しずつ実践の形を変えながらも実験校（のちに雲雀丘児童の村、芦屋児童の村が設立された）のうち最も長く存続。1936（昭和11）年7月、13年間で解散に至っている。

　教育の世紀社と児童の村については、すでに様々な観点から多くの研究の蓄積があるが、中でも『教育の世紀社の総合的研究』[2]はその後の研究の基盤となってきた。「世界の人々は今極度に疲労してゐる。」から始まる教育の世紀社設立時の「宣言」には、教育運動による社会変革が謳われて

第3章　「生活学習」

いることもあり、これまで教育の世紀社と「児童の村」設立の動機とその構想については、背景となる思想と運動の側面から多く語られてきた[3]。

　教育の世紀社の思想的背景については、野口援太郎らの姫路師範学校系の自由教育の流れと下中弥三郎の啓明会の「教化運動」の流れという教育運動の合流であることの指摘がなされている[4]。また「児童の村」の構想の契機と発想が教育擁護同盟の運動にあることも指摘されている[5]。

　一方、構想の体現であるはずの池袋児童の村小学校の初期の実践については、田嶋（1984）が「自由と自治の尊重、大人による干渉の排除という当初の思想は、現実には教師による指導の否定、欠如あるいは未確立となってあらわれてきた」[6]「放任的無政府主義的な自由、自治論がもたらした混乱と無秩序の中から生活教育論の新しい教授―学習過程論をひきだしてくることになった」[7]とするなど、自由であることによる混乱状態とその後の生活教育への過程として位置づけられてきた。

　確かに創刊号以降『教育の世紀』に毎号掲載された「宣言」には、教育運動による社会変革が謳われてはいるが、その変革の方法の中心とされているのは教育実践である。また、実践者としての自負十分な教育の世紀社同人4人が、様々な悪条件を押して実現しようとした教育実践が、それほど見通しの甘いものであったとは考えにくい。教育の世紀社の構想については、その実践の構想にもっと目を向ける必要があるのではないか。

　以下は「宣言」末尾の趣意要約部分である。今後目指す内容にあたる部分（下線部）は、実践に関するものである。

　　「吾等同人は、人類の福祉を増進するため、社會を正當なる状態に導く最も有效なる手段として、<u>教育者の手による教育運動</u>の必要なるを信じ、その效力の永遠なるを信ずる。教育運動は一方に教育制度の革新的改廢を必要とし、他方に<u>自由にして清新なる教育方法の實現</u>を必要とする。而して制度上の革新運動は姑くこれを他の部面における努力にまち、こゝに先づ最も自由にしてまた眞劍なる準備の下に、その<u>方法上の革新運動</u>に出發しようとするものである。」（下線筆者）

83

(『教育の世紀』第 1 巻第 1 号　1923（大正 12）年 10 月　p.3)

　この「趣意要約」部分にこれから取り組む具体的な内容として見られるのは、「教育者の手による教育運動」による「教育制度の革新的改廃」と「自由にして清新なる教育方法の實現」の必要であり、彼等の運動の中心は「方法上の革新運動」である。これらは実践に関する内容を指していると考えるのが自然である。

　また創刊号の記事「『教育の世紀社』の生まるゝまで（一）」（同人の一人記す）では、同人 4 人の、実践経験の後に教育運動へという経歴の共通点について述べた上で、「此度は教育の内容方法の上に」、「教育のしくみ──教育過程の組織的研究に進まねばならぬ。」といった表現で、教育の世紀社設立の目的が述べられている。同人 4 人は、それぞれに別の活動の場を残しつつ、教育の世紀社としての活動を開始している。彼等の思想的背景や立場は少しずつ異なっており、一致点といえるのは実践面である。

　教育の世紀社の目指す社会変革とは、教育実践を中心的方法とするものであったと考えられる。改めて教育の世紀社の実践構想に目を向け、その特徴について、特に学習者主体と学習者中心との区別を意識しつつ見てゆきたい。

２．教育の世紀社と児童の村の教育構想における学習者主体教育実践化の要件

　教育の世紀社の「新教育」や児童の村の教育構想には、当時の多くの新教育実践が持っていたような斬新な教育方法や拠り所とすべき明解な理論は見えてこない。開校当初の計画といえるものは、教育の世紀社がかかげた「教育精神」と雑誌『教育の世紀』に掲載された「児童の村のプラン」の 12 項目のみである。『教育の世紀』創刊号から毎号巻頭部に掲載された「教育の世紀社の教育精神」は、五箇条からなるものである。五箇条の内容の中心はそれぞれ「天分の伸展と教育の生活化」「個性の尊重と自由の確保」「自発活動の尊重と内発の興味に対する指導」「生徒及び教師の自

治」「自己の尊厳の自覚と他の人格の尊重」であるが、残念ながらここからは具体的なイメージは浮かんでこない。

そこで、教育の世紀社の具体的な実践構想について確かめるために、同人の論考のうち、教育の世紀社としての活動として行われた雑誌『教育の世紀』掲載の、池袋児童の村小学校開校前のものを中心に見てゆくこととした。

2.1 到達点を定めない「自発活動」

同人の筆頭格野口援太郎（1868~1942）が、欧米に留学後に姫路師範学校で試みた姫路プラン（1917）の大綱[8]には「生徒は各々自己の欲する儘にその欲する教室に至つて自ら研究して該学科担当教員の指導を受くれば宜しい。」など、生徒の主体性の発揮を大胆に保障しようとする文言が見られる。ただしこれには教師によってあらかじめ前提とされた教科課程や規定の学習内容などが置かれている。

数年後の『教育の世紀』創刊号（1923.10）掲載の論考「自由教育の原理としての自然と理性」において野口は、その「新教育」について「何等の理由もなく、何等の議論もなく、唯その自然の要求と興味とに従って活動する間に自然と教育せられるのである。」[9]と述べている。ここに描かれているのはあらかじめ教師が到達点を置かない教育である。冒頭部には「自由教育の由つて立つ所は兒童内心の自然要求によるべきものである。」とある。これは野口が理想主義自由教育とは異なる立場にあることの明言である。

千葉師範附小の手塚岸衛らによる理想主義自由教育実践では、到達すべき理想があらかじめ置かれていた[10]。大井令雄（1984）[11]は、欧米では旧教育として批判されたはずの理想主義的教育観に立つ手塚岸衛らの実践も、日本では新教育として共存していたが、その中で野口援太郎は、彼らの理想主義自由教育と自身の立場とを明確に区別し、自然主義自由教育の立場にあったとしている。

開校直前に野口が描いて見せた「新教育」の実践イメージは、「専ら兒

童自身の自由を尊重して全くその自發的活動に從つて教育して行く。そして教師はたゞその後からついて行くような形式を取つて居る、としか見えない。」[12]「新教育に於ける教師の理想は極めて廣くボンヤリして居る。そしてその理想を誰彼れの差別なく強制的に強課するのでは無い。」[13]といったものである。

ここに教師が学習者の到達点を設定しないことがその教育構想の特徴の一つとして確認できる。教育の世紀社の「教育精神」に掲げられた「自発活動」とは、教師が学習者の到達点を設定しないものであることを含むそれである。

2.2 対等な個としての「内発の興味」

同人４人のうち、野口に次いで大きい存在であったのが下中彌三郎（1878~1961）である。埼玉師範学校時代の教え子らが結成した教育団体啓明会は、その後労働組合となった。先行研究では、中野光(1969)[14] 中内敏夫(1984)[15]を初め、初期の児童の村実践に、無政府主義的思想や労働の訓育的価値など啓明会の思想の反映をくみ取ろうとする見方は多い。ここでは続けて実践のあり方に焦点を当てて見てゆく。

下中は、これまでの「ためにする」教育を批判する。「遠足の前夜の荷造をいかに熱心にやらうとも、これは荷造に興味があるのではない。遠足にのみ興味があるのである。興味は常に對象に即する。目的に對する興味は、手段をも興味化するといふ舊い見解はもう捨てなくてはならぬ。」[16]と述べるなど、下中の論は、学習者にとっての目的について特に尖鋭である。対談記事においても下中は、「（教育の）目的は在る。子供には子供自身内在の目的がある。目的は外にあるのではない。」[17]と発言している。教育の世紀社「教育精神」に言う「内発の興味」は、下中における「子供自身内在の目的」そのものである。

ただし、教師の設定になる到達点を設けず「内発の興味」自体を目的とする学習と、単なる放任との違いは見えにくい。その差違を作るものは教師の役割である。

第３章 「生活学習」

　教師の役割については、野口が「新教育」に於ける教師の実際的な仕事を大きく二つあげている。その第一は環境の整理である。第二は「自由を確保」した上での児童の「内發の興味の尊重」である。そこでの「内発の興味」の指す内容、またそれに教師がどう関わるとしているのかについて見る。

　　「第一は新教育に於ては兒童の環境を整理することを主要な仕事の一つとして居る。こゝにその理想の静的方面は實現せられるのである。第二にはその教育方法の中に現はれて居る。即ち兒童の自由を確保しその内發の興味を尊重する所に、新教育理想の動的方面が實現せられて居るのである。」
　　　　（野口援太郎「新教育に於ける理想の位置」『教育の世紀』、第２巻第３号
　　　　　　　　　　　1924（大正13）年、p.30）

　ここでは「自由を確保しその内發の興味を尊重する」ことが、宣言と同じく「教育方法」という言葉で表現されている。

　また下中においても教師の「指導」が、内発の興味やそれをもたらす自由を支える方向で意義づけられている。

　　「新教育は兒童内發の興味を統制し指導する——到達点を豫想しての指導ではない、個性活動の機会を自由ならしめるための指導——ことを樞軸とする教育であると言ふことが出来る。」
　　　　　（下中彌三郎「興味説の再考察—教育の心理的基礎としての興味—」、
　　　　　『教育の世紀』、第１巻第１号　1923（大正12）年10月　p.56）

　「内発の興味」は、教育の世紀社の教育構想における中心的な方針である。しかしもともと純粋な内発などあり得ないことは、主体化＝従属化論を持ち出すまでもない。この点について、『教育の世紀』野口論文への反

論投稿と、野口の応酬を見てみたい。以下は師範学校長である根岸氏の主張である。

> 教育は兒童の要求から出發すべきでなくて、寧ろ父兄の要求國家の要求から出發すべきではないかと思ふ。（中略）兒童に興味のないことも興味を持つ樣に導く。兒童は必要を感じなくとも、その必要を感ずる樣に敎へる。不自由だと思ふことを自由だと思ふ樣にしてやる。嫌ひなことが好きなことになる樣に仕向ける。それが教育の眞の仕事であるといふのである。
> （根岸福彌「野口兄の性善惡論に對する質疑」『教育の世紀』第２巻第２号 1924（大正13）年２月 p.112）

根岸氏は、児童に興味を喚起する誘導に教師の仕事を見ている。これは児童中心主義の立場である。現在の実践の多くもこの形であるだろう。それに対する野口の応答は以下である。

> 「兒童に興味のないことも興味を持つ樣に導く」ことが本當に出來るものであらうか。私はそれは無感だと思ふ。もしそれが出來るとしたならば、恐らくそれは外からの付け味でこれを補ふと云ふのであらう。苦い藥を砂糖の中に包んで呑ませるのだらう。偶には子供もそれにだまされ呑みもしよう。又眞味が分つても顔をしかめて我慢もしよう。が、何時でも始終、こんな手に乗るものではない。」
> （野口援太郎「根岸君にお答いたします」『教育の世紀』第２巻第２号 1924（大正13）年２月 p.121）

野口の反論の中心は、児童は大人が価値あるとする方向に誘導し得る存在ではないとする点にある。ここで野口が問題としているのは、興味の質や内容ではなく、教師と児童との関係である。

野口における「内發」とは、児童を大人と対等な個人と捉えた時の「児

童本人の」という意味である。純粋に内発であるかといった質を問題にするものではない。教師が仕事として児童に確保すべき「自由」とは、児童が自由な思考や行動をする個人として尊重された状態を指すものであり、制約がない状態をさすものではない。上掲引用部に野口が教師の仕事としてあげた「動的方面の実現」とは、個人と個人としての対等な教師との関係の成立のことである。

2.3 関係の組み直し

『教育の世紀』には、創刊号から三回に渡って「兒童の村のプラン」（教育の世紀社）とする記事が掲載されている。具体的な計画の乏しい「児童の村」の実践計画としては、『教育の世紀』に掲載されたものとしてはほぼ唯一の計画である。そこに描かれた実践構想の内容は、大きく次の三つに分類することができる。①教科・時間・教授法の自由や少人数学級といった、学校の枠組みに関わる点。②「教育方法」という言葉で示されている教育のあり方。③関係の組み直しに関わるものである。

③については、「四　特徴その三──職員自治」「五　特徴その四──父兄自治」[18]「一〇　學級主任獨裁」[19]（訓導の責任と人格の尊重）がそれにあたる。これらは教師と児童と「父兄」をも含めた関係あり方の組み直しを図ろうとするものであり、他の新教育実践には見られない、児童の村の特徴である。これらは児童・父兄・教師の地位を対等にし、上述の意味での児童の「自由」を確保することであり、教師におもねることなく「内発の興味」による学習を保障しようとするものであると考えられる。

教育の世紀社の「新教育」は、構想当初より教師と学習者とそれをとりまく人々の関係のあり方の変革を成立要素として含んでいたことが確認できる。

2.4 まとめ：教育の世紀社と児童の村の構想

教育の世紀社が社会変革の方法としたのは、新しい教育実践である。彼らが実現しようとした教育実践の構想について、池袋児童の村小学校開校

前の『教育の世紀』の同人の論考において特に主張された内容から取り上げて検証した。確認された教育構想でありまたその教育の成立要件として以下の三点が確認された。

　　（１）到達点を定めない「自發活動」
　　（２）それ自体が学習目的である「内發の興味」
　　（３）個人として児童を尊重するための関係の組み直し

　「自発活動」は、教師による到達点を設けない中での学習者の活動である。「内発の興味」とは、教師を初めとする大人を含む全ての周囲の人との関係において対等な、個人としての児童の興味である。そこに到達点を決める他者は存在しないのであるから、その興味自体が学習の目的でもある。また児童の個人としての「自由」を保障するために、児童と教師だけでなく、学校に関わる全ての人々との対等な関係作りが教育構想の要素として含まれている。この「自由」とは、制約がない状態を指すのでなく、児童が自由な思考や行動が可能な個人として尊重された状態を指している。
　これらを踏まえた上で、改めて教育の世紀社がその「宣言」とともに掲げた「教育精神」を見ると、各条文の内容のイメージが浮かび上がる。以下に条文全文を示しておく。ここに述べられた内容は、上の三点にほぼ集約されるものであると言える。

　　〔一〕吾々の信ずる教育は、個々人の天分を存分に伸展せしめこれを生活化することによって人類の文化を発達せしむるにある。
　　〔二〕吾々の信ずる教育は、兒童の個性が十分に尊重せられ、その自由が完全に確保せらるゝ教養の形式においてのみ、その目的を達しうる。
　　〔三〕吾々の信ずる教育は、兒童の自發活動が尊重せられ、その内發の興味に對して新鮮なる指導が行はれる時にのみ可能である。

〔四〕吾々の信ずる學校生活は、生徒及教師の自治によつて一切の外部干渉を不要ならしめ、進んではそれ自體の集團的干渉をも不要ならしめん事を期する。

〔五〕吾々の信ずる教育においては、自己の尊嚴を自覺すると同時に、他の人格を尊重する人たらしめ、全人類に對する義務を盡すに勇ならしめんことを期する。

(『教育の世紀』第1巻第1号　1923（大正12）年10月)

　教育の世紀社と児童の村は、教育実践の新しい方法による社会変革を目指して設立された。その新しい方法とは、「自発活動」「内発の興味」「個人の尊重」を核とする教育である。ここに教育の世紀社の教育構想が、「学習者主体」を立場とするものであったことが確認できる。児童の村はその実践化のための学校であった。

第2節　「生活学習」の確立
―― 『教育の世紀』掲載記事の変遷 ――

　峰地光重『文化中心國語新教授法（上）（下）』は、池袋児童の村小学校赴任からわずか1年余の間に出版された。中心的主題として述べられている「生活学習」は、池袋児童の村小学校の実践を通じて形成された実践である。本節では、退職までのその後の一年を含めた池袋児童の村在職2年半すべてに渡る峰地の実践と理論の変化を追うことによって、彼がどうその「生活学習」のあり方を形成していったのかについて考察したい。

　方法として、雑誌『教育の世紀』に掲載された峰地の記事を時系列で取り上げ、そこに見られる実践・理論の変化から、「生活学習」観の形成過程をたどることとする。

　『教育の世紀』掲載記事を取り上げる理由は以下のとおりである。

　『教育の世紀』は池袋児童の村の経営母体である教育の世紀社から1923（大正12）年10月創刊され、その後月一冊のペースで1928（昭和3）

年11月の終刊までの約5年間に62巻発行されている。この雑誌は、実験学校としての池袋児童の村小学校の実践及び研究報告の場でもあった。内容は、教育総合誌としての当時の教育に関する様々な論考と、教育の世紀社の機関誌として実験校である池袋児童の村小学校での実践紹介とに誌面が費やされている。

　池袋児童の村小学校の13年間は大きく三期に分けられる。田嶋[20]は、その初期を教育の世紀社によって雑誌『教育の世紀』が発行されていた1927（昭和2）年6月までとし、教育の世紀社はこのとき実質的に解体したとしている。児童の村小学校において「学習者主体」教育の構築を目指した実践が行われていたのは、この頃までと考えるのがよいと思われる[21]。

　峰地執筆の記事は、開校（1924年4月）の2ヶ月後の6月、2巻6号（1924（大正13）年）が掲載の初めであり、児童の村小学校赴任は9月である。赴任後の記事は、2巻10号に始まり、それ以後峰地は、ほぼ毎月一本か二本の記事を書いている。峰地が児童の村に訓導として勤務した1924年8月から1927年3月までの2年半の間、最後の掲載の6巻9号（1928（昭和3）年）までに計45の記事が掲載されている。

　記事の内容は、実践におけるその時々の関心事についてであり、テーマも多岐にわたっている。記事全体を見渡すことによって、彼の当時の教育に対する考えを、バランスを含め、総合的に見渡すことができると考える。また、当時『教育の世紀』への実践報告を兼ねた掲載原稿を出発点とし、それを中心にしてまとめたものを、その後著書として構成し発行するという経緯が見られ、記事は実践を通して考えを練ってゆく傾向の強い峰地の教育思想の核となるものとみなし得ると考えた。

　峰地執筆の掲載記事の内訳は、実践報告12、教育に関する論考10、学校や教育に関わる随想7、随想・紀行など学校に直接関係のない文章4、創作童話4、講演その他の報告5である。分量的には、子どもの描写が多く、特に有効な実践方法の提示や、成果の報告にはあたらない子ども達の生活描写が非常に多い。これは峰地の著述全体の傾向としてもいえることである。

第3章 「生活学習」

以下、『教育の世紀』における峰地の記事を、時間の経過とともに追い、その変化を確かめてゆくこととする。

1 赴任1年目 （1924（大正13）年9月～1925（大正14）年7月）

池袋児童の村小学校は、1924（大正13）年4月、「学級」はあるものの、「教科課程」「教材選択」「指導の場所」「教師」「時間」の選択を子どもの自由とすることを掲げてスタートしている。峰地は、1925年9月児童の村に訓導として就任し、一・二年の担任となった。

では、実際の赴任1年目の記事を取り上げ、その特徴について見てみよう。

赴任まもない頃の記事では、子どもの描写の中に、子どもが強制されないにも関わらず、自然に学習に向かうことへの、驚きや喜びが見られる。また、指導者としての峰地が、子ども達が生活の中で自然に学習に向かい、また自然に内容が身につくような配慮を行っている様子が見られる内容となっている。

下の記事は、児童の村小学校に赴任後まもなくの、ある日の学校の様子の描写である。引用部には、子どもたちそれぞれが、自主的に学習に向かう様子が描写されている。時間割や教科書などのない児童の村の様子を、峰地が新鮮な気持ちで見ていることがうかがわれる。

この記事には、以下に引用した部分の他にも様々な描写が含まれている。

　◇おしまひまで仕事をするよ
　「村」では九時にベルが鳴る。そして十時半にまた鳴る。九時のベルがなると外で遊んでゐた子供達も大抵ははいつて學習を初める。しかしベルが鳴つても一向かまはないで外で戰争ごつこや土いぢりをやつてゐるときもある。又、ベルの鳴らない半時間も前から學習を初めてゐるものもある。「村」のベルはたゞ時間を知らすにすぎない。
　九時から學習を初めて、十時半までやると子供達は疲れる。十時半のベルを聞いて大抵の子供はお隣の草原に遊びに出る。晴れた日はお

辨當をもつて長崎村の方へ行つたり、立教大學の裏の森に行つたりする。
　仕事が眞剣になつて行くと、その外へ出て遊ぶことなんか忘れたやうに仕事をつゞけてゐる。今日は、何時もは遊んでばかり居る小野君が、十時半のベルをきいてゐたが、
「僕はおしまひまで仕事をするよ。」さう云つて讀本の書取をやつてゐる。
「僕も……」さう云つて小野君の傍で野口君も書取をやつてゐる。
　松田君は地理の本を見てゐる。早川君はメートル尺でいろんなものをはかつて、それを一々書きとつてゐる。
　私はかうした學習の様子を見てゐると、嬉しさで心が一ぱいになるのであつた。
　日課割なんか設けないで自由にしてるこの學校の賜物として生れたよい習はしの一つなんだらう。
　　　　　(『教育の世紀』第2巻第12号　1924（大正13）年12月　p.86
　　　　　「『自分』の仕事」より)[22]

　ここに描かれているのは、特にきまりとして強制されなくとも子ども達が自然に学習を始めること、それぞれがてんでに興味のある学習をしていること、それに熱中する様子、である。
　また別の記事を見てみよう。以下は、児童の村を去った柏木先生と子ども達との手紙のやりとりについて書かれた記事である。ここで峰地は、柏木先生との手紙のやりとりを学習のよい機会として意識し、こどもが自然にそれに向かうようにさりげなく流れを作り出している。「外にも書く人はありませんか」と子ども達に呼びかけ、「返事を壁に貼る」などがそれである。以下の引用は、子どもの手紙と柏木先生の手紙は省略して、峰地のコメント部分だけの引用である。

　◇取りかわされた手紙

第3章 「生活学習」

　或日の午後、小野君が
「今日は柏木先生へ手紙をかくよ。」と云つた。それをきいて、私は
「それは先生が喜ぶだらう。外にも書く人はありませんか、書けば一所にして送つてあげるよ。」と云つた。さうすると、「僕も書くよ」「僕も……」とあちこちから賛同の聲が起つて、こゝに最も自然な綴方の作業が生れるのであつた。みんなは原稿紙に向つて書き初めた。

×

子供の手紙　三編　　（省略）

　まだ三四あつたが何れも生活から生れてゐるだけに皆上出來のやうだつた。私はそれを柏木君に宛てゝ送るとすぐ柏木君から子供へあてゝ返事がきた。
　私は柏木君の返事を壁にはつて置くと、朝登校して來た兒童がかわる／＼その前へ行つて、読み初めるのであつた。自然に生れた讀方の作業である。
「柏木先生から返事が來てるよ」さう云つて二三人のものがよつてたかつて如何にも嬉しさうによんでゐる。

柏木先生からの返事　　（省略）

　或子供は「海が僕達の行くのをまつてゐる。とかいてありますよ。」と私のところにわざ／＼告げに來るのであつた。
　又或子供は「又柏木先生に手紙をやらうね。すると返事をくれるから。」と云ふものもあつた。この手紙を讀むことは、どれだけ子供にとつては喜びであつたのであつたらう。眞に歡喜的學習である。
　その翌日品川驛で柏木先生を見た子供の喜び――柏木先生の手をとる、肩にかゝる。キヤラメルがポケツトの中に飛び込む。林檎が出る。何と云ふ美しい情景だつたらう。
　學習は教科から生れるのでなく生活から教科が生れ學習が初まるやうにありたい。そして生活それ自らが尊い學習でありたいと私は祈念

する。
(『教育の世紀』第 2 巻第 12 号　1924（大正 13）年 12 月　p.88
「『自分』の仕事」より）[23]

　この手紙のやりとりの中で所謂教科の学習内容にあたる学習が、自然に生じ、また子どもの喜びの中で行われることに、峰地が価値を置いていることが、「何れも生活から生れてゐるだけに皆上出來のやうだった。」「自然に生れた讀方の作業」「真に歡喜的學習である」「生活から教科が生れ學習が初まるやうにありたい。そして生活それ自らが尊い學習でありたい」という記述などから見て取れる。
　次の記事は、文字を覚える喜びを表現する子ども達の描写である。

　◇「語の歡喜學習―主として漢字學習の仕方について―」
　　子供達はほつて置いても、その生活が豐富に營まれるやうになり、精神力が充實して來れば、しぜんと、彼の原始人が文字を創案始制したやうに、文字を學習し初めるのである。そして、五箇よりは十箇、十箇よりは百箇とその記憶した文字の數の殖えること、そのことに興味と歡喜を覺えながら學習を進めるのである。眞にそれは歡喜的學習である。本當に彼等は新しい文字を覺え込んだ時には、堪らぬその喜びを表現しながら躍りだすのである。或日尋二の三島君が、僕は「熊」といふ字を覺えたよと云ひながら、黒板に板書するのであつた。
「熊といふ字はね。ム月ヒヒテンテンドンドンとおぼえるんだよ。」
それをきいてゐた同じ尋二の小野君が、その「熊」といふ字に見入つてゐたが、やがて、
「む　つき　ひひ　てんてん　どんどん。」
と躍り出したのである。丁度参觀の方もその躍る姿をごらんになつて腹をかゝえて笑はれたことであつた。小野君は全く新しい漢字收得の喜びと「むつきひひ……」の調子よさとに全身をつき動かされて躍りだしたのであらう。

又「馬」といふ字を「縦棒々々　横チヨンチヨン、引つかき廻してよいやさのさつさ……」と云つて或一兒が躍るのを見たこともある。眞に漢字の收得は彼等子供にとつては歡喜であらねばならない。それは眞に彼等の生命の擴充そのものであるから……。

二

　然るに從來の漢字教授なるものは、全く教師の横暴から、さうした子供の歡喜的學習を奪つてしまつていた。何をか教師の横暴といふ。先づ教師は山といふ字は何年の何課でなくては教へられぬものと決めてゐたのである。如何に兒童が要求しやうが、「その字はむづかしい。尋常三年になつて習ふ字だ。」そんなことを云つて兒童の要求を殺してゐたのである。教師は「木」と云ふ字を教へなければ、「林」と云ふ字や「森」といふ字は教へられぬものと思つてゐたのである。これは大きな謬見で、兒童が「森」といふものに對して生々とした興味をもつたときは「森」の字は「林」もしくは「木」よりも容易に收得し得るのである。かうした興味の緊張して表はるゝことは、さう度々はないのである。その興味に油の乗つた時こそ學習の好機なのである。漢字の難易などはさう外的に拮窟に考へなくてもよいのである。然し從來の漢字教授なるものは全く教師の系統にのみ重きを置いて所謂教授をなして來たのである。そして、兒童の要求は殆ど殺されて來たのである。これ私が教師の横暴といふ所以である。

（『教育の世紀』3巻3号　1925（大正14）年3月　p.34）[24]

　このあとには「漢字學習カード」に作り熱心に取り組み、次々に漢字を覚えていったことが書かれている。ここには、学習そのものが子どもにとって喜びであることと、そのような子どもの興味を逃さず学習場面を構成することの重要性が述べられている。
　次は、当時の教育課程ではまだ理科学習を行わないことになっている尋一・二の子どもの理科への興味の芽生えが描写の中に示された例である。他にも幾何学や地理への興味を示した例があげられている。ここでは、子

どもが興味を持ちやすい形で話をしてやるなど、興味を導く様子が見られる。

　◇「兒童の科學的生活」
　尋一二の「二の組」の子供にも、科學の萠芽はもう芽生えて來た。
　いつか子供達が「太陽とお月様とどちらが大きいか」の問題について話してゐた。それが、發展して「太陽」のお話をしてくれといふことになつて、「太陽」の話をしてやつた。それが更に發展して、「今度は星の話をしてくれ」といふ事になり星の話などもしたりした。カント・ラプラスの火雲星說(ママ)や、木星や土星などの話には興味をもつてきつてゐた(ママ)。この話は漢字カードの上にも表はれたのだつた。
　子供達は二學期に入つてから、「子供の科學」なんかをもつて來てよみだした。「子供の科學」を毎月とつてゐる子供は、三四人あるやうだ。いろんな寫眞を見ながら、理科に關する話なんか盛にやつてゐる。
　或日のことだつた。早川君と福澤君が、「先生ここに蠅の目が出てゐるよ」と云つて私の所に、その「子供の科學（」(欠落)をもつて來た。私は「隨分たくさん眼があるだらう」といふと、
「幾つあるの」といふ。私は手許にある理科書をとつて、
「さう蠅は七千三百ばかり眼があるね」
「おやおや隨分澤山あるんだね」
「ぢや、とんぼはいくつ？」
「蜻蛉は一萬六千五百だね」
「ぢや、蠅よりずつと多いんだね」
「先生、黒板に眼の數を書いてくれ」
「では、蜘蛛は？」
「蜘蛛は八つ」黒板にかくとそれをノートの書き取るものもある。
「蜘蛛は少いのね」
「では、かには？」

「六千貳百」

「ぢや、一ばん多いのは？」

「バッタで一萬八千六百だね」

　私は小黒板にその複眼の數を一々書いて置いたのであつた。

「消しちゃいけない」といふので二三日消さずに殘して置いたのだつた。

（後略）　（『教育の世紀』第3巻第4号　1925（大正14）年4月　p.60）

　この記事は、『教育の世紀』掲載時には、子どもの興味を重視する考えから、定められた教育課程に従うことの不毛について述べるための例としてなされた描写であった[25]。

　ここまでは、峰地赴任からおおかた1年目までの記事である。1年目の実践に関わる記事の多くは、自由な環境の中にあっても、それぞれの興味に従い自主的に学習に向かう子ども達の描写である。そこでは、子どもの自主性に任せながらも、いわゆる学習内容の習得がなされていることが、その成果として示されている。又指導としても、子どもが生活の中で自然にその意味での学習に向かえるよう様々な配慮を行っている。

２．赴任２年目　（1925（大正14）年9月～1926（大正15）年8月）

　赴任2年目の子どもの描写には、いわゆる学習内容ではないことに取り組む姿の描写が多くなる。また一方で、算数の練習問題の描写など、生活の場面に関わらずいわゆる学習そのものに取り組む子どもの様子の描写が現れる。

　また「学習の遊戯化」については、早くから峰地の関心事であったが、この時点では、そのものにそのものとして取り組むことについての意義が、論として深められていることが見られるものとなっている。

　では、実際の赴任2年目の記事を見てみよう。

　池袋児童の村小学校では、峰地赴任からちょうど一年たった夏休み、「九十九里浜夏の学校」が行われている。これについては、2週間に渡

共同生活の様子が、子どもを中心にそれまで以上に生き生きと描写されている。毎年の「夏の学校」は、児童の村における教育実践の骨組みの一つとされている[26]行事である。

以下に引用した記事「九十九里濱夏の生活」には、冒頭に「私は主として國語生活に関係した事柄について書いて見たいと思ひます。」と断り書きがある。それにも関らずそのあとの記事内容はすべて九十九里浜での子どもの様子の描写であり、たとえば以下に示した初めの記事である「栗山川」もそうであるように、いわゆる国語に関連していると思える事柄は特に見いだせない。

◇「九十九里濱夏の生活」
　私は主として國語生活に關係した事柄について書いて見たいと思ひます。
　　　△栗山川
　私はふと幼い頃のことを思ひだして、さわ／″＼と舷に觸れた芦の葉を捥ぎとつた。そして、それを手指の間に挾んで蘆笛を吹き初めるのであつた。幼いころ學校歸りによく吹いた蘆笛は三十すぎてもやはり鳴るのだつた。ピーピーピーピー蘆笛はゆるやかな川の水の上を流れては消えた。いつか久布白君や野村訓導もこの蘆笛を吹き初めるのだつた。

　兩岸は蘆と眞菰でびつしり詰まつてゐる。青い蘆の間から、蘆切がグィグィと鳴いてゐる。赤い萱草の花が水の上にさし出て咲いてゐた。「おや浪の音がしてゐる。」不意に野口君が耳をそばだてた。たしかに九十九里の浪の音だ。
　　ドー　ドー　ドー
　風の音のやうな、それでゐて地の底から聞えて來るやうな力強い音響だ。
　まだ海岸までには二里以上はあるさうだ。私はあの空が崩れて來るかと思はるゝ、九十九里の白浪を思ふのだつた。

第 3 章 「生活学習」

　　　兩岸の蘆間では釣りをしてゐる人が幾人もゐる。古い麥稈帽子をか
　　ぶつて、煙草を吹かしてゐる。
　　　「小父(おぢ)さん、つれたかい？」子供達が叫ぶ。聲をかけると、彼等は
　　屹度何か愛嬌のいゝ挨拶をする。手長蝦をプイと投げてくれたり、鯰
　　を投げてくれたりする。中村君が胴籃を水槽にしよう(ママ)と云ひだし、す
　　ぐそれに水を入れて即製の水槽が出來る。鯰が長い鬚を鷹揚にふつて
　　その水槽の中でふらり／＼と泳いでゐる。皆は喜んで、それを眺める。
（後略）　（『教育の世紀』第 3 巻第 9 号 1925（大正 14）年 9 月　p.65）[27]

　全部で 28 項目のうち、いわゆる国語学習との関係が何とか見いだせる
ものは、次の 5 つのみである。「村の新聞」「反對づけ」「花火（子どもの
詩 2 編含む）」「九十九里の歌（峰地作の短歌 4 首）」「地引網（子どもの綴方 2
編含む）」「銚子行き（峰地作？の詩含む）」（これも、新聞作り、言葉のあそび、
体験が作品となっていることなどから、何とか国語の学習との関係がみられる
という程度のものである）。その他は、夏の学校での体験や、珍しい動物に
触れた子どもたちの、峰地による描写であり、国語の学習との関係は見い
だせない。この頃、峰地が何を「国語」としたかについてははっきりしな
いが、少なくとも生活そのものを深く味わうことに価値を見、それを学習
と考えていることがわかる。

　次に、学習内容に関わる実践について書かれた記事があるので見てみた
い。
　下の「進度」は、児童それぞれの算数の問題集の進度調べについての記
事である。ここでは、学習内容への取り組みが、1 年目にそうであったよ
うに、ゲームや楽しみの中で学ばれるものとしてではなく、取り組むべき
課題として取り上げられている。

　　◇進度
　　　二月三日、

朝、私は子供の算術の進度をしらべさせた。
一月八日からこの方、初めてしらべさせたのである。百頁あまりの問題集ではあるがもう完了してゐるものが五人ばかりあつた。三十頁ばかりしか進んでゐないものが二人あつた。
　進度をしらべさせるのは、子供にその進度を各自覺させる機會をあたへるだけでいい。
　進度がおくれてゐるからと云つて、子供をせきたてたり、進度の進んでゐる子供をいばらせたりすることは賞讚すべきことではない。
　兒童は各々自分の力に適した進み方、歩み方をすればいいのだ
　　　　　（『教育の世紀』第4巻第3号　1926（大正15）年3月　p.104
　　　　　　「子供を觀る―二の組・二日間の生活―」より）

◇色かるた
　一時間目の學習は可なり力が入つた。大ていは算術をやつた。T君は理科讀みもの、M君は童話讀本英子ちやん美代子ちやんは人形づくり、Y君、知雄君は遊び、さまざまな學習の相である。その中、峯岸君は昨日の本のつづきを書いてゐる。行つて見ると、色かるたをそれに書いてゐる。文句だけをかゝげて見よう。
　むらさき　むんむん　おこりだす。
紫の外套を着た男が、よそに出かけ、汽身(ママ)におくれておこりだしてゐるところを描いてゐる。
　あかはあめをしやぶつてる。
赤いマントを着た子供が大きな飴の棒をしやぶつている繪だ。
　みどり　みづに　ながされる。
水の上に緑色のものが流れてゐる。赤い小さな太陽が上に輝いてゐる繪。
　くろは　クロンボ　いんどじん
　きいろ　きりんに　なつちやつた
　くさいろ　たくさん　ぎようれつだ。

しろは　ぽつぽつ　ゆきがふる。
　　等可なり面白いものが出來てゐる。大連の繪の先生が二人いらして、それは『素敵だ』とほめて居られた。
　　　　　　（『教育の世紀』第４巻第３号 1926（大正 15）年３月　p.104
　　　　　　　「子供を觀る―二の組・二日間の生活―」より）

「色かるた」は、前の「進度」と同じ「子供を觀る」の中の記事である。ここでは「さまざまな學習の相」として、算術、理科、童話読本，人形作り、遊びがあげられている。ここでも、いわゆる教科の学習に取り組む子どもが、遊びに熱中するのと同じように、楽しみの要素がないはずの教科学習そのものに熱中する姿が描かれている。

◇志垣先生の手紙
　午のごはんのとき、私はモスコーなる志垣氏からの手紙をよんできかせた。丁度この日、宮本君が世界地図をもつて來てくれてゐたので、それを壁にはつてゐたので至つて都合がよかつた。子供達はぱんなどをたべながら喜んできいた。
　舊暦十一月七日に伊美先生が出されたお手紙を私は一月七日に受とりました。東京をたつたのも七日でした。七日に縁のあることです。この日はモスクワはクリスマスで店は半分やすんでゐました。ロシアではまだ舊暦を用ふる人が多いのです日本をたつてからもう一月になります。モスクワについてから二十日あまりになります。この間の毎日の生活をお知らせしませう。
　　　　　　―志垣氏の手紙―　（省略）
　午後の時間は志垣氏への手紙をかいた。
　　　　　　―志垣先生に　西正子さんの手紙―　（省略）
　など七八通出來上つた。私はモスコーなる志垣氏に送りたいと思つてゐる。
　かうした仕事は全く、所謂教授とか學習とか云ふ空氣のものではな

い。地理教授とか綴方教授とか云ふにはあまりに生活そのものになりきつてゐる。
　私はかうした境地を生活學習といつてゐるのだがこの言葉さへも、とてもこの氣分にはしつくりするものではない。
　　　　（『教育の世紀』第4巻第3号　1926（大正15）年3月　p.106）

「志垣先生の手紙」の内容は、モスクワの志垣先生からの手紙が来た時のことと、志垣先生の手紙、志垣先生に宛てた子どもの手紙とその時の峰地の胸中についてである。「丁度この日、宮本君が世界地圖をもつて來てくれてゐたので、それを壁にはつてゐたので至つて都合がよかつた。」という部分は、この機会に自然な学習ができるようにわざわざ世界地図を用意したわけではないことを示している。また手紙が紹介されたのも「午ごはんのとき」であって、学習などにあてる時間ではない。

　これを、1年目まもなく同じく手紙を扱った「取り交わされた手紙」第2巻第12号の記述と比べるとその違いが明らかである。「取り交わされた手紙」の当時は、手紙のやりとりを、読方・綴方学習として位置づけ、それが自然の動機の中でできることに意義があるとされている。また峰地が意図的にそのような環境作りを行っている。

　一方「志垣先生の手紙」では、結果的に地理学習や綴方学習になったかも知れないが、そこに意義があるのではない。「かうした仕事は全く、所謂教授とか学習とか云ふ空気のものではない。地理教授とか綴方學習とか云ふにはあまりに生活そのものになりきっている。私はかうした境地を生活學習といつてゐるのだがこの言葉さへも、とてもこの氣分にはしつくりするものではない。」と述べる。ここで「あまりに生活そのもの」というのは、手紙のやりとりに手紙のやりとりとして取り組むことを「生活そのもの」というのであり、それが「生活学習」の「境地」であるという。ここには「地理教授」も「綴方教授」もなく、「生活」があるのである。「この気分にはしっくりするものではない」という表現には、この手紙のやりとりが、学習ではなく、生活としてだけあるのであって、「生活学習」と

いう言葉でさえも、「学習」という表現を用いて説明している点が、その「境地」とは異なって思えるということである。

ここに、他の活動の中にさりげなく教科的な学習内容を含ませ、それを隠れたもう一つの目的とする考え方、実践のあり方からほぼ完全に脱していることが見える。そこでは、教科の学習内容は、教科の学習内容として、生活としての他の活動と同様、そのものとして取り組むことが良しとされるのである。

以下は同じく「子供を觀る」より、算術に取り組む子どもの描写である。

◇十一頁やつた
T君が午後算術をやつてゐる所により添つていろいろ指導した。十一頁ばかりやつた。
『十一頁やつた』『十一頁やつた！』
T君は大喜びで大聲をあげて一人勇んでゐた。
一日に一人でもいいから心の深い所で握手して學校をかへりたい。
（『教育の世紀』第4巻第3号　1926（大正15）年3月　p.107
「子供を觀る」より）[28]

この記事に印象的な表現は「心の深い所で握手して」という部分である。このT君と、心の深いところで握手ができた喜びを感じての表現であろう。算術には算術として取り組む中にその喜びがあるのである。「より添っていろいろ指導した」ことによって、T君の喜びがどういう喜びかを実感として感じて、一緒に喜ぶことが出来たのだと思われる。先生が自分の喜びを実感して、同じように喜んでいるのをT君も感じたに違いない。「心の深い所」での「握手」とは、そのようなことを指すのではあるまいかと思われる。

学習と遊戯は峰地にとって大きな関心事の一つであった。学習に学習として取り組むことが峰地の結論であり、それについて述べた記事が以下である。長いので一部を示す。

◇「『遊戯の學習化』『作業の遊戯化』に對する批評」より

　學習を遊戯化して學習の負擔を輕減する思想は、遊戯は樂しいものであつて、作業は困難なものであることを豫想してゐる。學習を遊戯化することは苦い智識をあまい遊戯のオブラートに包んでのますことを考へてゐると見られる。しかし私をもつてすれば、遊戯には遊戯の面白味があり、作業には作業の面白味のあることを認める。しかもその異れる生活の滋味を體驗することこそ、人間としての高い教養の基礎をなすものではあるまいか。

　　　　　　　　（中略）

この思想（筆者注：「遊戯の中に學習作業を仕組み、作業を遊戯化して文化價値の收得を興味あらしめる」という考え方）の中には甚しく既成文化重視の意味がふくまれ、生命を第二義的に見てゐるところに反對せざるを得ない。下中氏が云はるゝやうに文化とは要するに生命の排泄物である。それは生命の肥料とはなるが、生命價値そのものではない。肥料的價値を第一義的に見て、生命的價値を第二義的に見るのは價値の轉倒である。

　　　　　　　　（中略）

遊戯は遊戯のまゝに徹底せよ。作業は作業のまゝに徹底せよ。そして自由に而も何等の無理がなくそれが發展するとき、眞の文化價値は創造される筈である。
　　　　　（『教育の世紀』第4巻第4号　1926（大正15）年4月　p.74）

　前年の『教育の世紀』掲載の峰地による訪問記「入澤宗壽氏を訪ねて」（第3巻第1号1925.1）に、峰地からのプレイング・メソッドについての質問や、「僕は今作業と遊戯とをうまく融合せしめようとして苦しんでいるのですがね。」というような発言があるが、上の記事は、それから1年以上たって、作業と遊戯についての考えをまとめたものである。

　翌月の記事「低學年教育二個年の經驗」は18ページに及ぶ長い記事で、

低学年の担当者としての回想である。前半は全体的な感想、後半は各教科ごとの実践内容の報告の形式をとっている。内容は、前月の記事で述べた理論を、今度は具体的な実践を通じて述べたものだと言える。以下はその抜粋である。

◇「低學年教育二個年の經驗」より
　天狗ごつこ、化物ごつこ、鬼ごつこ、かるた取り、粘土いぢり、お畠つくり………考へて見るとそんなものがこの二個年の大部分をしめてゐたやうな氣がする。しかもその遊びは徹底的に遊びそのもので終始しようと私も念願したし、子供はそれを實行した。遊びにはたゞ遊びの目的があるだけで、ちつとも他に目的はなかつた。私は子供と交つて、車掌になつたり、化物の親になつたりした。私はそれが面白かつた。私は決して遊びの中に私の目的意識、指導意識をのさばらせる氣もちにはちつともなれなかつた。遊びそのものゝ氣持の中にとけ込むことだけであつた。だが結果は非常によかつたと思つてゐる。第一子供の元氣は内に充溢して來た。身體は強健になつた。この事實に對しては實に明瞭な事實としてその結果があらはれた。一年中藥餌に親しんでゐた子供が、全然藥餌を絶つに至つた。それは決して一人二人ではない。全級の體格檢査の統計は全國の兒童體格に比して著しく良好であつた。陰鬱な子供は快活になり、孱弱な子供は強健になつた。これは何としても思ふ存分に遊ばせた結果であつたと思はれる。
　子供が快活になり、元氣が溢れて來たといふことは、つまり生活力の強くなつてきたといふことである。強い生活力がなくてはよき學習は成立しない。遊びはよき學習の根底でもある。
　　　　　　　　　　　（中略）
子供達は自分の要求によつて作業を遂行するとき、そこに作業には作業としての別な喜びのあることを實感する。旅行して旅行記をまとめるためには或る努力を要する。聽取した科學者の傳記をノートするには或る努力を要する。つまり作業には或る意識的な努力を要するもの

であるが、彼等はその努力の快感と云ふものを實感として握る。

　苦痛の快感──そんなものを彼等は小さいながらも味ふことを忘れない。この快感こそ學習の根本となるものである。

(中略)

一たい従來に於ては指導と云へば教師が自己のもつ教育目的に、兒童を引きつけようとすることであつた。かうした立場に立つての指導であるならばむしろそれは個性的な學習の指導とはなり得ない。そのわけは教師が自己を強いることになり、子供自身から考へると、そこに自己らしい目的と活動とが成立しないからである。

(中略)

個性的指導といつたからとて、決して個人指導の意味にはならないと思ふ。一齊的學習の中にも立派な個性指導の境地は成り立つことは云ふまでもない。例へば子供は一樣にお話が好きである。がお話はつまり一齊的學習の模式的なものである。だが一齊的にお話をきいてゐる中にも兒童個々は自分に最もふさはしい聽き方をして、形は一齊的に流れて行つてはゐるが、心は個性的に進んでゐる。そこには兒童の各個の個性が教師の個性と交響し合つてゐる。教師は教師で兒童の個々が發散する生の微光に包まれ一種の個性の諸調を實感しながら話してゐる。この境地は教師は教師としての單純の表現になつてゐないのである。

(中略)

　　終わりに

　要するにこの二ヶ年の私の學習指導の心持は教科本位を排して、生命本位に徹底しようと思つたことであつた。教科を取扱ふ場合にもそれを生命の下に於て生かさうとした。

　これまでの私の經驗はかうした立場に於て、あまりやく立たなかつたといつてよい。

　　　　(『教育の世紀』第4巻第5号　1926（大正15）年5月　p.82〜97)

引用の初めの部分には、「遊びは徹底的に遊びそのもので終始しようと私も念願したし、子供はそれを實行した。遊びにはたゞ遊びの目的があるだけで、ちつとも他に目的はなかった。」という記述など、随所に峰地が児童をただ遊ばせてきたということと、そのことによる子ども達の変化について書かれている。

　次の部分には、「苦痛の快感」という言い方で、作業の中の作業としての喜びについて述べている。ここで例となった「旅行記をまとめること」や「科學者の傳記をノートにまとめること」は、教師の声かけによって始まった作業かもしれない。しかしここで問題にされているのは、作業の中にある、作業としての喜びである。教師が言わなくとも子どもの方から自主的に始めることを良しとする表面的な自主性でない。（表面的な自主的活動だけに目を向けるなら、それは教師を喜ばせるためや、教師の顔色を見てなど、いくらでも起こることであるのは、誰も知っていることである。）「作業には或る意識的な努力を要するものであるが、彼等はその努力の快感と云ふものを實感として握る」という言い方には、その作業を喜びを感じるまで熱中することに意義を見ており、深い意味での自主性を念頭に置いていることが見て取れる。その後の部分にも、個性的学習が、必ずしも形として個別の学習というわけでなく、一斉学習であってもよいとするなど、問題としようとしていることが、形式の次元でないことが述べられている。

　引用の最後の部分「これまでの私の經驗はかうした立場に於て、あまりやく立たなかったといってよい。」という記述は、それまでの教師としての経験の価値を否定する内容の述懐である。これは、峰地の中で大きく考え方が変化し、それによって実践に関する考え方もやり方も大きく変化したことを示している。その変化とは、彼がいうように「教科本位を排して生命本位に」という変化である。つまり教科的な価値でなく、児童の認識を中心として学習を組織すること、実践としては、取り組む児童にとっての深まり自体を学習として、遊ばせることも教科内容も同じように見るという変化である。

『文化中心國語新教授法（下）』の出版は、1925年12月赴任後1年半の時点である。この時すでに、理論としての「生活学習」はでき上がっており、「教科本位を排して生命本位に」はその序文にも強く主張されている。しかし教科学習を目的として置かないことは、実践の上ではそれほど簡単ではない。教科学習だけでなく、児童以外の何かを価値としてそれを目指すことを学習とすることは、教育に携わる者には思いのほか深く浸透していると想像する。たとえばそれまでの学習が、何か別の目的のために教科学習の修得を手段とする学習であったとしても、子どもの外に目的を置き、それを目指して学習を構成するという意味では、教科内容の修得を目指す学習と同様である。

　子ども自身にとっての目的と活動とその深まりを第一の目標とし、外にある目的に向かうことを組織しない「生活学習」は、この頃になってようやく実態として行われるようになっていると言える。「これまでの私の經驗はかうした立場に於て、あまりやく立たなかつた」と感じ始めている峰地にとって、この2年間は、その転換の道のりとしての2年間であり、ここに至って実践としてもようやく徹底し始めたともいえる。

3．赴任3年目　（1926（大正15）年9月～1927（昭和2）年3月）

　『教育の世紀』には退職後もしばらく峰地の記事が見えるが、それらも3月までの勤務中の日付のものである。以下の記事は4月号のものである。発行日は4月1日であり、日付がないが、「四月にはいると」という表現などから、学年末に書かれたものかと推察される。内容は、子ども達に来年度の計画を語りかけるものである。

　　◇「尋三・四兒童に對する四月の獨語」より
　立教の裏がいけなかったら、長崎村の辨天池のあたりに行かう。
　　辨天池のあたりには蛙の卵がみつかるだらう。蛙の卵をかつて見ようか。今年も。毎年やる仕事ではあるが、今年も飼へば別なおもしろいものが見つかる筈だ。蛙もちがつてゐるし、君達の眼もちがつて來

第3章　「生活学習」

てゐるのだから。

　　　　　　　　　　（中略）
　　　　　　　　　　　○
　學科の方では、今年は地圖を買ひませう。地理の本もかひません。これまでは地理はお話し、し（ママ）だゞけであつたが、今年から地圖を書いたり、ノートを作つたりして見ませう。何、外國地圖をもつてゐる。それはいゝ。それを使つて研究するも面白い。さうだ。姉さんの古い地圖でもいゝとも。

　讀方の書取をもう四年のを初めてゐる人がありますね。書取も去年と同じいやうにつゞけませう。しかし四年になるとむつかしい言葉がたくさん出て來ますよ。するとその語句の研究などすることも大切だと思ひますね。書取帳の外にもう一冊ノートを用意しませうね。理科のノートは去年つかつたのでいゝ。三年の方は新しくつくつてほしい。

　算術の方は去年は教科書をすつかり君達の獨自學習のみに任せてゐましたが、今年は教科書の方を『先生の時間』の仕事に使はせて貰ひませうか。そして君達の獨自學習には何か別なものを使ひませうか、自分にしつくりする本を考へて見て下さい。私の方でも二三種とりよせておきます。

　童話なんかもやつぱり話しつゞけませうよ。綴方の文集も作りませうよ。
　　　　　　　　　　　○
　それと、四月初めに時間割をつくつて見ませうね。學期の初めのきりに新しい時間割をつくつてかかることは新しい氣持になれて、力も新しく湧いて來る。

　　　　　　（『教育の世紀』第5巻第4号　1927（昭和2）年4月　p.51）

　この記事では、上の引用部分だけでなく、教科の学習についてがその全般的な内容である。教科学習を正面から取り扱う態度が見られる。これは、峰地においては、教科学習の重要性についての再認識にゝる軌道修正[29]

ではなく、関心の焦点の移行によるものが大きいと考えられる。教科内容的学習を含め、全ての学習における形式的表面的な自主性から、そのものに児童本人として十分熱中できているかという意味での自主性への移行である。

4．まとめと考察

　児童の村赴任まもない頃の峰地執筆の記事には、時間や内容にこれといった決まりのない学校のなかで、児童が自然に学習に向かうことを喜ぶ描写が多い。また、峰地自身が、環境として子ども達が無理なく学習に向かい、楽しみの中で知らず知らず学習ができるように配慮している様子も見られる。それは最終的な目的としては教科的学習内容の習得を目指していたと言えるものである。

　2年目、「九十九里濱夏の學校」では、生活自体を学習と見る見方が明らかに見られる。

　このあとの『文化中心國語新教授法（下）』出版の時点（大正14年1925.12）では、「価値の内在」という特性を持つものとしての「生活学習」の提唱がすでにその主張となっている。しかし、そこに掲載された実践の具体的な学習場面の描写は、子供が楽しみながら、自主的に興味を持って、遊びとして熱中する中で、といった描かれ方であった。

　その後の記事あたりから、学習場面は学習そのものに取り組む様子の描写として、その他の遊びに取り組む描写と並べられている。これは、学習内容習得の必要性の再認識による軌道修正を示すものではない。一層「生活を生活すること」という、子ども自身の「生活」への没入に価値を見るに至った峰地の中では、学習は学習として取り組まれるものであり、殊更に興味を喚起することや、楽しみの要素を付け加えることなどが行われなくなっているためである。

　そこに、学習内容の習得という外部の目的を離れ、子どもにとっての目的や活動そのものの深まりに焦点化するという理論が、次第に実践としても達成されていく様子を見て取ることができる。

第3節　「生活学習」の理論と実践
―――『文化中心國語新敎授法』―――

　『文化中心國語新敎授法』（上・下）は、上下巻を通じて「生活学習」の理論について、及びその観点からの国語教育実践について述た著書である。その内容のうち、実践について述べた部分の多くは、『教育の世紀』に掲載されたものの転載であるが、書籍化するにあたり「生活学習」の理論を体系的に整理しようという意欲が見られ、その観点から実践も位置づけられている。

　本節では『文化中心國語新敎授法　（上）』（1925（大正14）年10月）『文化中心國語新敎授法　（下）』（1925（大正14）年12月）の内容について述べる。

　二書の大まかな構成は以下の通りである。

　　『文化中心國語新敎授法　　（上）』　1925（大正14）年10月23日、
　　敎育研究會　発行
　　　第一章　生活學習とは何か
　　　第二章　生活學習と自由解放
　　　第三章　生活學習と生命觸発
　　　第四章　生活に於ける國語の位置
　　　第五章　聽方の生活學習
　　　第六章　讀方の生活學習
　　　第七章　話方の生活學習
　　　第八章　綴方の生活學習
　　　第九章　私の國語生活

　　『文化中心國語新敎授法　　（下）』　1925（大正14）年12月10日、
　　敎育研究會　発行

第一篇　低學年の國語生活學習
　第二篇　中學年の國語生活學習
　第三篇　高學年の國語生活學習
　第四篇　子供の生活記録

第一章から第三章までは、「生活学習」の考え方を述べようとするものである。第四章以降の国語に関する内容は、「生活学習」の観点から見た、あるべき読方・聴方・話方・綴方教材とその実践、またその観点からの国定教科書を含む教材についての意見、及び具体的な授業方法が主な内容となっている。

　本節での引用は、特に記したもの以外は、『文化中心國語新教授法』からのものでありその上下の別と、ページ数のみ記す。

　なお、池袋児童の村小学校在任中の出版には他に、『新教育と國定教科書』（1926（大正 15）年、聚芳閣）、及び『新訓導論』（1927（昭和 2）年、教育研究会）がある。それらは、断片的な論文を集めたものである。

1．「生活学習」の理論
　第一章から第三章より、「生活学習」の考え方及びその実践化のための要件として述べられた内容についてとりあげ、整理を試みる。

　『文化中心國語新教授法（上）』の冒頭に近い部分に、児童について「彼等はほつて置いても、その要求力によつて常に何等かの學習を初める。瞬間的、多元的であるが故に、その學習は偏しない。」（上 p.6）とあるのは、実態としての児童について述べたものである。

　学習者主体の実践化をイメージしたとき、まず懸念されるのは、全くの強制なしに児童が学習に向かうのかという点であるだろう。この点については、雑誌『教育の世紀』における野口援太郎の記事[30]など随所に、開校当初の乱暴には閉口したものの、まもなく落ち着いて学習に向かい始めたことが報告されている。またもう一つの懸念として、それぞれの興味に

まかせた学習とした場合、学習内容が偏るのではないかという点があるだろう。これについても、児童の興味は持続することが少ないため、偏りは生じないことが報告されている[31]。これらのことは学習者主体教育を実践化して初めてわかったことであった。

> 子供の生活を見るに、彼等は、その生命の要求力極めて旺盛である。その要求力によつて、瞬間的に、多元的に、個別的に、常に潑溂としてその生活を續けてゐる。だから彼等はほつて置いても、その要求力によつて常に何等かの學習を初める。瞬間的、多元的であるが故に、その學習は偏しない。個別的であるが故にそこに調和の世界を生まうとする努力も生るゝ。彼等はさうして内なる要求力によつて深刻に生活するところに文化をもつ筈だ。（上p.6）

ここに見られるように、峰地において児童は、「生命」の「要求力」によって「よりよきものを求め」る能動的な主体として前提されている。この児童観は、池袋児童の村小学校赴任以前の著作『文化中心綴方新教授法』に確認された峰地の人間観を受け継ぐものでもある。子どもの旺盛な要求力は、自然によりよきものを求めるのであって、その生活に文化を見るとするのが、峰地の「生活学習」である。

> 教育を生活とするにとである。生活をあげて教育とすることである。
> 生活學習の思想はこゝに芽生える。（上p.8）

また文化を「相」として捉える点も大きな特徴である。峰地において文化は、学習の到達目標ではなく、「よりよき生活」を求める「要求力」が表面に現れた状態としての「相」である。それを生むのが「生命」や「生活」である。以下はそのことについて述べた第一章の冒頭部分である。

> 私は生活學習の本義を闡明するために、生活と文化の關係を考察し

て見たいと思ふ。
　凡そ文化とはよりよき生活そのものである。生活とは生命の育ちつゝある相で、生命がよりよきものを求めて育ちつゝある狀態——それが即ち文化に外ならぬ。眞と云ひ、善と云ひ、美と云ひ、聖と云ひ、すべて生命の内具する要求力が、發動したる相として實感される價値にすぎない。價値は生命を抜きにしては意味をなさない。與へられたる一つの文化財は、それが如何に生活を豊富にし、生命を生かすかの實感があつてこそ、價値があり、存在の意義がある。まことに文化とは生命の育ちつゝある相であり、生活のよりよき狀態である。
(上 p.3)

「生活学習」は、児童を「文化」を求める能動的な存在とする児童観に基づくものである。よりよきものを目指す行為そのものに価値があるとするのが「生活学習」である。「文化」を、真・善・美・聖に見る点は赴任以前の考え方と同様であるが、それらを到達点とせず、求める過程での表れ＝「相」を「文化」とする点が違いである。

　次に「生活学習」実践化のための要件として述べていると思われる４つの点について取り上げて示す。

1.1　目的と価値の内在
　上巻の本文の前に置かれた「著者の言葉」の冒頭には、以下のように述べられている。

　これまでの國語敎育は、國語といふ獨立した敎科が、あまりに嚴めしく、兒童の生命の上に君臨してゐたと思ひます。私は本書に於て、兒童の生命そのものを、國語の上に高置しようと努力しました。
(上序p.1)

教育を具体的実践として考える場合、一般にはどうしても教科の学習内容の習得に囚われがちであるが、この冒頭部分には"教科より上に児童を置く"という立場がはっきりと宣言されている。それは、知識や教科内容の習得を否定はしないが、それを最終的な目的とせず、児童の行為や思考そのものの充実に価値を見るというものである。

　また、子どもがそのありのままの姿の中で伸びてゆくことの尊重は、自然そのものに価値を見ることと同じこととして考えられている。

> 其の櫻のまゝの姿、梅のまゝの姿に於て、擴げられた葉、開かれた花、結ばれた果實に價値は内在する。而も、この價値たるや、決して目的的に存在するのみではなく、常に現在に於てその自然の内に含まれてゐる。葉は葉のまゝに、花は花のまゝに、果實は果實のまゝに、價値はその中に存在する。人間の生命もそれと同じい相で育つ。
>
> （上 p.9）

これは、自然の姿の尊重という考え方が児童に及んだというのではない。伸びゆく児童と自然が「相」として同様の現象の中にあるものと捉えられているのである。「價値はその中に存在する」とする自然のあり方と同じ「相」の中に、子どもの育つ「相」もある。そこでは、自然がそれぞれに価値があり、外部に目的を持つものではないのと同様に、子どももそれぞれに価値を持ち、外部に目的を持たず、自身として育ちゆく。そういう全体世界の中に、自然も子どももあるのである。

　この引用部のほかに峰地においてしばしば見受けられる「價値」という言葉については、直接の説明は見当たらない。ただし以下の、上の引用に続く以下の部分では、「自然と價値」が、「存在と當爲」に言い換えられている。この部分から'あることの意義'に対する'なすことの意義'を「價値」という言葉で表現していると考えられる。

> 生命の生長する相の中には、常にこの自然と價値とが融合渾一して

存在してゐる。存在と當爲とは、常に動的一元の相に於て、生命の中に内存してゐる。正しき教育の相はこの存在と當爲との渾一融和して状態そのものだと思はれる。　　　　　　　　　　　　　（上 p.10）

この引用部では、「存在と當爲との渾一融和した状態」を「正しき教育の相」としているが、これは、自然をそのものとして、よりよきものを目指すことに教育を見ているということである。同様の記述は以下の箇所にも見え、峰地「生活学習」の、教育としての全体像として把握される。

價値が單に外部に存在してゐるだけでは教育にはならないと思ふ。且又、生命がいつまでも自然の存在としてあるだけ（で）もものにならないと思ふ。これで正しき教育は生命が自然のまゝの姿の中に於て價値を内孕して育ちいくところに存すると思ふ。　　　　　（上 p.11）

自然のまゝなる純情を育む心と、高價な文化を理解する心と常に両立して進むべきものだと思ふ。　　　　　　　　　　　　　　　　（上 p.12）

例えば、峰地の関心事の一つに、学習に於ける遊戯のあり方がある。学習内容に遊戯の形で取り組むことによって、興味を持って楽しく学習内容が習得できるという実践方法についての関心である。この問題について、本文では、遊戯に関する海外の様々な考え方を示しつつ、「生活学習」は「自己活動」であるから、「常に歓喜と興味が伴って湧いてゐる」ものであり、遊戯によって作業のつらさを軽減することをよしとしないという考え方が結論として述べられている[32]。作業も一つの遊戯であり、「色彩ある経験それ自身が目的である」教育として、「生活学習」は、遊戯生活そのまゝを教育と見る見方であるとしている。

何等の目的をも持たないやうに見らるゝ子どもの遊戯はたゞ遊戯として其のまゝこの生活學習である。又或る目的を定めて、計劃的に進

第3章 「生活学習」

　　めらるゝ作業は作業としてその儘生活學習である。　　　　（上 p.17）

　　學習の動機が自己自身の中に萠し、興味が潑溂として起り、作業が愉
　　快の中に進むときは作業は一種の遊戯である。　　　　　　（上 p.25）

　「生活学習」は、作業そのものに価値を見るのであり、価値ある他の何
かのための作業という考え方を採らない。動機と興味と作業の愉快の中に
ある学習は、遊戯であるともする。
　遊戯生活そのままを教育と見る考え方は、ただ今に熱中する子どものあ
り方の尊重である。教科などの外部の価値を目標としておかないことは、
自然に伸びようとする子どもの姿を尊重することとつながっている。

　　　従來の教授とか學習とかいふことは、價値を信奉することがあまり
　　に極端で、自然を虐げることがあまりにひどかつたと云つてよい。
　　　　　　　　　　　　　　　　　　　　　　　　　　　　（上 p.12）

　　子供達は遙か彼方に掲げられた美しい殿堂を目當に、その重い負擔に
　　喘ぎながら歩かせられた。將來の本當の幸福な生活の爲めには、現在
　　の生活は犠牲にしてもその重き苦しみは背負ひ進まなければならぬと
　　思はれたのである。しかし現在の生活を犠牲にすることは決して目的
　　したる將來の生活を幸福にするものではない。幼蟲は幼蟲としての幸
　　福な生活をなし遂げてこそ、本當な完全な成蟲の生活をなすことが出
　　來る。我々は我々の現在の生活を本當に愉快な生活にしたいと思ふ。
　　そしてそれによつて、未來の生活をも幸福なものにしたいと思ふ。
　　　　　　　　　　　　　　　　　　　　　　　　　　　　（上p.24）

　「生活学習」においては、目的と価値は内在している。
　知識や教科内容の習得を最終目的とせず、児童の行為や思考そのものの
充実に価値を見る。例えば作業そのものに価値を見るのであり、価値ある

119

他の何かのための作業という考え方を採らない。自己自身の動機と興味と愉快の中にある作業はそのまま「生活学習」である。

また、子どもの自然の姿の尊重は、自然自体に価値を見ることと同じこととして考えられている。自然がそれぞれに価値があり外部に目的を持たないのと同様に、子どももそれぞれに価値を持ち、その行為もまた外部に目的を持たない。児童と自然は「相」として同様の現象の中にあり、よりよきものを目指す自然の「相」としての行為の中に価値があるとする。「生活学習」における価値は「その中に存在」する。

1.2 生活解放

「生活解放」とは、「定められたる教科課程を与へられたる時間に教へ授けやうとすること」からの解放である。

人がよりよき生活を求める自己活動として文化があり教育があるとする「生活学習」の考え方の背景には、産業革命以降の人間疎外という峰地の現状認識がある。これは、日本を含め世界的な教育思潮としての自由教育をもたらした現状認識と共通のものである。以下の引用部には、その社会と教育についての現状認識が述べられている。ここに見られる、人間疎外という教育の現状認識には、知識偏重も含まれている。その現状から脱し教育と生活の一致を目指そうとしたものとして「生活学習」はある。

> 器械文明は、人に於ける生活の中心を、生命から奪つた。生命の外部に置きかへてしまつた。
> 　生命の中に内具すべき價値は、生命の外に抛り出され、その抛り出された價値のために、内なる生命は悲惨にも使役されるやうになつたのである。自主的活動は奴隷的勞働となり、生命的作業は器械的作業に變じてしまつた。
> 　それが兒童の生命を取扱ふ教育にまで波及して、幾多の教育的悲劇を生むに至つた。教師は子供に知識を授ける器械となり、子供は知識のため奴隷となつた。
> 　　　　　　　　　　　　　　　　　　　　　　　（上 p.4）

よきものを求めるという意味での「生活」の主体は「生命」である。器械文明によってそれらが失われたとしている。以下では「教授」という言葉の象徴する'授ける'教育というあり方もまた「現代資本主義の生んだ教育上の弊害」としている。

> まことに現代教育ほど、生活と文化の分離の甚しいものはあるまい。「敎授」といふ言葉は明らかにその消息を物語るものと思ふ。敎へ授けるとは一たい何を意味するか、これ明らかに外部的價値に眩惑し、偏にそれに信奉して、定められたる敎科課程を、與へられたる時間に敎へ授けよう^{ママ}とすることではないか。　　　　　　（上 p.6）

> 生活の解放といふことが、眞の意味でなされなければ眞の創造的活動はなされるものではないと思はれる。　　　　　　　　　（上p.20）

「生活解放」とは、具体的には、「定められたる敎科課程を與へられたる時間に敎へ授けよう^{ママ}とすること」からの解放である。

真の創造活動とは、創造の素材となる対象を見出し、次にそれと交渉する精神活動であり、「生命が對象に交渉をもつその相」としての「生活」である。その時の生命が対象に交渉する活動は自発的なものであるから、「生活学習の最高原理は自己活動」である。「生活解放」は自発活動をもたらすための必須の条件である。

「眞の創造活動」としての教育は、「眞の生活解放」が条件である。この生活解放とは、外部的価値を授けるための学習でなく、児童を中心として構成される学習者主体教育のあり方と同義である。

1.3　環境

学習者が学習内容や学び方を決めてゆく学習者主体教育において、もう一つ気になる点は、そこでの教師の役割であるだろう。ここでいう「環境」は、「生活学習」における教師や学校のあり方に関わって述べられる内容

である。

　見てきたように、「生活」とは「生命が對象に交渉をもつ相」である。生活が解放された中で、自発活動として「生命が發動」し創造性の活動となる。その「生命の發動する相」をもたらすものとして、「内的要素」と「外的要素」の二つの要素が置かれている。

　「環境」とは、創造性の活動を促す素材や新境地である。「環境」は、児童の外側にある「外的要素」であり、「生命の発動」を促すものである。

> 　凡そ生命の發動する相を見るに、二つの要素がなくてはならないと思ふ。一つは内的要素で、一つは外的要素である。内的要素とは生命の精髓たる創造力の自由に發動することであり、外的要素とは、創造力を觸發する外的刺戟即ち對象、新機會の發生である。この二つの要素が協同的に接觸して、新しく創造力が發動するのである。（上 p.46）

以下には、教師の仕事として、「可なり多くの素材、新機会を与へ」ることが述べられている。

> 　環境の多樣化と云ひ、生活指導と云ひ、何れも創造の内的要素なる生命に對し、外的要素なる素材並に新境地の多くを提供して、以つて、創造性の活動を促す事に外ならぬ。
> 　我々は子供に對して、可成多くの素材、新機會を與へて、生活の接觸面を廣くすることを期圖せねばならぬ。
> 　　　　　　　　　　　　　　　　　　　　　　　　（上 p.47）

ここで留意すべきは、その環境は「児童の側から適当に整理活用するところに価値がある」という点である。

> 　對象、即ち外的要素は飽くまで誘因である。觸れる主體は生命であるが故に創造の主因は生命自らである。　　　　（上 p.46）

特定の生命、特定の對象、特定の時、特定の場所に於ける生命の發動の樣相に於て、美醜、善惡の境涯が實感せられるのである。故に外的には環境の善惡を決定することは出來ないと思ふ。恐るべき劇藥と雖も、時に生命甦新の素材となり得るのである。我々は對象を恐れてはならぬ。對象の内質を知悉して盡くの素材を生かすことが生活の要諦である。從來環境の整理といふことが重寶がられ、教師の方面より子供に對する外象を整理し[ママ]ようとする企劃が行はれてゐたのであるが、これは全く意味なきことゝと思はれる。一たい何を標準にして外象を整理するのであるか、その標準が全然分らないではないか。

(上 p.48)

　一般的に行われているように、教師が児童のためにと考えて予め環境を整理して与えることには全く意味を見ていない。教師は、あらかじめ選別するのでなく「なるべく多くの環境を兒童に提供することが何よりも大切」だとしている。
　本文では、学校に於て教師が与える具体的な「環境」として以下の七つが具体的に例示されている。

　　一　圖書室
　　二　文集
　　三　農園
　　四　展覧会
　　五　旅
　　六　動物の飼育
　　七　相談會

(上 p.49〜63)

1.4　生活指導

　もう一つの教師の役割として、「生命」と「生命」が触れ合うことによる触発について述べられている。学校生活においては、特に教師対児童の

触れ合いに重要な意義があり、それが峰地の言う「生活指導」である。その場合も「環境」の場合と同じく、教師の働きが主となる必要はない。「要は、教師と兒童の生命の相交渉することによって、兒童の生活が鮮活に營まるればよい」のであって、その中心は兒童の方にある。

　「生活指導」の目指すところは、児童の生活の鮮活化である。そのために必要なこととして、「自己をしっかり摑むこと」が言われている。「生活指導」における「自己をしっかり摑むこと」の必要性は、児童だけではなく、その生命と触れ合う教師にも求められている。

> 自分といふ存在か[ママ]ここにあるといふ意識をはつきり摑み得たものは本當に新鮮な心持で、物を見ることが出来る。つまり魂が眼を覺ますのである。これまで平凡に見たものも、全く値打のちがつたものとして眼に映じ初めるのである。
>
> 　それで生活指導をなさうと心ざす教師は、何よりも自己をしつかり摑むことが大切である。そして常に瑣細なことにも、平凡なことにも、美を見、眞を見ることに精進する態度がなくてはならぬ。　　（上 p.66）

　以下は、鮮活化した日常生活について述べた部分であるが、ここを見ると、「生活指導」によってもたらされる鮮活化の具体的内容とは、「平凡なことにも美を見、眞を見る」態度を以て新しい日常生活が見えてくることである。これは前章の『文化中心綴方新教授法』において綴方について確認された日常生活から見いだされるものとしての価値についてと全く同じ考え方である。

> 生活指導に於て何よりも大切なことは、日常生活のすべを生かすことである。
>
> 　凡そ何事でも、簡単にこれ切りのものと思へば、この世の中にあるもの、一として深遠な心を起させるものはない。しかしながら心を細かにして日常の眼前に現はるゝものを見るならば、そこに美しいも

の、價値あるものが顯はれて來る。　　　　　　　　　（上p.65）

　前章の綴方実践において峰地が取り組んでいたのは、見る主体として児童を位置づけることであった。ここで述べられる「生活指導」とは、「自己をしっかり摑」んだ教師の「生命」と児童の「生命」とが触れ合うことであり、児童は個人として尊重された者として位置づけられる。「生活指導」とは、個人としての教師と児童との関係の中で、児童に個人としての自立を体得させることを方法とする、生活の鮮活化である。

1.5　「生活学習」のまとめ

　「生活学習」は、「生活を教育とする」立場に立つ教育論であり実践理論である。その基盤は、まず児童が、「生命」の「要求力」によって「よりよきものを求め」る能動的な主体として前提されていることにある。子どもの旺盛な要求力は、自然によりよきものを求めるのであって、「生活学習」は、子どもを、文化を創造する主体として育てることを目指すものとしてある。

　「生活学習」とは、それ自身価値を持ち自然として伸びゆこうとするあり方をより充実させることを、教育として目指すものである。ここでの文化とは、「よりよき生活」を求める状態としての「相」であり、学習の到達目標ではない。自然がそれぞれに価値があり、外部に目的を持つものではないのと同様に、子どもはそれぞれに価値を持ち、外部に目的を持たないまま伸びようとする存在である。児童と自然が「相」として同様の現象の中にあるのである。「価値の内在」は目的の内在でもある。自然の「相」として、よりよきものを目指すその行為の中に価値があるとするのが「生活学習」である。

　そのような「生活学習」実現のための要件として、まず生活の解放があげられる。生活の解放とは、あらかじめ決められた教育内容や時間からの解放である。真の創造活動をもたらすのは、子どもの「自己活動」であり、その「自己活動」をもたらすには教授を前提としない生活の解放が条件で

あるとしている。

　教師の役割としては、「環境」と「生活指導」の観点が示されている。

　「環境」は、「生命の発動」を促すものとしての「外的要素」であり、具体的には創造性の活動を促す素材や新境地を指す。教師による「環境」の提供の意義は大きいが、ただしあくまでそれに触れて触発される子どもの側に主体があって、環境に主体的な要素はない。教師による取捨選択を経ず、豊富に与えることをよしとしている。

　「生活指導」とは、同じく「生命の発動」を促すものとしての「生命と生命の觸れ合い」であり、特に教師対児童の触れ合いである。その場合も、教師の働きが主となる必要はない。「要は、教師と児童の生命の相交渉することによって、兒童の生活が鮮活に営まるればよい」としている。個人として自立した教師と個人として尊重された者としての児童との接触である。「生活指導」とは、個人としての教師と児童との関係の中で、児童に独立した個人であることを体得させることを方法とする生活の鮮活化である。

2．「生活学習」としての国語実践

　「生活学習」が、「生活」そのものであって教科内容習得を目的とする学習ではないとするなら、教科の学習内容は、「生活学習」の中にどう位置づけられ、実践としてどう行われ得るのだろうか。

　次は『文化中心國語新教授法』における国語の実践に関わる理論と、実践の提案について見てゆきたい。

　峰地は、「生活」を構成するものとして大きく「收得」と「表現」を置く。「生活」は螺旋状に「直觀收得、表現創造の二面をくり返して、その生活を深化擴充して行く」という。その収得と表現を図に示したものが以下である。

第 3 章 「生活学習」

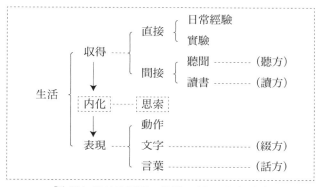

「生活に於ける國語の位置」（上 p.87）より

　「生活学習」において、言語文字を扱う教科としての国語は「收得」「表現」いずれの場面でも重要な位置を占める。
　直観収得はすぐに表現するのではなく、「内化」し温醸したのち「表現」に進む。「内化」については「この段階は云はゞ生命化の段階である。思索などはこの中に入れた考へる（こ）とが出来る」としている。実際の生活に於ては、「直観収得の生活が結合して、それが内化して表現にすゝむこと」、「収得のみにて表現なき形をとること」「長いタイムの後或る機縁にふれて、表現されること」「表現することが同時に収得になること」などのあることも示し、これらが実践の形式と直結するものとはされていない。国語教育の要素としての読方・聴方・話方・綴方が、「各々小さな塞の中にたてこも」ることなく、「渾然たる生命發動の相そのものとして行はれる」ところに国語の「生活学習」の新生面があるとしている。
　また、直観収得は、「直接的収得」と「間接的収得」とに分けられ、「間接的収得」は、「言語文字の力をかれて収得する」ものであるとし、収得としての聴方と読方については、生活拡張の具としての言語文字の学びとしても位置づけられている。

　　例へば古代人の生活異國人の生活等は、兒童の眼前に對象をおくこと

は困難乃至不能である。それ等のものを収得するにはどうしても、言語文字の力をかれ(ママ)なければならない。この意味に於て、言語文字は最も生活擴張のためには有力な具であるといはなければならない。從つて、聽方、讀方の教育的位置がいかに重要なるものであるかも考へられる。　　　　　　　　　　　　　　　　　　　　　　　　（上 p.86）

　では上述のような「生活学習」としての国語教育が、実践としてどう成り立ちうるとしているのか。以下に、第五章から第八章の、各分野の「生活学習」実践について述べた部分を取り上げ、その要点を確認することとする。

2.1　聴方の「生活学習」

　聴方の重視は、峰地「生活学習」実践の特徴である。峰地は、当時の聴方教授が「たゞ話の要領を聴解するとか、語彙を豊富にするとか、聴聞の態度を養成するとかいつたやうな方面」を重視しているのは小一部面であるとして批判し、「生活学習」における聴方学習を、低学年の、まだ文字学習が十分でない子どもにとっての「有力なる生活開拓の具」として位置づけている。

　峰地のいう聴方学習による生活の深化拡充とは、一つには、直面する実生活の理解、二つには、直面出来ない生活、例えば古代生活や外国生活を心中に描かせること、三つには、直接生活の中で見落とした人生の滋味を補うということが、その具体的内容である。また、お話を聞くこと自体の児童の喜びという目的的でない意義も認めている。

　想定されている聴方実践の多くは、会話でなく、話して聞かせるという形式のものである。「聴方教育の材料」として以下があげられ、代表的な実践例が示されている。

　　一　童話
　　二　童謡

三　地理談
　　四　歴史談
　　五　理科談
　　六　雜談・生活實話　　　　　　　　　　　　　（上 p.98 ～ 110）

　聴方教育は、特に低学年児童にとって有意義であるとされているが、当時時期尚早であるという判断から低学年の学習科目として含まれていなかった地理・歴史・理科などもその項目に含まれていることが注目される。このように、規定された教科や学習の順序に構わず、児童の興味を重視し生かそうとする態度は聴方だけでなく随所に見られるものである。

　聴方授業での実際の扱い方について注目されることは、「聞き流す」ことも良しとしている点である。ぼんやり聞いている中にも生命に触れることの往々にあることを述べ、そのことに教育的意義を見ている。それはつまり聴くという行為によって児童の内面に生じる作用に焦点化しているためである。感想・要項・速記などに取り組む「有意的な努力」も「段階的なもの」であるとし、それを指導の手掛かりとして行われる取り組みを否定はしていないが、本質とはしていない。「話そのものに同化するところに眞に聴き方の神髄がある」としている。話に「同化する」ことが、「生命」に触れることであるとして、それを目指し行われることが「生活学習」としての聴方学習の方法・内容・目的であるといえる。

2.2　読方の「生活学習」

　読方においても、聴方が「生活の擴張」を目指していたのと同様の内容をその意義としている。つまり、現在生活の理解、滋味の理解、時間的空間的に触れられない生活の理解による生活の拡充である。

> 　讀書は、吾々が常に見おとしてゐる一種の實在に、我々の眼を開いてくれる。云ひ換へれば、吾々が注意を向けてゐることよりも、更に本質的な實在に我々の眼を開いてくれる。つまり事物の含みもつてゐる

眞を發見させるパイロットなのである。更に讀者はさうした吾人を現代の事物に交通せしめるのみならず吾々をして過き去つた時代にも、又他の異つた國にも交通せしめ、現代の作品が吾々の時代を意識させる間に、過去の作品は、我々と親しくない過去の文明について吾々に敎へる。つまり讀書は吾々を時間的にも空間的にも、吾々の世界を廣くし、深めてくれる。そして我々は宇宙の市民となることを得せしめる。　　　　　　　　　　　　　　　　　　　　　　　（上 p.144）

　以下に読方実践に関する理論から読方の「生活学習」の実践のあり方について述べた部分取り上げ、それがどう「生活学習」であるといえるのかという観点から見てみたい。

（１）精読としての「鑑賞」
　読みにおいて、特に重視されているのが、「鑑賞の心持」である。
　「鑑賞の心持」には、「自我高揚の心持」と「鑑賞の後作用」の二種類がある。「自我高揚の心持」は感情的なもの、「鑑賞の後作用」は、「創作の心持を知的に知らうとする心持」という理知的なものである。これらの二つの作用が螺旋的に鑑賞を深めてゆくとされているが、特に「自我高揚の心持」に意義を見ていることが、「生活学習」としての読方の特色である。

　　この心持は眞に刹那的である。そして只對象そのものの爲めにのみ見てゐる。他に何等の目的があるのではない。
　　この瞬間の生命の肯定に、生の創造があり、飛躍がある。ここに敎育的意義が多分に藏されている。　　　　　　　　　　（上 p.136）

「生活学習」としての読方学習は、作品の生命と児童の生命が触れ合うことにその意義があり、ある作品のもたらす作用のうち、「自我高揚の心持」とした感情的な面にもたらす作用こそ、その生命の触れ合いにあたるからである。そのことは以下の記述にも見ることができる。

> その作品を讀まうとする心は、その作品の要求を知らうとする要求なのである。その作品に讀者が心ゆくばかり讀みひたることが出來るならば、讀者は作品の人格に融合合致することが出來たのである。そして、その人格の擴大を實感する。　　　　　　　　　　　　（上 p.132）

> 新しい讀方學習は、作そのものが表現してゐる生命の圓光にひたり、而して、そこに生の擴大、生の增進を意識するものでなくてはならない。つまり單なる言語文字の讀方でなく、知識の讀方でなく、生命の讀方でなくてはならぬ。　　　　　　　　　　　　　　　　（p.145）

この場合に、教材となった作品が要求するものの感知のみを児童に求めているのではないことに留意しなければならない。読方作品は、飽くまで「環境」にあたる外的要素であり、その作品の「生命」に触れることによって、児童の「生命」が発動することが「生活学習」であるので、主体は児童の「生命」にある。読み手としての児童を中心とする点で、読者論に近い考え方が見える。「生活学習」としての読方学習は、教材の求める到達度が先にあるのではなく、読み手としての児童の内面に焦点化された児童中心の読みという立場を強く主張するものである。

> 作品の人格と融合合致するとは云つても、とうてい作者の人格になりきることは出來ないので、そこには多分に自己らしいもので色づけられてゐるのは勿論である。讀書は到底吾を讀むことである――といはれてゐるのは、つまりこの點について云つたものである。これがまだ[ママ]讀者としてはその體驗を強めることにもなるわけである。
> 　　　　　　　　　　　　　　　　　　　　　　　（上 p.132）

この、読方における感情的方面の重視は、どのような実践として表れているだろうか。

これについては、「如何にせば精讀の境地に達し得るか」という部分に、実践についての内容が記されているので見てみたい。
　ここには、当時読方実践として多く行われていた「一　通讀、二　精査、三　主想、四　批判、五　鑑賞、六　發表」といった形式の精讀法を示して批判し、それに対する実践のあり方が提示されている。(この部分は、雑誌『教育の世紀』3巻7号（1925.7）の「讀方に於ける精讀の意味」をそのまま掲載したものである。上述の引用部分の「鑑賞」とは、鑑賞の意味が異なって用いられているので注意が必要である。)

　ここで峰地は、読みの授業において、精読に向かう態度として「鑑賞」と「精査」という二つの態度をあげている。「鑑賞」は「作品と我との二元の對立が、讀むといふ作用のために一元の境地に入るもの」であり、「精査」は「文段を研究するとか、表現法を吟味するとかいふやうな、極めて理知的な働らき」である。峰地はここで、児童を精読の境地に導き入れようとする工夫としての「精査」の効果について疑義を述べ、「鑑賞」をもって事足りるとする。少し長いが引用する。

　　凡そ精讀といふことは、二つの心的態度によつて成り立つと思ふ。一つは通讀とともに成り立つ直觀の境地であり、他の一つは讀むことによつて思索し反省する思辯的態度である。前者を鑑賞といふならば、後者は精査といつてもよいと思ふ。
　　鑑賞の心境は、讀みと共に成り立つもので、作品と我とが融合一致するものである。作品と我との二元の對立が、讀むといふ作用のために一元の境地に入るものである。我は作品の中に溶け入り、作品は我の中に入る境地である。
　　精査とは、鑑賞の後作用に屬すべき作用で、文段を研究するとか、表現法を吟味するとかいふやうな、極めて理知的な働らきである。勿論これ等の境地は思索の便宜上分つたもので、實際に於てはさうはつきり分れるものではなく、鑑賞の中に精査があり、精査の中にも鑑賞

がある場合もある。
　しかし、態度の上にこの二つのものは可なりはつきり分れると思ふ。
　而も、精讀に於ては、前者なる鑑賞の心境が最も重要な部面であつて、精査の階段はむしろ第二義的の働きにすぎないのである。何故ならば鑑賞の境地が完全に達成せらるゝならば、精査の仕事もその鑑賞の心持の中に無意識的に完了せられるもので、殊更にさうした理知的な思辨的な考察を必要としないからである。　　　　　（上 p.182）

ここに述べられているのは、読み手の感動を中心とし、その感動を離れた作品分析を不要とする実践論である。「生活学習」における読むことの第一目的は、作品の「生命」に触れて児童の「生命」が発動することであり、児童を離れては、作品自体が持つ方法を知ることに意義を見ていない。
　また、上記のような「鑑賞」の心境は、読方だけの話ではなく、全生活においてあるべき心持ちであり、全部を上げて養われるものであるとしている。

　すべての自然の景象、すべての人間の心境——さうしたものに對して、純に自己をぶつつけて、共に喜び、共に悲しみ、共に勇み、共に慨く……さうした心持を常に、その日常生活にもつことである。
　この心持は他面から考へれば、物ごとに味を見、事ごとに價値を見ることである。
　この心持が全生活に於て、旺盛に活躍してゐるならば、讀方に於ては、殊更努力するところなくして、立派に鑑賞の境地に子供は入つてゐる。それはこの境地に入つた子供は決して讀むだけで、中味の如何を問はない、といふやうな素讀の境地では、決して満足してゐないからである。彼等には折角ぶつかつたものから、何等の意味をも見いだし得ないと云ふことは、堪えられないことなのだ。　　（上 p.187）

この引用部分から、読方として作品の「生命」に触れることと、「生活」

の中で様々なものの「生命」に触れることが同質のものとして捉えられ、互いに影響し合うものとして位置づけられ、読方が、読みに限定された内容として捉えられているのではないことが見て取れる。

(2) 教材

次に「生活学習」としての国語実践の理論として特徴的な、教材についての考え方を見てみることとする。

読方教材論については、「二　讀方教材に對する私の考」として多く紙幅が割かれている。そこには特に、上述した「生活学習」の特徴である目的と価値の内在という考え方が、教材論として見受けられる。

まずは、子どものためにということが先行して教訓的になりがちな文芸教材を、却って子どものためにならないとして批判している。文芸作品は、もともと自己目的的な創作としてあるはずのものであり、教訓を目的に書かれた作品は「感動を喚び起す力」が無く、教訓が「作品を單純化し味ひなきものとしてしまふ」からである。

以下は、それについて述べた部分の一部であるが、ここには、峰地が文芸教材に求めるものが、端的に表れている。

> 何故に、文藝的教材に、教訓を入れることがいけないか、一たい文藝的作品は創作動機から考へて、教訓など云ふ目的意識などはもたない。たゞ作品を創作すればよいという自己目的的立場に於て創作がなされるのである。身體全體に息づいて來た靈のリズムにつき動かされてたゞ書いている。手先や頭で書いてゐるのでなくて、身體全體で書いてゐる。生命のドン底から湧き出る力でかいてゐる。そこに至れば勿論目的なんか超越してゐる。それで文藝的教材にはどこに目的があるか、分らないのが本當なのだ。
> 　　　　　　　　　　　　　　　　　　　　　　　　（上 p.150）

この後に、教材「陶工柿右衛門」を、最後の説明に教訓を入れた教材として例示し、そのことによって文芸的価値が損なわれていることについて述

べている。

> あの作品は決して最後にまとめられてゐる、工夫創作とか、殖産興業とか、さういふやうな簡単な思想ではない。
> （引用略）
> 夕日を浴びて珊瑚珠の様に輝いてゐる柿の實に見入つた喜三右衛門の美的鑑賞の心持。
> （引用略）
> むづ／＼として起つて來た彼の創作慾！さうして、幾回幾十回の失敗、家道の衰頽、弟子の遁走、世人の嘲笑……（中略）
> 　かうした複雑な心持が、全文にみなぎつてゐる。然るに最後の數行の教訓的文字があるために、どれだけこの文が單純化さるゝのであらう。かうした教訓が力説されればされるほど、文全體の生命は單純化され、力は稀薄になるのである。　　　　　　　　（上 p.151）

> 　私は以上のやうな立場から、教授者が教案を書く場合に、目的を書くことの出來ないやうな思ひきつて無目的的に書かれた作品がほしい。さうして何遍も何遍も讀んでゐる中に、いろ／＼な味が湧いて來るやうな作品が欲しい。　　　　　　　　　　　　　　（上 p.151）

　読方教材における修身的教材についても、修身的教材そのものを非難するのでなく、文芸的作品を教訓の方便に使用することを、「『教訓』といふ苦い藥を文藝といふオブラートに包んで呑み込ますやうなやり方」として批判する。
　この観点は、理科的教材、地理的教材についても同様である。国定読本の「十和田湖」を例に、「十和田湖に對する一般的知識を得るだけで、そこに深い作者の體驗を知ることは出來ない。」とする。

> 　さうした完全な知識を教へるための文も標本的に一つ位はあつてもよ

いが、しかし別に地理や理科があるので、それはその方に委ねたらよいのではないか、何も國語讀本に多く編入する理由はない。
　　かゝる意味から云つて、理科的材料でも、地理的教材でも、乃至は法制的材料でも、文藝作品として生まれたものをとりたいと思ふ。
(上 p.160)

　ここで、考えたいのは、峰地が、国語教材として、修身や理科的或いは地理的などの内容を持った教材を入れるのを批判しているのではないという点である。それぞれの教材が、たとえば子どものためになる教訓や学習内容の習得といった隠れた目的を有し、そのものの本来持つべき姿勢から逸脱している場合にそれを非難するのである。なぜなら、それらは真に子どもを動かす力を持たないからである。教材としての紀行文について述べた次の部分にも、そのことが繰り返されている。

　　作者の生々した實感の盛られたものでなくてはならぬ。決して他に功利的な目的はない。その感情をもるところに作者の喜びがある。
　　生命を生かすものは生命で書かれたものでなくてはならない
(上 p.162)

この観点から、初めから文芸作品として生まれたものとして、以下のような教材を良いものとしてあげている。
　『ファブル昆蟲記』（理科的教材）
　北原白秋『雀の生活』にあるが如きもの（理科的教材）
　橘南谿『東西遊記』（地理的教材）
　田山花袋『日本一週』（地理的教材）　　　　　　　　　(上 p.160)
　島崎藤村『鯨の取れた話』（理科的教材・紀行文）　(上 p.162 に本文掲載)

「生活学習」における読方教材は、子どもの生命に触れ、発動させる「環境」として位置づけられ、そのために生命を持った作品であることが強く求め

第3章 「生活学習」

2.3 話方の「生活学習」

次に、表現の「生活学習」としての話方学習の実際について取り上げる。

峰地は、話方の目的は「最も勇敢に自己を表現することによって、よりよく自己を磨錬すること」であるとし、話し方そのものの技術の向上や、話す内容の構成などの向上は目指していない点が特徴的である。

> 話方に於て何よりも大切なことは、子供の生活を豊富にし、要求力を旺盛ならしめることである。内なる生活が豊富であり、要求力が強ければ、その表現はいかにぎこちないものであつても、そこにはつきせぬ生の泉が滾々として泉み流れるであらう。　　　　　（上 p.216）

ここでも目指されているのは「生活の豊富さ」と「生命の要求力」の涵養である。

話し方や綴方を成立させているのは「生活観照」である。わかりにくいが、以下の一連の記述などから整理を試みる。「生活観照」とは自分の生活や自己の生を意識することである。特に、見るために見るという自己目的状態によって、見るものと見られるものの二元の対立を越えた純粋直観の境地（これは、『文化中心綴方新教授法』において述べられた自他融合の境地を指すと思われる。）に入ることによって、「生命と共にある實感」がもたらされる。

> まづ子供自ら自己の生活をしつかりつかみ、その生活を観照して行くことが第一である。これを抜にしては話方も綴方も成立しない。
> 　　　　　　　　　　　　　　　　　　　　　　　　　（上 p.217）

> 自分で自分の生活に念を押し、自分が生きてゐることをはつきり意識して行くことである。これを私は生活観照とよびたい。　（上 p.218）

> 見ることが何か他の目的のためになさるゝのではなくて、見るために見る自己目的的狀態に入つて見ることに純粹に深まり行くことである。見るものと見らるゝものとの對立を越えた境地である。
>
> （上 p.219）

> 直觀は我々の生命とともにある實感だ。生命あるところ、動靜二元の境地、自他二元の境地を、常に橋渡して、一元の生命至上の境地へ導いてくれる。
>
> （上 p.222）

上の理論を受け、話方実践の材料については、児童の「生活観照の中に生れたものを材料として採らなければならぬ」としている。それが、「子供の生活として眞實なもの」であれば、事実にこだわらないとする。材料としてあげられた中に「子供の創作にかゝる童話」が含まれており、「空想的なものであつてもいい。」として事実でないことの表現を取り入れている点は、以前の綴方が「生活の記録」としての事実の表現であることを重視したことと異なる態度であり、注目される。

> 子供に恵まれたる詩の世界から、美しい童話を心の中に常に描いてみて、それを言葉で表現しようとする欲求をもつてゐる。「柿を食べて天狗さんになつた子供」の話や、「飛行器の出る喇叭」の話など私の聞いたものゝ中にも可なりおもしろいものがたくさんある。かうしたものは彼等の生活から常に生れてゐる。童話は子供の話方の材料として實にふさはしいと思ふ。
>
> （上 p.227）

また、'話方の時間を特設するべきかどうか'という点については、「いずれでも良い」とする。「何れにも異つた意味で存在理由がある」としつつ、その理由については触れていない。'表現の仕方'については、形式を含め、強制しないということが強く述べられている。

表現の仕方の問題であるが、これは外部的に露骨に指導しないがよい。露骨な指導によつて、却つて話方としての生命を減殺、延いては生活要求をも殺す虞れがある。たゞ思ふまゝに勇敢に話させて置くのである。お互に話し合つてゐる中に切磋琢磨されて行くと思ふ。

（上 p.229）

　例えば「生活実話」を話方の学習内容として取り上げ、「日曜日の朝なんか、子供達がよく日曜の遊びなど話し合つてゐる」（ママ）「子供は極めて興味を持つ」として意義を見ていることからも、授業としての形式にこだわらず、生活の中の話も、話方の学習として考えられていることがわかる。

2.4　綴方の「生活学習」

　綴方の「生活学習」についての章には、「自由作と課題作」についての論が展開されている。内容は、『文化中心綴方新教授法』におけるものと同様の観点からのものである。つまり自由作については「純粋に先づ彼等を解放し、そして思ふまゝなる個性の飛躍を期待する」ものとして意義を見、課題作については、「課題は、生活指導の焦點であり。課題することは、兒童の生活を擴充する所の最もよい仕方であると考へる。つまり環境をつくる一方法だと思ふ。」として、課題にも意義を見ている。

　自由作について述べた部分には、以下のように事実のみでなく、想像の記述について認める記述もあることを付け加えておく。

　　文藝作品は主として想像力から生れるものが多い。想像なくしては創造はあり得ない。而もその想像たるや。精神の解放なくしてはあり得ない事實である。

（上 p.272）

　また、指導の具体的方法として示されているのは、鑑賞文や模範文を提示することと文話である。「鑑賞文」「模範文」「文話」とすべき作品は、以下のようなものであるとしている。

・鑑賞文　「主として、大家の名文なり、自信ある教師の作品。」（上 p.294）
　　　　　（効果は読むことの生活学習に述べたものと同じ。）
・模範文　「鑑賞文ほどに兒童の生活とかけはなれてゐない。兒童にとつ
　　　　　ては最も近似な生活が、表現せられてゐるもの。」
　　　　　「表現されてゐる生活が兒童にとつては親しみ深かいものであ
　　　　　　り、従つて「ウム、あの事柄があゝ面白く書けてゐる。僕も一
　　　　　　つ書いて見よう」と云つた心持を惹き起さす」（上 p.299）
・文話　生活指導の文話　總合的に兒童の全生活内を豊富に導くもの
　　　　　　　　　　　　文豪の生活の有様や、創作振りを話すとか、物
　　　　　　　　　　　　を見る態度について話す
　　　　表現指導の文話　表現に關して分析的に指示するもの
　　　　　　　　　　　　文題のつけ方に對する注意とか、想の纏め方に
　　　　　　　　　　　　對する注意　　　　　　　　　（上 p.302）

　教師の「生命」が児童の「生命」と触れ合うことが、「生活指導」として「生活学習」の重要な要素としてあげられていることについては前項で述べたが、ここでは、「鑑賞文」「模範文」「文話」という区別はあるが、いずれも綴方作品における書き手の「生命」に触れることが、綴方学習のための方法としても示されている。特に表現指導らしきものがみられるのは最後の「表現指導の文話」のみであるが、これも細かい注意ではない。
　章の最後には「綴方生活の學習」という節があり、学校生活の場面とそれをもとに書かれた綴方作品や、「生活をしっかり摑んでいる子供の作品」例が2例掲載され、実践紹介に代えられている。

2.5 「生活学習」における国語実践のまとめ

　「生活学習」における学習内容の実際として、国語の実践について紹介されたものを見てきた。
　「生活の深化拡充」を目指す「生活学習」において、文字や言葉を扱う国語科は大変重要な位置を占めている。「生活」は、螺旋状に「収得」（言

語を媒介とした「間接収得」を含む）と「表現」（文字や言葉によるものの他に動作などを含む）を繰り返して深化拡充するものであり、聴方・話方・読方・綴方といった実践の形式と直結するものとして考えられてはいない。

実践提案は、聴方・話方・読方・綴方の別にそれぞれなされている。

聴方は、間接収得の手段としての観点から、低学年の、まだ文字学習が十分でない子どもにとっての「有力なる生活開拓の具」として位置づけられている。

読方も聴方と同様間接収得の手段である。従来の方法的に手順を踏む読方でなく、感情的に同化することを以て、精読の目的を果たしうるとする点が特徴である。また「生命を發動する」ための「環境」としての読方教材であるという観点から、そのものに著者の「生命の要求」があるものを教材として求めている。

話方の目指すものは、自己表現による向上である。それには「生活観照」の態度によって「生活の豊富さ」と「生命の要求力」を養うことが第一である。「生活観照」は、まず自己を明確に意識した上で、見るものと見られるものとの融合の境地に入ることである。それによって豊かになった生活を表現することとしている。

綴方についても「生活観照」が重要であるが、ここでの記述は、『文化中心綴方新教授法』におけると同じく、自由作には個性の飛躍の場として意義を見つつ、課題作の必要を認めている。課題作については、生活指導の焦点であり、環境をつくる一方法として意義を見るとする。その実践は、直接指導としては行われない。鑑賞文・模範文・文話といった、あるべき姿の提示に留まるものである。

3．まとめと考察
3．1　「生活学習」の理論と実践のまとめ

「生活学習」とは、「生命が對象に交渉をもつその相」としての「生活」そのものを教育とする考え方である。「生活学習」は、それ自身価値を持つ自然として伸びてゆく子どものあり方をより充実させることを、教育と

して目指すものであり、「目的と価値の内在」がその大きな特徴である。

　教授されるものとしての学習を否定し、教科内容や学習時間などの拘束からの解放としての「生活の解放」は、子どもの「自己活動」を保証するものとしてある。

　そこでの教師の役割としては、「環境」と「生活指導」の観点が示されている。教師による「環境」の提供においても、子どもの側に主体があり、教師による取捨選択には意味を見ていない。また「生活指導」とは、個人として自立した教師と個人として尊重された者としての児童との接触により、生活の鮮活化を図ろうとするものである。

　「生活学習」において、文字や言葉を扱う国語科は大変重要な位置を占めている。

　実践提案は、聴方・話方・読方・綴方の別にそれぞれなされている。

　聴方は、低学年の子どもにとっての「有力なる生活開拓の具」として位置づけられている。読方も聴方と同様間接収得の手段である。感情的に同化することを以て、精読の目的を果たしうるとする点が特徴である。また「環境」としての読方教材という観点から、そのものに著者の「生命の要求」があるものを教材として求めている。

　話方の目指すものは、自己表現による向上である。「生活の豊富さ」と「生命の要求力」を養うことが目指されている。綴方の目指すものも同様であるが、課題作の必要を認めている。その実践としては、直接指導ではなく、鑑賞文・模範文・文話といった、あるべき姿の提示に留まっている。

3．2　考察　『文化中心綴方新教授法』との比較

　ここでは、『文化中心國語新教授法』の内容である「生活学習」について、前章で取り上げた『文化中心綴方新教授法』と比較し、その変化について述べる。以後『文化中心國語新教授法』については『國語新』、『文化中心綴方新教授法』は『綴方新』と略記する。

　まず、『國語新』と『綴方新』との最も大きな違いとしてあげられるのは、

その育成すべきことの中心が、認識のあり方から、認識主体である児童の「生命」の育成に移っているという点である。

『國語新』では、綴方における周囲の事物だけでなく、読方教材、聴方教育を含めたすべてが児童の「生命」が交渉する相手として位置づけられている。

国語実践の提案においても、児童認識そのものと実践との関係についての記述は乏しく、代わりに「生命を發動させる」教材や、実践のあり方がその記述の中心となっている。

また述べ方としては、『國語新』には、過去や当時の特に国語をとりまく教育思潮を大いに意識し、それらとの比較の中で、「生活学習」という自らの教育の立場を明らかにしようとしている態度が見られる。

たとえば、読方の生活学習の章で、読本教材のあり方についての考察と国定読本の教材についての意見、当時流行の精読法、劇化などに対する意見や提案を行っている点や、学習指導案の必要の是非についてを含む点などである。綴方では、すでに終息してはいたが、随意選題論争についての意見や、綴方指導系統案について述べている。また雑誌『赤い鳥』によって盛んになった童謡・童話と、方言使用について触れられていることなどがそれである。

このような記述の姿勢は、「生活学習」理解を助けるための方法としても有効であったが、何より池袋児童の村小学校における実験的実践によって得たものへの強い確信によるものが大きいと思われる。

最後に、二書の内容的な違いとして事実を書くことへの態度の変化があげられる。

『綴方新』では、綴方が児童の「生活の記録」であることにその教育的意義があるとして、事実を書くことが強く求められていたが、『國語新』では、中心となる児童の「生命」の発動に重点があり、その前提の下ではあるが、空想を読むことや書くことにも触れ、事実へのこだわりがなくなっている。この違いは、二書それぞれの目的や方法ともつながる違いである。その理由の一つとして、それぞれの母胎となる実践における対象児童の実

体の相違が考えられる。

『綴方新』においては、周囲の対象化による自己確立を綴方指導を通じてもたらすという目的と方法が見てとれたが、それは鳥取県下の公立小学校の農家を中心とした家庭の児童に対する近代的な視線の獲得という側面がある。

一方『國語新』の「生活学習」を構想した際の対象児童は、東京の私立小学校の学費が払える家庭の児童であり、『綴方新』の目指した意味での自己確立がある程度達成されているものの、生きることに直結するようなダイナミックな生活そのものの体感に乏しい都会の生活者としての児童である。「生活学習」を生む状況として、彼等に足りないものである「生活」への没入を教育としてもたらそうとしたと考えることもできる。

いずれにせよ、'周囲の事実を自分自身を中心として捉えること'から、'自分自身の現在への没入によって、その現在を深く捉えること'へとその教育内容の中心が変化しているといえる。

第4節　篠原助市の「教育即生活」論

峰地光重の「生活学習」は、池袋児童の村実践を通じて形成されてきたものであるが、その理論は、よきものを求める生活としての「文化」や、そのような存在としての児童観を土台とする考え方など、その枠組み内容とも篠原助市「教育即生活論」に近い。篠原助市「教育即生活論」は、J.デューイの教育論を批判的に摂取し構成されたものであり、生活準備説の否定や、連続的発展などの点でデューイに近似のものでもある。峰地光重、篠原助市、デューイの三者の教育論は、かなり似た教育論でありながら、学習者主体教育であるといえるのは、峰地「生活学習」のみである。この近似の三者の理論の相違点について検証することによって、峰地光重「生活学習」を学習者主体教育たらしめている理論上のポイントが明らかになると考えた。

三者を比較するための手順として、まず篠原のデューイ理解と批判につ

いて確かめ、篠原とデューイそれぞれの「教育即生活論」の内容の共通点と相違点について明らかにしたい。次にその上で、峰地「生活学習」と篠原及びデューイの「教育即生活論」との比較を行いたい。

また『文化中心國語新教授法（上・下）』に紹介された峰地による「生活學習」としての実践提案の多くは、デューイの初期の学校教育論や『デューイ実験学校』に掲載された実践への反論としても受け取ることが出来る内容である。実践の比較もあわせて行い、学習者主体教育とは何かについて考えすすめる手がかりを得たい。

１．篠原助市について

篠原助市（1876～1957）は、大正期新教育運動の時期から、教育学者、教育哲学者として長く活躍した人物であり、日本で最も優れた教育学者の一人として評価されている[33]。デューイの紹介、考察を含め、大正期教育運動に理論的に大いに影響を与え、当時の「生活教育」論の形成に大きな影響があった[34]。また明治後期の師範学校附属小学校主事としての実践経験や、千葉附小の手塚岸衛の実践に理論面で関わり、他に文部相時代（昭和9～12）の義務教育年限延長への取り組みなど、理論研究だけでなく実践においても教育改革に意欲を持ち続けた。

大正自由教育期には、学校教育の場面において'生活'に目を向ける立場からの様々な理論と実践が現れた[35]が、それらに少なからぬ影響を与えたものとして、Ｊ．デューイの思想が知られている。デューイは、1919（大正8）年2月来日し、東京大学で講演が行われ、同年五月、『民主主義と教育』の帆足理一郎訳[36]が出版されるなど、その影響について梅根悟は、「我が国の教育学界でもかなりのセンセーションを巻き起こしていたし、まさに興隆期に達しようとしていた大正新教育運動に最高の理論的根拠を与えるものとして受けとられつつあった」[37]としている。

稲葉宏雄（1993）[38]は、篠原助市が、デューイの紹介者としても当時の教育に少なからぬ影響を及ぼしたとしている。稲葉は、篠原の初めての著書『批判的教育學の問題』に収録された「ヂューイの教育論」[39]について、

デューイ思想の本質を的確に捉えており、「現在読みかえしてみても、当時における、また、現代につながる、デューイ教育思想についての優れた理解と批判を示した研究であるということができる」としている。また当時の篠原が、「新カント学派―特にナルトプ―の立場を自らの理論的根拠としながらも、デューイ教育思想を積極的に且つ批判的に摂取していた」として、デューイの篠原への理論的影響を述べている。

2．篠原助市「教育即生活論」とデューイ「教育即生活論」

篠原は、以下に述べる生活準備説の否定や連続的発展の立場を支持する他に、教育における手工的作業の価値の評価など、教育におけるデューイの様々な面での功績についても触れ、評価している。篠原「デューイの教育論」は、主にその「教育即生活論」をテーマとするものであり、「実用主義」の立場に立つデューイの「教育即生活論」の紹介とその批判によって、篠原の教育と生活に関する立場を示す内容になっている。

ここでは、篠原によるデューイの理解とその批判について確かめ、篠原とデューイ（篠原の理解による）の共通点と相違点について明らかにしたい。資料としては、篠原助市の著書『批判的教育學の問題』[40]から、「教育即生活論」を中心に取り上げ、その内容について整理することとする。

2．1　共通点

篠原とデューイの大きな共通点としてあげられるのは、ともに「構成的世界観」に基づき、「生活準備説」の否定と、「連続的発展」をその立場とする点である。

篠原は「教育即生活」とは子ども自身によって彼ら自身の世界を築くことを教育内容とするもので、「構成的世界観」の上に立つ教育観であると宣言する。デューイらの「実用主義」もこの「構成的世界観」の立場に立つものである。

構成的世界観とは、知識及び対象の世界は主観の構成するものとする考え方である。そこでは教育は構成であり、世界建設である。このことはま

ず、実践においては学習者である児童の認識への焦点化をもたらす。またその認識論の観点は必然的に一元論へつながっている。一元論とは、社会と個人、児童の生活と大人の生活、学校生活と社会の生活との連続をいうものである。これは生活準備教育の否定とつながる。

篠原は「兒童の學校卒業後に入り込むべき生活」を実際生活とする考え方を「學校生活をば未来の実際生活の準備と見る、似而非なる教育生活論」であるとしてこれを「生活準備説」と呼び強く批判している。

「生活準備説」の問題点として以下の三点（筆者要点整理）をあげる[41]。

第一　児童の生活と大人の生活との連続性の看過
第二　児童の生活が大人の生活の方便となってしまうことにより、児童の現在の生活が、未来の生活の犠牲になること
第三　教材の選択原理が将来の社会生活への方便によることになり、功利主義的実利主義的なものになること

また一元論に基づく「連続的発展」を教育の理想としている。連続的発展とは「一の成長は、そが背後に残した成長に對しては目的であるが、前に望む、より大なる成長に對しては手段であり、目的と手段の關係で相連續する」[42]というあり方である。連続的発展の中では、教育は生活のために行われるのではなく、生活そのものが教育となる。

2.2　相違点

篠原はその「構成的世界観」に二種類の区別をいう。それはデューイ等の立場である「実用主義の上に立つもの」と篠原が依拠する「先験観念論の精神に照らされたもの」の二種である。

篠原によれば、デューイ等の実用主義における構成の素材は物及び人に対する児童の経験であり、「構成の鍵は利用」である。個人的主観（もしくは社会的主観）による利用に基づく実用主義の立場では、知識は道具であり、「世界の構成」において重要なのは子ども自身の「経験」とその「利用」である[43]。デューイにおける知識は、利用の知識であり、そこでの個人は刻々とその有用性を判断する存在となる。

デューイにおいては、社会と個人は共に「位地」(situationの訳語)を構成し、教育の目的は発展そのものである。刻々の「位地」で得たものがその時の目的でありまた、それが新たな「位地」を構成する要素となって次の目的を持つというその連続性の中で、社会と個人は改造と順応を繰り返し、発展していく。教育の目的はその発展にある。
　篠原におけるデューイについての批判点の第一は、上のような利用と発展を軸としたデューイの一元論における「順応」への疑問である。篠原の批判点は、デューイが、個人の「環象」(＝環境)への「順応」として、受動的な場合と発動的な場合の二種類を設けていることにある。篠原の指摘を以下に引用する。

> デューイの思想に於て最も大切なる點は環象と個人とを分かつ二元論を打破し、位地なる一元的見地から、教育上一切の問題を解決しようとした所に存する。(中略)彼は教育説に於て此の一元的立脚地を固守せんが爲に習慣をば受動的なると共に發動的であるとし、順應にAccommolationとActive adjustmentの二者を分かち(第二節)一方に於ては「本能及び衝動の一群」を具ふる個人が環象に順應することを説き、他方に於ては反對に環象を自己にまで順應せしむることを説き、此の二者を位地の發展といふ一過程の中に藏めた。
> 　　　　　(「デューイの教育論」『批判的教育學の問題』p.380)

　これに対し篠原は、「児童にしろ大人にしろ其の活動は常に外界を征服する努力で、此の活動によりて征服せられた部分が卽ち其の人の環象である」のであって、順応はすべてActive adjustmentとなるとする。

> 美術を理解し得ない兒童が美術品のたゞ中に置かれたりとて、それは兒童の環象でない。唯斯かる活動、環象を征服し行く活動を一段高い所に立ち、外から見たとき受動的順應Accommodationと見られるのみである。故に兒童の活動は大人から見れば凡て受動的順應で、大人

の活動は神の眼から見れば是亦凡て受動的順應である。活動の中に沒入すれば其處には活動を見出すのみである。征服のみあつて服從はない。そして是が自己活動の眞義であり、妥協を排した一元的見地であるまいか　　　（「デューイの教育論」『批判的教育學の問題』p.382）

　篠原の論では、児童は環境に対する活動においては、常に発動的であることになる。従って篠原においては、学習主体である"児童自身がどう生活を認識し、要求するのか"ということが最も重視すべきこととなる。
　このことは、たとえば篠原の教材論となって展開されている。そこでは「兒童の心理的欲求に合しない教材を提供すること」を血の通わない知識の伝授として批判する。記憶でさえ、「現在の境遇に過去の經驗を適用する力となって働くものである」とするなど、知識を蓄え準備するという考え方は精神を受動的なものと誤解していることから生じる現象であるとして批判されている。「如何に將來の社會生活に必要なる知識であるにもせよ、豫め之を準備するといふことは、若し其の知識が兒童の現実生活の必要から離れ、兒童の精神的要求をoutrunする限り、斷じて無用の勞力であるといはねばならぬ。」(p.131)として、有用といわれる知識の習得さえも、児童の精神的要求がなければ意味がないと言い切る。
　二つの「順応」の他に、篠原によるデューイ批判点のもう一点は、知識についてである。デューイにおける社会化の内容が「工業化民主化」であること、「行動主義」であること、「社會生活上の必要が知識の第一動機」としたことの三点についての批判である。
　「先験的観念論」の立場に立つ篠原においては、実用主義は真理を決定する絶対的標準を持たず、経験的適用は真理を決めるものではない。それが有用であるかどうかに関わらず知識は知識として純粋な価値を持つものであり、人はそれを追い求める衝動を有するものである。そこにこそ文化の発展があるとする。

　　數學に対する興味は一の知識體系としての數學の中に求めしめよ、文

> 字に對する興味は文字の中に、文學の興味は文學の中に探らしめよ。知識の體系的發展から起る興味のみが眞の興味である。
>
> (「デューイの教育論」『批判的教育學の問題』p.389)

　篠原は「人文」の発展を「教育の最終の任務」として置いている。そこでは人は常に意志的に環境に働きかけ、それを再構成するものとしてある。
　これらの相違は、学校や教師の位置づけの違いとして表れている。
　まずデューイにおいて教師は、児童の共同者として、社会的に有用な方法で精神を使用し、人生問題を解決する、児童に対しての一つのexampleであり、環境の一つとして位置づけられる。また、教科及び教材も、実験・課題等は凡て、児童に伝えるべき概念の組織ではなくて、社会的経験の推敲を挑む刺激の系統であり、児童の経験を一層有効な形式に改造するための環境として位置づけられている[44]。
　それに対し篠原における学校は、「知らしむることによって生活せしむる」場所である。篠原は学校外の生活と学校内の生活を区別する。学校と家庭やその他の場所との質的な違いをもたらしているものは教師の存在であり、篠原は学校生活において教師を教育の主体とする。ただし教育の主体は教師であるが、生活の主体はあくまで児童である。

> 併し指導するとは、教師自らが兒童の生活を代わり營むとの意では固よりない。兒童自らが教師の指導に從つて自ら生活を充實し、自ら價値を實現した其の限りに於て其の兒童は教育せられるので、兒童自らが自らの生活を充實するにあらざれば教育は成立しない。
>
> (「教育即生活論」『批判的教育學の問題』p.150)

　篠原において学校は、教師の指導のもと、児童それぞれが「自ら價値を實現」することを目指す場所である。学校生活における児童の発達段階に応じての歩みを文化生活の創造として位置づけている。それは「真・善・美」の生活に一歩一歩向かうことであり、それらは終局の文化の方便でな

く、小さな善、小さな美それぞれ独自の意味があり目的である。

「行動は凡て夫れ夫れ目的と意義とを有し、何等他の方便とならない」学校生活そのものを教育活動として捉える。それが篠原の「教育即生活論」である。

2.3 まとめ

篠原「教育即生活論」とデューイ「教育即生活論」は、ともに構成的世界観に基づき、生活準備説の否定と、連続的発展をその立場とする。

篠原とデューイの教育を分けているのは、その児童観の違いと教育の目的及びそこからくる学校と教師の位置づけである。

まずデューイ等の実用主義においては知識は利用の知識であり、個人は刻々とその有用性を判断する存在となる。また、デューイにおいては、社会と個人は共に「位地」を構成し、教育の目的は発展そのものである。刻々の「位地」で得たものがその時の目的でありまた、それが新たな「位地」を構成する要素となって次の目的を持つというその連続性の中で、社会と個人は改造と順応を繰り返し、発展していく。教育の目的はその発展である。その中で教師は、児童の共同者として、社会的に有用な方法で精神を使用し、人生問題を解決する、児童に対しての一つのexampleであり、環境の一つとして位置づけられる。また、教科及び教材も、実験・課題等は凡て、児童に伝えるべき概念の組織ではなくて、社会的経験の推敲を挑む刺激の系統であり、児童の経験を一層有効な形式に改造するための環境として位置づけられている。

それに対し篠原では、それが有用であるかどうかに関わらず知識は知識として純粋な価値を持つものであり、人はそれを追い求める衝動を有するものである。そこにこそ文化の発展があるとする。篠原は「人文」の発展を「教育の最終の任務」として置いている。そこでは人は常に意志的に環境に働きかけ、それを再構成するものとしてある。篠原においては、児童は環境に対する活動において、常に発動的である。従って学習主体である"児童自身がどう生活を認識し、要求するのか"ということが最も重視す

べきこととなる。

　篠原における学校は、教師の指導のもと、児童それぞれが「自ら價値を實現」することを目指す場所である。学校生活における児童の発達段階に応じての歩みを文化生活の創造として位置づけ、学校生活そのものを教育活動として捉える。それは「真・善・美」の生活に一歩一歩向かうことであり、小さな善、小さな美それぞれ独自の意味があり目的である。それが篠原の「教育即生活論」である。

3．「生活学習」の特徴　—篠原・デューイ「教育即生活論」との比較から—

　峰地の「生活学習」の理論は、篠原の「教育即生活論」に近い形のものである。また、デューイの「教育即生活論」との共通点も見られる。ここでは、項目ごとに峰地「生活学習」と篠原「教育即生活論」、デューイ「教育即生活論」との類似点と相違点を整理し、峰地「生活学習」の特色をより明らかにしたい。

3．1．教育の目的

　峰地の「生活学習」は、篠原、デューイの「教育即生活論」に同じく、「構成的世界観」に基づいている。構成的世界観にあっては、知識及び対象の世界を構成するものは主観であるから、その教育の焦点も学習者の認識におかれることとなる。学習者は認識主体であり、その意味で、現在の学習者と卒業後の学習者は同じ地平にある。このことから、三者は共に生活準備教育を否定する。

　篠原とデューイの「教育即生活論」は共に、「連続的発展」に基づくものである。連続的発展とは、前の目的は達成後に次の目的への段階となるという考え方で、教育は連続的な発展に向かう活動であるとされる。連続的発展の中では、教育は生活のために行われるのではなく、生活そのものが教育となる。篠原とデューイにおける教育の目的は「発展」である。

　デューイは、発展推進の鍵を実用とし、実用が知識を求める時の第一の

動機であるとした。教育の場面においても、知識は発展のための目的であり、同時に道具として位置づけられた。それに対し、篠原は、純粋に理想を求める衝動を人が人であるゆえんであるとする考え方に立ち、その理想である「真・善・美」を求めることを文化として、教育はその歩みである生活の中にあるとした。篠原における教育の最終的な目的は「文化の発展」である。

一方峰地はこの「連続的発展」をその立場としていない。

峰地においては、それぞれが「真・善・美・聖」という理想に向かって生活する、その生活そのものが文化である。峰地において「文化」は、「よりよきものを求めて育ちつつある状態」であり、文化財は子どもをとりまく物の一つとして、それに触れて「生命」が「発動」してこそ価値があるものである。「真・善・美・聖」はその発動によって実感される相にすぎない。「生命」の「発動」した状態に価値の根源があり、それが「生活」である。

峰地「生活学習」は児童そのものの他に、目指すべき目的も価値も置かない。「生命」が「発動」し、そのものがそのものであることが十分行われていることを目的とし、それを価値とする考え方である。目的も価値もそのものの「生命」が十分生かされた状態にある。この考えに立つとき、峰地の「生活学習」には、「連続的発展」は生じ得ない。

峰地「生活学習」の目的はそれぞれの子どもの「生命」を生かすことであり、それが価値でもある。「生活学習」とは、そのような活動としての「生活」そのものであり、教育とは、その意味での「生活」者として子どもを育てることである。

3.2 学校・教師

篠原においては、教師の任務は「意識的に生活其の者を指導する点にある」とされる。よって学校と学校以外を質的に区別するものは教師による指導である。

> 學校以外の生活では一の兒童と他の兒童との關係は自然的であっ

て、己が思ふがま〻爲すがま〻の生活を送つてゐるが、學校では此の自然の生活を意識的に指導する。意識的とは教師の活動が意識的に行はる〻といふ丈ではなく、兒童亦學ばんとして學び、行はんとして行ひ、一言に方法的合理的に生活を充實し行くの謂である。同じく道德を實行するにしても、家庭に於ては自然に導くに反し、學校では善の何たるかを知らしめ、知らしむることによりて實行せしむる。此の知らしむることによつて生活せしむるは家庭及び一般社會と學校とを概念的に區別すべき重要な特質であつて、又學校外の生活と學校生活を質的に區別する標準である。

(「教育即生活論」『批判的教育學の問題』p.149)

篠原における学校は、「知らしむることによりて生活せしむる」場である。教師による「方法的合理的」指導によって児童が自らの生活を充実させるという意味でしか教育はあり得ず、それは自己教育でもあり、また教育の主体である教師によるものである。

それに対しデューイ(篠原理解による)の「教育即生活論」における教師は、環境の一要素でしかない。教師は「兒童の共働者として、社會的に有用な方法で精神を使用し、人生問題を有用に解決する、兒童に對しての一のexample」であり、教科や課題が児童にとっての「社會的經驗の遂行を挑む」ものであるのと同様「刺激の系統」である。学校は「特に選ばれた一種の環境」ではあるが、「社會的利用によつて經驗を展開する」活動を営むという点では、学校以外の組織と同質である。以下に、篠原が実用主義における学校について述べた部分を引用して示す。

學校とは特に選ばれた一種の環境である。併しそは現實の生活其の者から選ばれた環境であつて、現實の生活と別種な要求・問題等を提出するものではない。學校は或度迄人爲的の所がなければならぬ、併しそは「世界の實際活動を營まんが爲に人の立てた組織」といふ程の意での人爲的で此の點に於て、家庭組織及び國家組織と寸毫の選ぶ所は

ない。就學期の以前から、學校卒業の後に至るまで連續して行はるゝ活動——社會的利用によつて經驗を展開する其の活動こそが、即ち學校教育の過程である。教育は入學に始まり卒業に終る特殊の作用ではない。そは本質上生活の過程其の者、生活活動其の者である。

(「教育即生活論」『批判的教育學の問題』p.138)

　一方峰地「生活学習」における教師の仕事は、「生命の発動」したものとしての「生活」が子どもに実現することを目指して支援することである。
　「生命が溌溂として対象に働きかゝって、生活が旺盛になし遂げらるゝ時、この学習の目的は達せらるゝ」のであり、その生命の発動を促すものとして、「生命」と「生命」の触れ合いという教師の個と児童の個との触れ合いに重要な意義がある。これが峰地のいう「生活指導」である。その際教師の働きが主となる必要はなく、教師と児童の「生命」が触れ合うことによって児童の「生活」が鮮活に営まれればよいとしており、また、その際教師も鮮活な「生活」をしている必要がある。そのような教師の「生命」に触れることによってこそ児童の「生命」が発動するからである。
　この点は、デューイにおいて教師が一つの刺激としてexampleであるとされていることと、位置づけとしては似通っているといえる。ただしデューイにおいては教師は、共働者でもあり、社会的に有用な方法で人生の問題を解決する存在である。一方峰地のいう「生活指導」における教師は、いわゆる指導を行う者ではない。教師そのものが「生活」する存在である。学校は、そうである教師の「生命」が児童の「生命」に触れる場であり、それによって、児童がその「生命」を発動することが「生活指導」である。

　学校と教師についての、それぞれの立場を整理してみる。
　篠原においては学校と学校以外を質的に区別するものは教師による指導である。教師は児童自身がその生活を充実させるために指導を行う。篠原「教育即生活論」における学校は、理想に向かって歩むという意味での「生

活」の場である。また教師は教育の主体としてある。

　デューイにおいて学校は、環境そのものであり、教師はその一要素である。また教師は、共働者でもあり、社会的に有用な方法で人生の問題を解決する存在である。

　峰地においては、教師の仕事は、児童に「生命の発動」したものとしての「生活」が実現することを目指して支援することである。峰地における学校は、その意味での「生活」実現のための支援の場である。「教師の生命」と「児童生命」の触れ合いである「生活指導」に学校の重要な意義がある。

3.3　環境

　峰地とデューイは、教師や学校が児童にとって一つの刺激としての環境であるとする点で同様である。ただし児童にとっての環境の与え方は大きく異なっている。

　デューイ（篠原理解による）は、学校を、教師も含め環境を提供する場であるとしている。デューイにおける学校は「選ばれた環境」の実現そのものである。

> 實験・課題等は凡て、兒童の經驗を一層有效な形式に改造せんが爲に與へられたる一の環境である。要するに教育とは選ばれた環境によつて、兒童自らが自己の世界を築く、長い、そして絶えざる過程である。
> 　　　　　　　　　（「教育卽生活論」『批判的教育學の問題』p.138）

ではその「選ばれた環境」とはどのような意味であるか。それに関する内容について述べた部分を篠原「ヂューイの教育論」から引用する。

> 前者（筆者注：論理的教材）は發展しつゝある生きた經驗から切り離された形式的知識の一系列で、兒童より見れば學習の終局點を示すもの、後者（注：心理的教材）は學習作用と共に動き、徐々に系統化せ

> らるゝ知識である。學習を了つたものより見れば教材は「精密に規定せられ、論理的に整合せられたものであるが、學習しつゝあるものに取りては教材は流動的發展的である。二者の關係は地圖と實際の旅行との關係に比べられる。地圖は旅行家・探險家等の齎らした知識を整合して成れる者であるが、實際の旅行の代用をなし得ない如く、論理的教材は心理的教材に代り得るものでない。併し地圖が實際の施行を指導するの任務を有するが如く、論理的教材は、心理的教材の發展する方向を示すものとしては必要である。
> (「デューイの教育論」『批判的教育學の問題』p.352)

ここに見られるように、デューイにおいて学習は、児童にとって知識の終局点を知るものでなく、生きた経験として学習される必要があり、一方でそれは論理的秩序に従った発展の方向に添って合理的に進むべきものである。児童の経験は、地図に従って旅をするように、予定された道をたどるものとしてある。

> 論理的教材を元の經驗に引き戻し、嘗て抽象したものを再び具體化し、論理的なるものに經驗の肉をつけ、之を全體としての經驗の一要素となすにある。一言に約すれば教材を心理化するにある。更に砕いて言へば、教師の已に有するものに兒童の經驗を動かし行くことである。(The School and the Child P.31 ff.)。　　　　　(傍点：篠原)
> (「デューイの教育論」『批判的教育學の問題』p.353)

また、その内容としての教材の時間的発展は、おおよそ「(一) 遊戯及び作業 (二) 歴史・地理等傳達 information による知識 (三) 合理的知識」の三段階に分けられ、「為すこと」、次に「為すことの力 power to do を養ふ」こと、最後に「論理的に組織せられた知識即ち擴い意味に於ける科學」に到達するものである。そこでの教科の価値を決定する畢竟の標準は、「社會的の效用 sochial use」、「社會生活の組織構造を知らしむる」こと、

「社會生活上必要な道具 insutrument を供給する」ことの如何（cf.Ethical Principle underlying Education.P.28ff.）として説明されている。

（「デューイの教育論」『批判的教育學の問題』p.355）

　このように、デューイにおいて学校における児童の経験は、地図をたどるように、已に予定された方向にもたらされるべきものであり、学校は、児童にとって学習が経験としてもたらされるための場という意味で「選ばれた環境」である。

　峰地「生活学習」においては、提供される「環境」は、特に整理されたものである必要はなく、児童がそれを選択するものである。

　峰地は、「生命の發動する相」を促す「外的要素」としての「環境」の提供をいう。子どもに対し「創造性の活動を促す素材や新機会を与えて、「生活の接觸面を廣くする」ことの必要を説き、「なるべく多様なる環境を児童に提供することが何よりも大切」としている。

　『文化中心國語新教授法　上』において峰地があげた「外的要素」としての環境の例は、図書室・文集・農園・展覧会・旅・動物の飼育・相談会の七つである。また、環境の提供に意義を見るが、あくまでそれに触れて触発される子どもの側に主体があって、導くものとしての環境の側に主体的な要素はない。「外的要素は飽くまで誘因」であるとし、その環境は「兒童の側から適當に整理活用するところに價値がある」のであって、教師が予め環境を整理して与えることには全く意味を見ていない。

　たとえば峰地が、学校において教師が与える具体的な「環境」として七つあげたうちの一つは図書室である。そこには図書室の内容や機能についての記述はなく、児童の村の図書室について書かれたのは、以下のような随筆様のものである。

　　そこには新しく買入れた書籍や、諸方面から寄贈していたゞいた書籍を拾ひ集めて、さゝやかではあるが兒童の村の圖書室らしい圖書室が出來たのである。出來上つてほつと息をついたとき、私は窓外の八つ手の葉が目にとまつた。私はこの八つ手の葉にあたる雨の音をきゝ

第3章 「生活学習」

なから讀者^(ママ)する子供達を思ふとき、堪らない嬉しさがこみ上げてくるのであつた。

　兒童の村のやうに、思ひ切り自由をゆるしてゐる學校では、特に圖書室は重大な役目をもつてゐる。もつともつと澤山の本を集めたいと思ふ。　　　　　　　　　　　　　　　　　　　　　　（上 p.50）

　また、下巻「第三編　高學年の國語生活學習」には「第五　小學校に設備すべき圖書」として目録をかゝげているので参照すると、その目録は「親友竹内熊次君の研究にかゝはるもの」という断り書きのあと、以下の分類毎に、題名、著者、発行所、価格が羅列されたものである。　　（下 p.291）
　その分類と各冊数は以下のとおりである。

　　「修身、歴史之部」　298 冊　「理科之部」86 冊
　　「地理之部」　21 冊　　　　「雜之部」47 冊
　　「辭書之部」　13 冊　　　　「寫眞、地圖、新聞、雜誌之部」　23 冊
また最後に「尚この他、兒童圖書館には郷土讀本、郷土地理、郷土歴史等の讀物をも準備すべきものであると思ふ。」という但し書きが加えられている。

　峰地「生活学習」における学校は「環境」の部分的要素としてある。

　環境に関するデューイと峰地の考え方の違いを整理する。
　デューイにおける学校は、児童にとって学習が経験としてもたらされるための場であり、その存在自体が経験のために作られた環境である。またそこでの経験は、地図をたどるように、已に予定された方向にもたらされるべきものとされている。
　峰地は、環境の提供に意義を見るが、あくまでそれに触れて触発される子どもの側に主体があって、教師が予め環境を整理して与えることには全く意味を見ていない。

3.4　まとめ

篠原・デューイの「教育即生活論」との比較から見える峰地「生活学習」の特徴は以下のとおりである。

　峰地「生活学習」は、篠原、デューイと同様、構成的世界観の立場に立つ教育である。このことが学習を学習者の認識中心に捉えるという特徴を三者に共通してもたらしている。
　デューイと篠原の「教育即生活論」は共に「連続的発展」を企図するものである。デューイにおける教育は実用を動機として社会の発展を目的とするものである。篠原は理想を求める衝動を動機として、文化の発展を目的とする。
　それに対し峰地の「生活学習」は、子どもの外にある価値を目的としないため、篠原やデューイがいう「連続的発展」は企図されない。峰地においては、文化財は子どもをとりまく物の一つにすぎず、それに触れて「生命」が「発動」してこそ価値があるものである。「真・善・美・聖」はその発動によって実感される相にすぎない。「生命」の「発動」した状態に価値の根源があり、それが価値ある「生活」である。
　篠原における学校は、児童自身が理想に向かって歩むという意味での「生活」の場であり、学校と学校以外を質的に区別するものは教師による指導である。教師は教育の主体としてある。
　デューイにおいて学校は、環境そのものであり、教師はその一要素である。教師は、共働者でもあり、社会的に有用な方法で人生の問題を解決する存在でもある。学校における経験は、地図をたどるように、已に予定された方向にもたらされるべきものであり、学校はそのために作られた特別な環境である。
　峰地における学校は刺激としての環境である。ただしあくまでそれに触れて触発される子どもの側に主体があって、教師が予め環境を整理して与えることには全く意味を見ていない。教師の仕事は、「生命の発動」としての「生活」の実現を支援することである。学校は、教師と児童との「生命」と「生命」の触れ合いに重要な意義がある。峰地における学校は、上

の意味での「生活」の支援の場である。

第5節　『デューイ実験学校』実践

　本節では、峰地「生活学習」実践の特徴について考えるため、メイヨー／エドワーズ共著『デューイ実験学校』における実践との比較を行う。
　『デューイ実験学校』は、J．デューイが1896年シカゴに設立したデューイスクールについての記録である。方法として、『デューイ実験学校』「第二部　カリキュラム」が詳細な実践報告であるので取り上げ、特に言語に関わる部分に注目し、その言語教育のあり方について『文化中心國語新教授法』における峰地「生活学習」の国語の実践と比較する。また類似の実践を取り上げ比較を行う。
　念のために言えば、書籍『デューイ実験学校』の発行は1936年であり、篠原『批判的教育學の問題』の掲載論文執筆時、また峰地『文化中心國語新教授法』掲載記事執筆時に、書籍『デューイ実験学校』そのものが直接参考にされたことはあり得ない。ただし、その実践はデューイ執筆書などから断片的には様々な形で伝わっている。また、ここまでの論では篠原の理解を通じてデューイの論を扱ってきた。ここでは篠原を離れ、『デューイ実験学校』の報告を、峰地「生活学習」における実践の特徴をより明らかにするための比較対象として取り上げるものである。

1．『デューイ実験学校』のカリキュラムと言葉に関わる実践
　デューイが、当時の暗記中心の言葉の学習を批判し、言葉を「道具」として位置づけるものとしたことは広く知られている。彼がその教育において言葉を「道具」として位置づける時、それがどのような意味で「道具」であったのかという問いは、デューイが生活経験としての実践を通じて、何をどのように認識させようとしていたのかという問いと同義である。デューイ実験学校の実践に、デューイの言語観・言語教育観がどの程度反映されているかについては、別にあらためて議論すべきものであると考え

るが、ここではデューイ実験学校の教育実践から広い意味での言語教育を取り上げ、そこでの言葉に関わっての認識形成のあり方の観点から考察を行いたい。

1.1 デューイにおける言語教育

デューイ実験学校実践における言語教育を考えるために、まずはデューイの言語観・言語教育観について押さえておきたい。

デューイの著作の中には、言語教育として取り出して述べた部分はない。

デューイの言語または言語教育に関する先行研究としては、田浦武雄(1978)[45]が、デューイにおける言語を機能論と教育論に分け、デューイの表現に即しつつ俯瞰的な整理を行っている。また藤武(1974)[46]は、3R'sの教育だけでない広義の言語教育についても言及している。ただしこれらは具体的実践とのつながりについて触れるものではない。

「道具」としての言葉について言及したものとしては、米盛裕二(1962)(1963)[47]が、『経験と自然』においてデューイが「言語はある目的に従って経験の素材のある面を新しい対象に変容する際に用いられる道具」としたとして説明している。他に大久保正健(1989)[48]も、コミュニケーションにおける「知的変容機能」をデューイの言語観の中心としてあげている。また松下晴彦(1992)[47]が、晩年のデューイの、言語を話す行為・書く行為を含めて、〈人間が事物を扱う行為の中にあるという事態〉として観察すること(Transaction)とする立場を指摘している。これらの先行研究に示されるように、デューイにおける言語は、彼の言う「変容」を伴うものとしての「コミュニケーション」との関わりの中で考えられている。

デューイの教育に関する著述には、彼が教育の場面における言葉との出会いのあり方に深い注意を向けていたことがうかがわれる。

学校における言葉との出会いのあり方を考える時、言葉の習得が、すでに決まった内容を示す記号として受け取る形でなされることと、相互作用の中で意味を獲得するものとして言葉の使用を体験することとは、言葉と

の出会いのあり方として、はっきりした違いがある。デューイの著述においては、この違いが明確に意識され、区別されている。

たとえば『学校と社会』においては、言語が慣習的記号であるとした上で、それを「自由に使いこなす」ものとするための二つの条件をあげている。

（1）社会的および自然的な現実と接触し、それに親しむという背景を、子どもが自分自身の個人的で生きいきとした経験をとおして獲得しなければならないという要求。このことは、読み・書き・算という記号が現実に取って代わって、もっぱら第二次的でありきたりの代用物にしないために必要である。（2）子どもがよりいっそう日常的で直接的な個人的経験が、問題を解決したり、満足を得たり、物事を達成したりするためには、書物の力を借用することが必要となってくるのであるが、その必要に対応するにふさわしいさまざまな問題や動機や興味を提供するという要求が求められる。そうでなければ、子どもはなんらの知識も知的渇望もなく、なんらの闊達さもなく、またなんらの問題意識をもつような態度もみられないままに、ただ書物に近づくことになる[50]。

この部分に示されるのは、単なる実体や実用の実感の重要性についてではない。言葉との出会いのあり方についてである。

「社会的および自然的な現実と接触し、それに親しむという背景を、子どもが自分自身の個人的で生きいきとした経験をとおして獲得しなければならない」こと及び「必要に対応するにふさわしいさまざまな問題や動機や興味を提供する」ことは、教育の場面における言葉との出会い方についての条件である。その実践は、言葉との出会いに十分配慮された上で構想された言語学習でもあったといえる。

確かに、デューイの著作のうち教育の場面に触れた部分では随所に「読み・書き・算」については記号であり、道具であるという記述が見られる。しかし、デューイにとって言語が道具であるというとき、それは、まず、

事物が意味を獲得するための「道具」としての言語であり、それによって、意味を持った世界に生活することを可能にするものとしての「道具」である[51]。

『民主主義と教育』[52]においては、「物質的要素を失ったもの」としての言葉を学校で取り扱うことの危険性について述べた上で、実物との接触や共同活動との順当な関係づくりを提案している。この「順当な関係」については、知識としての言葉を獲得する際の順番を指すのではないことはいうまでもない。「順当な関係」とは、言葉の学習が「コミュニケーション」における変容を経て意味を獲得するものとしてあるという意味である。

動機と必要性に導かれた個人的経験の中で出会う「道具」としての言葉とは、言語主体において事物が意味を獲得する際の記号としての「道具」であり、人が、広義の環境に対して、共同行為として働きかける場合のコミュニケーションを可能にするものとしての「道具」である。すでにある思想や概念を表す固定された記号としての道具ではない。

デューイにとって言語は他者と意味を共有しつつ、事物へ働きかけるときの「道具」であり、それによってコミュニケーションが可能となるものであって、「意味」はコミュニケーションの中にこそ生じるものである。デューイにおいて言語は、人が、共通の目的下で、広義の環境に対して、共同行為として働きかける場合のコミュニケーションの「道具」である。又同時に、そのコミュニケーション自体が社会に豊かさをもたらすものでもあると考えられる。

1.2　デューイ実験学校の言語教育実践とその特徴

デューイ実験学校の実践における言葉の教育については、森久佳(2006)[53]の研究がある。森は、デューイ実験学校における「読み」「書き」指導の特徴を、①従属性・付随性、②道具性、③必要性の三点とし、また発展する学習内容にむすびついて「読み」「書き」の水準が変化していることを指摘している。(ただし、ここで森が検討の対象としているのは、主に「読み」「書き」の技術的な面の習得についてであり、言葉の学びに伴う、認識面の

学びについては考察に含まれていない。)

　認識形成にかかわる先行研究では、梶原郁郎（2003）[54]が、教育課程に関する研究として、デューイ実験学校の教育課程が知識の系列として処理され、学習者の思考の筋道を明らかにする作業が行われていないことを指摘している。

　森（2006）の指摘した、デューイ実験学校実践における読み書き学習の三つの特徴、①従属性・付随性、②道具性、③必要性は、一見学習全体において言語学習が、二次的な位置にあることを示すものであると思われる。しかし、上述のような、実践における言葉との出会いのあり方へのこだわりを考えるとき、言語の習得場面でのこの三点の特徴は、言語学習の場におけるあるべき言葉との出会いのあり方の特徴を示すものであると考えられる。

　上の観点を踏まえつつ、デューイ実験学校の言語教育としての実践について見てゆきたい。考察の対象とした実践は、メイヨー／エドワーズ共著『デューイ実験学校』[55]に記述の範囲である。翻訳は、おおむね梅根悟／石原静子共訳『デューイ実験学校』[56]に従った。

　デューイ実験学校の教育課程は、社会科や理科にあたる内容を中心として組み立てられている。以下は『デューイ実験学校』の目次から、「第二部　カリキュラム」に報告された実践と、その横に取り組んだ内容を示したものである。教育課程全体には、学年が上がるのに合わせて、社会の発展を追いながら学習を進めるといった意味での大まかな系統性が見てとれる。

```
　　　家の仕事　　　　　　　　一・二年（四～五歳）
　　　　　　　　　　　　　　　　　　　　　　　遊びから
　　　家に役立つ社会の仕事　　三年（六歳）　　農園　劇（製粉所・綿）
　　　発明と発見による進歩　　四年（七歳）　　原始生活
　　　探検と発見による進歩　　五年（八歳）　　フェニキア文明（数と字へ
```

		の実用的接近)
地域の歴史	六年（九歳）	アメリカについて（地理的に）
植民の歴史と革命	七年（十歳）	アメリカについて（歴史的に）
植民者のヨーロッパ的背景		
	八年（十一歳）	イギリス　初歩の科学　紡織
専門的活動の試み	九年（十二歳）	歴史　地学　天文学（日時計作り）
専門的活動の試み	十年（十三歳）	植民時代のまとめ　クラブハウスの建築
専門的活動の試み	十一年（十四〜十五歳）	
		表現　シェークスピア劇

　どの学年にも共通の形式となっているのは、それぞれに定められた大枠の学習内容の範囲内で、児童の興味に従って発展する児童の自主的活動や学習を支援するという形式である。各学年の実践は、児童の興味や疑問を中心に直接経験を交えつつ進められている。ただしその内容は、それぞれ社会の発展を軸として知識の獲得を目指すものとして構成されており、それは、全体の教育課程が社会の発展を軸に系統づけられているのと相似形の構成である。

　次にデューイ実験学校における言葉に関わる実践の内容とその特徴について見る。

　以下は、学年毎の言葉に関わる具体的な実践内容だけを抽出し、そのおおむねを羅列したものである。

◇**第二章　家に役立つ社会の仕事　三年（六歳）**
夏の経験を話し合う・農園を作る為の議論。ゲームの中で読むことへの興

味を喚起する・仕事の週記録を書く、読む・お話を聞いて話し直す（「ナイトとバルバラ物語」「ウサギとカメ」）黒板に書き、プリントして本に・劇遊び（「製粉所」劇＝小麦の分配・羊の飼育から工場へ・「綿」劇）・一日三〇分を読み書きにあてた・「彼らはよく理解して読み、発音し、自分たちで新しい語を作るほどだった。」

◇第三章　発明と発見による進歩　四年（七歳）

原始人の生活を想像して物語や劇に・遊牧生活とそこで起こる困難を描いたアブラハムとロトの物語を読み劇に・青銅器時代の社会組織を劇に

◇第四章　探検と発見による進歩　五年（八歳）

フェニキアの物理的状況と未来への計画を書いて読み合い話し合った・世界旅行者の旅行記や日記を読む・ヘンリー王子について話を聴く。作文も・エジプトの話と古代遺跡の話を聴く・リビングストンの旅の日記を読む・仕事の克明な記録（綴を黒板に書き出して練習、なかなか正しく書けない）・コロンブスの記録を書いて本に（記録の価値ありとして彼らが選ぶ事実は、自分の経験に近いか感情的性質のものが多い）・コロンブスの一生を劇に・読み方書き方学習は大部分彼ら自身の記録について

◇第五章　地域の歴史　六年（九歳）

新しい難しい言葉や名を黒板に書き取るゲーム・Ｃ．Ｒ．クラークの探検談を読む・自分たちの探検物語を黒板に書き、教師が綴を直す・週二時間、読み書きのドリルをする・「イリノイ物語」を読む・現在の雑誌記事を読んで話し合う・物語や詩の読みきかせの時間がふえた・ドイツ語とフランス語も始まった・仕事のまとめとして作文・清教徒の話の好きな部分を選んで書く・「巡礼と清教徒」その他を朗読

◇第六章　植民の歴史と革命　七年（十歳）

読み書き能力の劣る者の多いため、以前の仕事の記録を読む・難しい語、構文のドリル・課外に、レキシントンやバンカーヒルの戦について読む・革命時代を題材に読み書きの練習

◇第七章　植民者のヨーロッパ的背景　八年（十一歳）

文学や美術の構成活動・イギリス文学を集中的に読んでから、イギリスの

村の生活を調べる・「ランスロット物語」を読んで当時の時代精神と騎士の理想について話し合う・調べたことを喜んで発表するわりにうまく書けない（綴・書き方・新しい語形等のドリル）・ラテン語と英文法、会話と文の分析（ラテン語の教え方は、会話と劇を使った）・英文法の勉強・めいめい読めるようになりたい本を持ち寄り、劇の形で読み合う・選んだ詩を暗唱したがったが、他人のそれは聴こうとしない・集会で報告書を読みたがる・「ロビン・フッドの冒険」を朗読し、情景を話し合う・シェークスピアの「緑の木の下で」を暗唱・封建時代の城に関する物語を読んだり作文に書く

◇**第八章　専門的活動の試み　九年（十二歳）**
新聞作り・実験の報告書を書く（例：石灰岩のできるまで）・シャラーの本を読みリポートを書く（六年の子にきかせて意見を聴くことで、レポートの書き方を理解し、書き直す）・英語、外国語にわたり語形分析を重視

◇**第九章　専門的活動の試み　十年（十三歳）**
全校集会で自分の書いたものを読みたがる・朗読の技術

◇**第十章　専門的活動の試み　十一年（十四歳～十五歳）**
フランス語、ラテン語、英語の学習・夏の経験を書く作文（豊かだが、文の構成が不正確）・シェークスピア劇を読む（対句や文章の一節を暗唱しながら）・科学、技術上の発見者たちの伝記を読む・シェークスピアの「リチャード三世」を読む・科学の論文を書いて批評し合う・文法と文の構造について勉強・日刊新聞

　ここに取り出された言葉に関わる実践の特徴を整理する。
　まず各学年に共通して見られる実践内容として、資料となる物語や記述を読むこと、仕事や実験などの行動の記録、報告書の作成、口頭発表、劇化などがある。加えて、どの学年においても発表することへの意欲が高いこと、また、読み書きに関する力不足のための補講がたびたび行われていることが記事に見える。他にはここにはあげていないが、劇化やクラブハウス作り、その他共同して行う多くの学習活動において、常に討論などの活動が行われていることも忘れてはならない言語活動である。

第3章 「生活学習」

　デューイ実験学校における言葉に関わる実践の第一の特徴は、言語活動のほとんどが、他の知識の習得のための補助的活動として位置づけられていることである。物語作品も、作品としての鑑賞以前にまず深い知識の獲得を目指すものとして選択されており、また劇化も芸術表現としての実践ではない。

　第二の特徴として、実践としての言語活動のほとんどが学習者同士に開かれている点があげられる。討論はもちろん、仕事の記録も個々の覚え書きとしてでなく、読み合うものとしてある。物語の話し直しや論文の批評など、実践における個々の言語活動は、必ず他の子どもに向けて開かれている。

　また実践報告には、「発表」する意欲が高いという記述が繰り返し見えるが、この「発表」とは、教室でのいわゆる発表という意味でなく、他者に向かっての言語化の意味である。すなわちデューイの言う「変容」を潜在的に含む「コミュニケーション」の現象そのものである。言葉が常に他者に向かっての言語化としてあるというこの特徴は、言葉を「コミュニケーション」の中に置こうとする意図によるものと考えることが出来る。

　たとえばデューイが『学校と社会』において、地球の成り立ちについての学習後に学習内容の発表として書かれた子どもの作文を教育の成果として複数取り上げ、類似のものを繰り返し示している[57]ことは、学習内容の習得を成果として示すものでなく、この実践において、あるべき言語体験が一人一人の子どもに起こっていることを示そうとしたものであると考える。

　劇化や農園クラブハウスの建設は、それらの活動の際の試行錯誤の体験と議論の中で、児童それぞれが意味を獲得するものとして言葉を位置づける実践でもあったことは明らかである。

　第三に、繰り返し読み書きの力不足を言う点も特徴的である。これは主に、児童の言語技術力を越える活動を、児童自身が計画することから感じられる力不足であると思われる。公立校から転入の児童の力が弱いことについての記述などもあり、必ずしも他校の水準と比較しての力不足を指す

のではないと思われるからである。必要に駆られてではあるが、ドリル的学習がほぼ一貫して行われている。デューイ実験学校実践には、コミュニケーションの中での言葉の獲得のための配慮と、記号としての言語の知識や技術の習得のための訓練を並行して行う現実的な行き方が見て取れる。

　デューイ実験学校の言語教育実践についてまとめる。
　デューイ実験学校の教育課程全体は、社会の発展を軸に系統づけられている。その実践形式は、各学年に共通して学年それぞれに定められた大枠の学習内容の範囲で、児童の興味に従って発展する児童の自主的活動や学習を支援するという形式である。その内容は、それぞれの段階での社会の発展を軸として知識の獲得を目指すものとして構成されている。言語に関わる教育は、その中に伏線的に「コミュニケーション」の形成を意識しつつ構成されているといえる。デューイにおいて「意味」はコミュニケーションによる「変容」の中にこそ生じるものである。言葉は、人が、共通の目的下で、広義の環境に対して働きかける場合のコミュニケーションの「道具」である。デューイ実験学校の実践は、そのような意味でのコミュニケーションが可能となるものとして構想されていたといえる。

２．　峰地「生活学習」における学習指導案

　『文化中心國語新教授法（下）』に「学習指導案に対する考察」という項がある。「第一篇　低学年の國語生活學習」の中の「第二　聽方資料とその見方」に含まれるが、低学年のみのための論ではなく、また聴方学習のみに焦点を絞るのではなく「生活学習」における学習指導案の意義についての考察となっている。
　ここでは以下の引用に示すとおり、従来の教授細目、教授案について、「左程重要な地位にあるといふことは考へられない」としている。それらは教師が教材を「取り入れさす」ものとして考えた場合の価値であり、「教師がその教材をいかに取り入れさすかに就て、努力しすぎた場合」、「與へられたる教材の内容以上に」飛躍するはずの児童の生命を見逃すことになる

のを懼れるとしている。

> 今こゝにあたへられたる教材に對して、兒童の生命が交渉を開始した場合のことを考へて見る。この場合、教師がその教材をいかに取り入れさすかに就て、努力しすぎた場合、兒童の生命はその教材のもつ内容よりも、一歩擢んずることは出來ないであらう。しかし、自由なる知識の構成創造を豫想する教授に於ては、與へられたる教材の内容以上に、兒童の生命は飛躍する。勿論知識を收得するといふことは、重要なことに違ひないが、それ以上に生命の飛躍することを見逃がすことは恐しいことである。
> （下 p.13）

また教材の配列についても、教材にこだわりすぎているとし、大まかな配列でよしとしている。

> 類化は教材がする働きでなくて、生命の働きであり、精神的統一は教材の働きではなくて、生命の働きである（中略）教材の配列などは大まかに考へることは惡くないと思ふが、それにこだわつてはいけない。從來の教授細目などはあまりに教材にこだわりすぎてゐると思ふ。
> （下 p.13）

また続けて、教材に対する目的意識についてもこだわりすぎを指摘する。

> 教材の生命はとても分析では分るものではない。又分析でそのものの内容のはつきりするやうな教材は多くは價値の低いものだ。教材に接するごとに、教材の目的——形式的目的、内容的目的など、いつも目的を立てゝ考へなければならぬ程、目的にこだわることは、どれほど兒童の自由なる生命の飛躍を阻害するか知れない。
> （下 p.14）

指導案の形式についても、自由でよいとする。

> 題目とか、目的とか、豫備とか教授とか整理とか、そんな段階はどうであつてもいゝ。そんな形式に束縛されることは、書く心持に専念出來ないもとである。
> （下 p.17）

　では学習指導案は不要であるのか。その問いの答えはただ、学習指導案においても「生命」と「生命」が触れ合うことがその意義であるとしている。
　また学習指導案を書くことも、教師にとっての「生活」であるべきであるとして、「学習指導案を書く心持」について述べている。峰地のいうあるべき「心持」とは以下のようなものである。

> 　與へられたる教材に對して、純にぶつかつて、靜かに生命を燃やし思索を進めるのは樂しいものだ。その心持を見つめて、指導案は書かるべきものだ。感じること、考へることに深まつて行けば、行くほど、滾々として生の泉が湧いて來る。書くことに純粋になり得れば得るほど生命は飛躍する。それ自身高價な生活であり、充實した仕事である。從つてさうして書かれた指導案は屹度實の入つたものとなり、それが又やがては教授の際にも立派に役立ち生きる筈である。
> （下 p.16）

　しかし、たとえ上記のようにして望ましい「心持」で書かれた指導案も、それだけではいまだ「個の生命の流れ」である。「個の立てた指導案があまりに跋扈しすぎることは、勢ひ教権主義の教育に堕すること」であり、「児童の自由なるこの発展を専制すること」であるとして戒めている。峰地においては「学習は多くの個の共力に生きる世界」であり、そこでの指導案は、以下のような位置づけとなる。

> 　教授の際に於ては、指導案を見詰めることよりも、相互の魂の流れを見つめることが大切だ。だから指導案を全然忘れてしまふやうな形をとるのが自然である。豫定の變更などは、當然生命のためにはあつて然るべきことである。
> （下 p.19）

第3章 「生活学習」

> 指導はあつて無きが如く、無くしてあるが如く、自由な形で生命そのものに役立つものでなくてはならない。個と個の生命が、互いに觸れ合ひ、磨き合ふ——その間に指導案が、生命の底から脈搏のやうに、脈打ち起つて來るのでなくては本當ではない。
>
> （下 p.19）

> 我々は、生命と生命の觸れ會ふことをまともにみつめて、そこに自然な形で、指導案を生かしたいと思ふ。　　　　　　（下 p.19）

ここに書かれている学習指導案とは、「全然忘れてしまうやうな形をとる」「豫定の變更」「指導はあつて無きが如く、無くしてあるが如く」「自然な形で」といったような、そのまま実践として行われるものではなく、子どもの「生命」に触れて、形を変えるものとしてある。そこでは、児童と教師が共に「生命」を表し、それが児童の「生命」に触れる「生命の合唱」が第一目的であり、先に教材や教えたいことがあるわけではない。

児童をその学習の主体者とすることの徹底は、学習指導案に対し、同じ意味で児童の側からの「児童の学習予定案」があってもいい筈だとする点にも表れている。

> 教師の學習指導案が、美しい合唱を生む念願の表現であるならば、兒童の學習豫定案も、同じい意味であつていゝ筈だ。
>
> （下 p.20）

峰地の学習指導案についてまとめると以下のようになる。

まず峰地は、従来の教授細目、教授案について、その跛扈が失わせるものの多きことを言う。配列、類化などは教材によるのでなく生命の働きであるとし、教材へのこだわりすぎを戒める。また教材に対する目的意識も、教材内容を単純化し無味乾燥にするものとして、従来のヘルバルト式の学習指導案に反対している。

ただし学習指導案を書くことそのものを否定するものではない。学習指導案は「兒童も生き教師も生きようとする生命要求の表現」であるが、指導案の形式も目的も特に定めず、「書く心持に専念」することをいう。そして、実際の教授の際には、「學習は多くの個の共力に生きる世界である」から、「相互の魂の流れを見つめ」、「指導案を全然忘れてしまふやうな形をとるのが自然」であるとしている。

　系統案や学年に応じた教授内容の計画などの必要性については、全く提示されていない。唯一具体的なカリキュラムにあたるものとして、綴方指導系統案がある。ただしそれは、すでに出版の『最新小學綴方教授細目』[58]の綴方指導系統案の内容そのままの掲載である。この細目の特徴として峰地自身は、教材として自由選題を多く取り入れ、指導教材の内容も広くとったとしている。具体的指導法としては、多くの範文と文話による指導であり、直接指導については具体的には書かれていない。また細目自体の位置づけとして「これに囚われないこと」を強調しており、それも『最新小学綴方教授細目』出版時と変わらない。

　他に「綴方教材配當一覧表」（下 p.254）は、主にそれぞれの指導の時間配当を記した表である。指導教材はただ項目として示され、具体的指導内容はなく、従って系統性や段階的な構造も全く見られない。また、具体例としてあげられた「尋常科第五學年綴方教授細目」（下 p.261）の内容は各指導項目と割り当て時間が中心である。参考事項として、「文題」と取り組む上での注意点が書かれている。

3.　『デューイ実験学校』カリキュラムと峰地学習指導案

　『デューイ実験学校』カリキュラムと峰地の学習指導案について比較し、考察を行う。

　『デューイ実験学校』のカリキュラムは、社会の発展を軸にした系統性を基礎とし、実践では、その話題に関する児童による自主的な活動や学習を支援するという形式が共通の形式としてある。

　言語教育では、社会や理科の教科内容に関する学びの中での言語活動が、

主な学習内容となっている。それは、社会との相互作用の中で事物や出来事の「意味」を変容させてゆく「道具」として言語を捉え、事物・出来事と言語とのそのような関係の持ち方にねらいがあったこともその理由であると思われる。

それに対し、峰地「生活学習」では、児童の側に知識の構成や創造の主体があり、教材の価値や目的が児童以前には生じ得ないという立場が徹底して貫かれている。教材の配列、目的意識、指導案の形式のいずれにもこだわるべきではないとする。その一方で、学習指導案を書くことは教師の「生命」が発動される「生活」であり、書かれた指導案の「生命」が児童の「生命」に触れることで、新たな創造が起こるとする。ただし実際の授業ではその指導案にもこだわりすぎてはならないとする。

教師の学習指導案に対して児童の学習予定案の存在の可能性について触れるなど、それぞれの個としての「生命」と「生命」の触れ合いを学習とするという意味で、学習指導案もまた児童の「生命」の後に来るものとして位置づけられている。

「生活学習」におけるカリキュラムや学習指導案の特徴は、学習の系統性、それぞれの教材の持つ目的、授業の形式などが全く重視されていないという点にある。これは「生命」の発動としての「生活」を優先することから来るのであって、知識の習得そのものを否定しているわけではない。

また、言葉の教育に関しては、デューイにおいては言葉の「意味」がデューイのいうコミュニケーションによって変容する中で獲得されていくことを意図してカリキュラムその他が組織され、学校がそのような「場」としてあるのに対し、峰地においては、「生命」の触れ合いに意義を見つつも、価値や意味を生じさせる「生活」は、最終的には児童の個としての「生命」の発動にある。学校や教師、教材などの「環境」は、それぞれ個別に児童に働きかけるものとして描かれている。

峰地「生活学習」における学校や教育プログラムは、児童の「個」を中心として展開されているために、環境要素相互の関連が薄いという特徴が

あるといえる。

4. テーマ別の実践比較

峰地「生活学習」と『デューイ実験学校』には、共通のテーマや実践形態での実践報告がある。それらの実践内容の比較を行う。

（1）原始生活と子ども

デューイの思想の背景の一つとしてダーウィン「進化論」の影響が見られることは知られている。峰地においてもそれは同様[59]である。未発達の子供を原始人になぞらえる語り方も両方に見え、『デューイ実験学校』『文化中心國語新教授法』それぞれに、原始生活を実践に取り入れた様子を紹介している。それぞれの実践が特徴的であるので、ここに取り上げ比べてみたい。

『デューイ実験学校』では、七歳組の実践として原始人の生活に関する学習が取り入れられている。理由については以下のように説明されている。原始人への興味と子どもの発達段階の類似性の観点である。

> こうした学習は、この年齢の子の原始人への興味を利用する。この発達段階の子の興味と原始人のそれは、同じように衣食住にあるが、前者は複雑精巧だといえる。子どもの能力は原始人と似ているが、文明の遺産を背負うゆえに可能性は同じでない。原始人の活動は子どもの興味に沿い、うまく指導すれば子どもはこの勉強に熱中する。
> 　　　　　　　　　　　　　　　　　（『デューイ実験学校』p.80）

原始生活を取り入れた実践によってもたらされる効果としては、以下のように述べられている。ここで述べられているのは、原始時代の問題点が民族の前進へとつながることの実感である。

> 劇にすれば、子どもの原始生活への興味を利用しつつ、好奇的皮相的

な面を減らして欠陥を防ぐことができる。子どもは、現代文明では隠されている動機や、原始生活の厳しさが平和で安全なよりよい生活への道を人びとに求めさせたことを、理解する。原始時代の問題をリアルに感じ取ると、子どもはよりよい生活を求めて、自分で再発見再発明したくなる。こうして彼は、民族が進歩の階段を登るに至った前進の秘密を見出すのである。 （『デューイ実験学校』p.80）

実践の一例として紹介された具体的内容は以下のようなものである。（下記はそのごく一部である。）

火に関する仕事のほかに、子どもたちは石を選んで武器を作ったり、熱した石で煮たり焼いたりの料理をした。原始人が住居にした場所について考え、樹と洞穴各々の長所や、火の発見が洞穴を快適安全にしたことなどを話し合った。 （『デューイ実験学校』p.81）

『デューイ実験学校』実践では、原始生活が民族の発展の出発点として取り上げられ、その出発の状況を体感する活動が実践として行われていることがわかる。
　次に、峰地『文化中心國語新教授法』においては、原始生活がどう取り上げられているか、見てみることとする。
　『デューイ実験学校』実践では、原始生活が社会が発展する前の段階とされていたのに対し、峰地においては、その生活のあり方が、文化を「生活」している理想的な状況として描かれている。以下引用部分には「その生活は即文化であった」とあり、この後の部分でこれに対置されているのは、産業革命以降の工業社会である。

　一たい原始時代の人達の生活を見るに、その生活は即文化であつたのである。すべての文化を彼等は生活してゐた。換言すれば彼等は、生活として科學、道德、藝術、宗教をもつてゐた。田を耕し、草を刈

り、水を灌ぎ、果實を採るところに、科學があり、道德があり、藝術があり、宗敎があつた。魚類を漁り、鳥獸を狩るところに、眞、善、美、聖の價値を生活してゐたのである。　（『文化中心國語新敎授法』上 p.4）

　そのような原始生活が、実践ではどう意義を持つのかについては、たとえば以下の引用部では、遊びとして鎗を作る子どもが、原始人になぞらえられている。鎗はかなり凝ったものであり、翌日児童はそれらを使って、戦争ごっこを始めている。ここではその製作に熱中する様子がその眼目である。これらは教科に属する活動ではなく、純粋に児童が始めた遊びであり、もちろん指導計画の中に位置づいているものでもない。峰地はここに手工の学習があるとしており、学習と生活の一致を見ている。

　或日のことだつた、子供達はどこからか小さな桐の木と、櫟の木とを一本づゞとって來て、裏の縁側でのみや鉋をつかつて、五六人より集つて手工を初めてゐた。
　「先生！　鎗をつくるんですよ。」
　みんなは汗をたら／＼流しながら仕事をやつてゐる。柄のところは圓形に皮をはいで、何か飾りを彫つてゐる。稻妻の形の彫刻だ。枝の先はそのまゝ殘して、尖端を三叉にする心組らしく思はれた。午後の日差を浴びながら、この仕事に熱中してゐる色の淺黑い子供達を見たとき、私は獸を狩るために鎗を作つたといふ原始人の姿を見せつけられるやうな氣がした。
　その翌日、子供達はその鎗をつかつて、戰爭ごつこをやつてゐた。高松君が八ツ手の葉を二枚綴り合わせて帽子をつくり、それを被つて走り廻つてゐた。私は南洋の土人そのまゝの姿を見るやうな氣がした。
　手工とか、國語とかいふ教科を初めから外部的に押しつけて、學習さすことは、生活と學習とを分離さす虞れがある。それは押しつけられたものに味を見いだすものはその仕事を生かし得るが、押しつけられて、却つて生命が鈍つて來たとするとそれは恐しい。　　　（上 p.30）

この遊びの記事を掲載した時点での意図は、教科によって枠づけられるより先に、児童自身の熱中の中に生活があることを示すことにある。学習として何かを行うのでなく、生活の深化が学習につながってゆくとしている。読方学習の型式について述べた以下の部分にも同様の主張が見られる。原始生活はここではその生活の深化の原点として位置づけられている。

> 　原始人の生活を見よ。彼等は自己の生活が擴張され深められることによつて、文字を創制し、工夫するやうになつたのである。數生活が複雜になるにつれて數の序列を定めるやうになつたのである。子供の生活がひろめられ、複雜になるにつれて、學習は自然の形で進められて行く。
> 　何よりも先づ大切なことは、その生活力の旺盛を期することだ。
> 　　　　　　　　　　　　　　　　　　　　　　　　（上 p.165）

　「生活力の旺盛を期すること」によって「學習は自然の形で進められて行く」とする峰地にとって、原始生活は生活力の旺盛な状況のたとえであり、それ故にこれから発展する可能性を持つものである。『デューイ実験学校』実践における原始生活が克服すべき明らかな課題を持った状況としてとりあげられていたのとは大いに異なっている。実験学校実践の着目点が、原始生活の物理的状況にあったのに対し、峰地における関心は、そのような状況に向かう人間の内面の充実如何にある。

（2）劇化

　劇化は、『デューイ実験学校』実践において頻繁に用いられている方法の一つである。それは、実感化のみならず、活動におけるコミュニケーションを通じての「意味」獲得と変容の体験を目的とするものであったことについてはすでに述べた。
　一方峰地は当時流行していた劇化という方法について懐疑的である。それに関する記述を見てみよう。

近時藝術教育の叫びが餘程高く叫ばれるやうになつた。そして其の藝術教育は、兒童劇を行ひ、童話を作り、童謠を歌ふことであるかのやう（に）考へてゐるものが少くないが、これは誤れるの甚しきものであると思ふ。勿論、兒童劇や童話や童謠などは、藝術教育の一新生面を開いてくれたものではあらう。しかしそれは外部的に考へることがひどくなると危險が伴ふ。
　藝術する――ことは生きた生活事實なのである。兒童劇を演じ、童話を作り、童謠を歌ふことは、寧ろ形の上のことで、藝術の根本のことではない。
（上 p.32）

ここに述べられているのは、劇化そのものが活動として生きた「生活」になり得ていない場合にかえって芸術性が失われる危険があることについての指摘である。また、読方教材学習後の劇化についても、「表現したからといって必ずしも學習は精確になるとは限らぬ」として、以下のように批判的に取り上げている。

　その表現の要求たるや、決して、單一なる素材を收得するといふやうな單一な原因によつて生るゝことはまれで、多くの場合、極めて複雜なるものが原因となつて、而も可なりの間、身體の中で醱酵することによつて、初めて表出さるゝものだ。
　然るに讀本の敎材の一課の敎授を終つたからと云つて、直に之れを一齊的に表現に移すやうに强ひることは、甚だ不自然なことであらねばならぬ。
（上 p.193）

ただし、劇化そのものを否定しているのではないことは、劇化の実践として鳥取師範学校附属校勤務時の実践である「リア王」や、生活劇「天狗ごっこ」などが紹介されていることからも見て取れる。峰地「生活学習」においては、劇化もまた「生命」の発動としての活動であるべきであり、理解を促す手段としての劇化には懐疑的であるということである。

ここでも『デューイ実験学校』実践との着眼の違いが表れる。実験学校においては、劇化の活動中に生じる様々な疑問や問題点の解決体験などに意義を見ている。峰地においては、劇化そのものが、内面の発現としての行為であるかどうかという点がその意義を左右する問題である。

　実践の比較をまとめてみよう。
（1）原始生活
　デューイ実験学校においては、原始生活への興味と子どもの発達段階との類似性という観点から原始生活がテーマとして取り上げられている。そこでの原始生活は、克服すべき明らかな課題を持った状況として位置づけられ、その学習は、民族の前進の実感をもたらすものとしても意義があるものである。
　峰地において原始生活は、文化を「生活」している理想的な状況として位置づけられている。原始生活は生活力の旺盛な状況の例として示されている。
（2）劇化
　デューイにおける劇化は、理解を促す手段であると同時に、活動におけるコミュニケーションを通じての「意味」獲得と変容の体験を目的とするものである。
　峰地は理解を促す手段としての劇化には懐疑的である。劇化もまた、「生命」の発動としての活動であるべきであり、劇化そのものが、内面の発現としての行為であるかどうかという点がその意義を左右するとし、児童の表現形態の一つとしての位置づけである。

　これらの実践の違いには、それぞれの特徴がよく現れている。『デューイ実験学校』では、実践形態やカリキュラムの系統性に着目して実践が構想されていたのに対し、『文化中心國語新教授法』における実践では、形態や内容よりも、児童の「生命」の発動としての「生活」たり得ているかに意義を見るものとなっている。

5．まとめ

『デューイ実験学校』のカリキュラムは、社会の発展を軸にした系統性を基礎とし、実践は、その系統性におけるテーマの範囲で児童による自主的な活動や学習を支援するという形式で行われている。言葉に関わる教育としては、体験的活動の際の議論や試行錯誤そのものも、児童にとっての言語のコミュニケーションを通じた「意味」獲得につながる重要な内容として組織されている。

峰地「生活学習」では、児童の側に知識の構成や創造の主体があり、教材の価値や目的が児童以前には生じ得ないという立場が徹底して貫かれている。

峰地「生活学習」は、児童の「生命」の発動としての「生活」たり得ているかに意義を見るものであり、その関心は、現前する状況をどう克服するかでなく、置かれた状況そのものを感じ取る個の内面にある。

そこから生じるカリキュラムや学習指導案の特徴としては、まず学習の系統性、それぞれの教材の持つ目的、授業の形式などが全く重視されていないという点があげられる。学習指導案も教師の「生命の発動」としての「生活」であり、児童の「生命」との触れ合いによって形を変えるものとして位置づけられている。

また「生活学習」では、学校や教育プログラム全体が、児童の「個」を中心として個別に展開されているため、「環境」要素相互の関連が薄いという特徴があるといえる。

第6節　考察
――目的と価値の内在――

1．「生活学習」のまとめ

本章では、峰地光重の学習者主体教育実践として池袋児童の村小学校における「生活学習」の実践と理論について取り上げた。

池袋児童の村小学校は、教育の世紀社の第一実験学校として1924年4

月設立された。教育の世紀社は、教育による社会変革を標榜し、その方法の中心は学習者主体を立場とする教育実践の変革にあった。開校時の構想上に学習者主体教育実現のための要件としてあったのは、（１）到達点を定めない「自発活動」、（２）それ自体が学習目的である「内発の興味」、（３）個人として児童を尊重するための関係の組み直しの三点である。

　峰地光重は、開校半年後に訓導として赴任、豊富な実践経験や実績から、学習者主体教育の実現を目指していた初期の池袋児童の村小学校の実践形成の中心となった。その実践は教育の世紀社の雑誌『教育の世紀』に掲載され、その後『文化中心國語新教授法』などの書籍に「生活学習」としてまとめられている。

　池袋児童の村在職２年半に渡る『教育の世紀』掲載記事における峰地の実践と理論の変化には、２年半をかけて次第にその実践に「生活学習」が徹底していく様子が見て取れる。学習には学習として取り組み、殊更に興味を喚起することや、楽しみの要素を付け加えることを行わなくなっていく。

　「生活学習」は、「目的と価値の内在」を大きな特徴とする実践理論である。「生活学習」は、「生活」そのものを教育とし、児童自身がそれぞれ伸びようとする自然としてのあり方をより充実させることを、教育として目指すものである。

　そこでは教授されるものとしての学習を否定、子どもの「自己活動」を保証し、教科内容や学習時間などの拘束からの解放である「生活の解放」が必須条件とされている。

　またそこでの教師の役割は、「環境」の提供と「生活指導」として示されている。教師による「環境」の提供においても、子どもの側に主体があり、教師による取捨選択には意味を見ていない。また「生活指導」とは、個人として自立した教師と個人として尊重された者としての児童との接触により、児童の生活の鮮活化を図るものであるとされている。

　「生活学習」において、文字や言葉を扱う国語科は大変重要な位置を占めている。『文化中心國語新教授法』では、聴方・話方・読方・綴方の別

にそれぞれ実践提案がなされている。

　中でも聴方が、低学年の子どもにとっての「有力なる生活開拓の具」として重視されているのが特徴である。読方実践の特徴は、感情的に同化することをもって、精読の目的を果たしうるとする点にある。「環境」としての読方教材という観点から、そのものに著者の「生命の要求」があるものを教材として求めている。

　話方の目指すものは、自己表現による向上である。「生活の豊富さ」と「生命の要求力」を養うことが目指されている。綴方の目指すものも同様であるが、その実践としては、直接指導ではなく、鑑賞文・模範文・文話といった、あるべき姿の提示に留まっているのが特徴である。

　峰地「生活学習」の理論は、その枠組み内容とも篠原助市の「教育即生活論」に近い形のものである。峰地と篠原、デューイはともに、「構成的世界観」に立ち、「生活準備説」を否定し、現在の「生活」を教育とする。そこで、峰地「生活学習」と篠原・デューイの「教育即生活論」の比較を行い、そこから峰地「生活学習」の理論面での特徴について考察した。

　デューイにおける知識は、利用の知識であり、そこでの個人は刻々とその有用性を判断する存在である。刻々の位置で得たものがその時の目的でありまた、それが新たな位置を構成する要素となって次の目的を持つという連続性の中で、社会と個人は改造と順応を繰り返し、発展していく。教育の目的はその発展である。

　デューイにおいて学校は、環境そのものであり、教師はその一要素である。教師は児童にとって共働者でもあり、社会的に有用な方法で人生の問題を解決する存在でもある。学校における経験は、地図をたどるように、已に予定された方向にもたらされるべきものとされ、学校とはそのために選ばれた環境である。

　篠原は、純粋に理想を求める衝動に人が人であるゆえんを見る考え方に立つ。その理想である「真・善・美」を求めて文化が連続的に発展する。教育はその歩みとしての生活の中にあるとした。篠原における教育の最終的な目的は「文化の発展」である。

篠原における学校は、理想に向かって歩むという意味での「生活」の場であり、学校と学校以外を質的に区別するのは、その歩みを支援する教師の指導の存在である。
　峰地においては、「生命」の「発動」した状態に価値の根源があり、それが「生活」である。峰地における学校は、何かを目指して進む場としてあるのではなく、「生命の発動」としての「生活」の支援の場である。「真・善・美・聖」はその発動によって実感される相にすぎず、峰地の「生活学習」には、「連続的発展」は生じ得ない。
　教師と児童との「生命」と「生命」の触れ合いである「生活指導」や「環境」の提供がその支援の方法である。そこでも、それに触れて触発される子どもの側に主体があり、教師が予め環境を整理して与えることには全く意味を見ていない。教師もまた環境である。

　『デューイ実験学校』のカリキュラムは、社会の発展を軸にした系統性を基礎としている。それに対し峰地「生活学習」では、知識の構成や創造の主体は児童である。
　カリキュラムや学習指導案の特徴としては、学習の系統性、それぞれの教材の持つ目的、授業の形式などが全く重視されていない。実践の方法や教材も、状況に応じたものとなることを良しとする。学校や教育プログラム全体が、児童の「個」を中心として個別に展開されているため、「環境」要素相互の関連も薄い。
　「生活学習」は、児童の「生命」の発動としての「生活」たり得ているかに意義を見るものであり、その関心は、現前する状況をどう克服するかでなく、置かれた状況に対峙する個の内面の充実に特化されたものとしてある。

２．学習者主体教育成立の要件

　デューイと篠原助市の「教育即生活論」、峰地「生活学習」の三者のうち、学習者主体教育であると言えるのは、峰地「生活学習」だけである。

デューイや篠原と、峰地の「生活学習」とを分けているのは「連続的発展」の有無である。「生活学習」だけが「連続的発展」をいわない。「生活学習」は、子どもを目的と価値を既に内在するものとして捉える「目的と価値の内在」を立場とするからである。
　デューイと篠原の教育論は、児童に何らかの発展を推進する主体となることを求めるものとしてあり、そこでの教師は、子どもと共に子どもの外側に位置する発展を目指し、また導く者として存在する。
　峰地「生活学習」は、子どもを目的と価値を既に内在させている存在として捉え、「発展」を目指さず、伸びようとする「状態」を目指すものである。そこでの教師は、わかち合える目的を共に目指す者としてでなく、導く者としてでもなく、子ども個々がそれぞれの価値やそれぞれの目的に向かって育ち行く「状態」の成立を支援とする者としてあることになる。
　「生活学習」の特徴と本質は、「目的と価値の内在」にある。
　学習者主体教育の実現を目指すなら、教師は、教育の目的を児童以外の何かに置くことを放棄しなければならないことが、改めて確認される。峰地「生活学習」も教師にとって大きな転換をせまるものであった。

　どんな教育も希望と楽観の上にあって、たとえばデューイは社会の進歩を信じ、篠原は文化を求めるものとしての人間を信じている。峰地「生活学習」は、「よりよきものを求める」児童を前提としている。達成を求めないという点で、より一層その希望は人間の中にあるといえる。このようなことを前提とする教育論としての「生活学習」を、筆者は非常に楽観的なものと感じ、且つ、懐疑的にならざるを得ない。たとえば自分自身を振り返ってみても、果たして私の生活は「よりよきものを求める」ものとしてあるだろうか、「生命を発動」させた状態で有り続けられるものだろうか。怠け者で気の小さい筆者には不安になる前提である。
　この、人を「よりよきものを求める」ものとし、「生命を発動する」生活を送るものとする峰地の人間観を支えているのは、池袋児童の村小学校における実践の日々に基づく確信と、「死ぬことをも生きる」という「活

通し」の人間観を持つ黒住教であると思われる。
　峰地「生活学習」は、池袋児童の村小学校における実態としての子どもをその基盤としている。
　それにしても、解放された状況下にある子どもが、自然と学習に向かうこと、その内容に偏りが起こらないという報告は驚きである。何一つきまりのない池袋児童の村小学校において、日々子ども達がそれぞれに何かに懸命に取り組む姿に触れることで、峰地の中で「よりよきものを求める」人間観が確信となったのであろう。
　考えてみれば、峰地の中で「よりよきもの」は、手の届かぬ理想ではなく「よりよきもの」であり、達成を問わない点が救いであり、かえって堅実であるのかもしれない。
　自然と同じ「相」として子どもを観る峰地の「生活学習」は、有用性や順応という部分で社会と関わっていくデューイの論や、高い理想を求めて進む篠原の論に比べ、推進力が弱く、静的な印象を与えるものである。しかし児童それぞれにとって「生活学習」は、主体的であることを厳しく児童に求めるものとしてある。児童にとって「生活学習」は、既にある社会や、あるべき理想といった自分をとりまく周囲と接するための手掛かりとしての枠組みを誰からも授けられないということだからである。そのことが「発動している」状態を「生活」として児童に求めることにつながっている。
　これはちょうど、峰地の綴方指導が、児童に題材も書き方も自分で見つけることを求めたのと同様である。「生活学習」において児童は、すべての場面で、何が自分のまわりにあるのかも、接する方法も、自ら見出していくしかない。「生活学習」においては、教師や、教材、環境が直接指示、指導する者としてでなく、外的刺激として位置づけられている。綴方における峰地の課題のあり方と同様の形である。
　「生活学習」は、児童の創造的要求をその本質とした綴方指導が、教育全体のものとして展開、構成された理論であると考える。綴方実践において児童の認識形成に関わって実践を形成してきた下地が、峰地の「生活学

習」実践の形成に大きな力となっていることは言うまでもない。このことから、学習者主体の教育の実践化は、学校の形を、学習者を主体とする形に整えるだけでは成立し得ず、児童の視線に目を向け、感じ取ろうとする教師のあり方に大きく負うものであることが見えてくる。

1 ）志垣寛編輯『私立池袋兒童の村小學校要覧』、1924（大正8）、p.5
2 ）民間教育史料研究会『教育の世紀社の総合的研究』、1984、一光社
3 ）中野光「児童の村小学校の教育」、『児童の村小学校』、1980、黎明書房、p.42など
4 ）田嶋一『教育の世紀社の総合的研究』、1984、一光社のほか、磯田一雄「『教育の世紀社』の教育思想ー「児童の村小学校」成立の背景としてー」、国際基督教大学学報Ｉ－Ａ『教育学研究19』、1976などがある
5 ）浅井幸子「教育の世紀社による「児童の村」構想の成立過程 ——教育擁護同盟の運動を中心に——」、『日本教育史研究１９』、2000、日本教育史研究会、では、児童の村を含む教育の世紀社の構想は、ジャーナリズムによるメディア運動としての教育改革運動の方を主眼として企図されたものとしている。
6 ）田嶋一「第三章 私立学校の設営 第一節 池袋児童の村小学校、民間教育史料研究会『教育の世紀社の総合的研究』、1984、一光社、p.203
7 ）田嶋一、同上p.195
8 ）橋本紀子「姫路師範学校の経営とその卒業生の生活史」、民間教育研究会『教育の世紀社の総合的研究』、第2章第1節、p.94
9 ）野口援太郎「自由教育の原理としての自然と理性」、『教育の世紀』創刊号、1923.10、p.57
10）田中智代子「手塚岸衛における『自由』ー自学と自治の実践をてがかりにー」、東京大学大学院教育学研究室『研究室紀要』、第39号、2013.9
11）大井令雄『日本の「新教育」思想 野口援太郎を中心に』、1984、勁草書房
12）野口援太郎「新教育に於ける理想の位置」、『教育の世紀』、第2巻第3号、1924.3、p.27
13）同上、p.33
14）中野光「序章」、『教育名著選集⑥ 大正自由教育の研究』、1998、黎明書房(原著は1969年出版)
15）中内敏夫「序章」、『教育の世紀社の総合的研究』、1984、民間教育史料研究会、p.21
16）下中彌三郎「興味説の再考察ー教育の心理的基礎としての興味ー」、『教育の世紀』創刊号1923.10、p.48
17）「月例夜話会 教育の意義について」『教育の世紀』創刊号1923.10、p.134
18）教育の世紀社、「「兒童の村」のプラン（一）」『教育の世紀』創刊号、

1923.10、p.9
19) 教育の世紀社、「「兒童の村」のプラン（二）」『教育の世紀』第1巻第2号、1923.11、p.37
20) 田嶋一「第三章　私立学校の設営　第一節　池袋児童の村小学校」、民間教育史料研究会『教育の世紀社の総合的研究』、1984、一光社、p.195
21) 野村芳兵衛は、1924（大正13）年4月から1929（昭和4）年3月までの五年間を前期としているが、教育の世紀社解体後は野村の生活教育が実践の主たる原理となってゆくことから、学習者主体教育が行われていたのは、教育の世紀社が存続していた時期までと考える。
22) この記事は、のちに『文化中心國語新教授法（下）』p.333に所収
23) この記事は、のちに『文化中心國語新教授法（下）』p.333に所収
24) 後半部の表現を変えて、『文化中心國語新教授法（上）』p.168に所収
25) この「蠅の目」の部分とこの後に続いていた「食べものがうんこになるまで」は、『文化中心國語新教授法（上）』の第三章の三「生活指導」の項に、科学的生活の一例として掲載されている。（『文化中心國語新教授法（上）』p.72）
26) 「夏の学校」については、例えば『池袋児童の村小学校要覧』1924（大正8）p.20「施設事項」にあげられているなど。
27) この記事はのち『文化中心國語新教授法（下）』p.363に所収
28) この記事はのち『新訓導論』、1927（昭和2）年、教育研究会、p.189に所収
29) 民間教育史料研究会編『教育の世紀社の総合的研究』、1984、一光社など
30) 野口援太郎「児童の村小学校の一年」、『教育の世紀』、第3巻4月号、1925.4
31) 志垣寛「児童の村の教育状況（二）」1924.9『教育の世紀』第2巻9月号など随所に見られる。
32) 「遊戯の学習化」をめぐっては、峰地光重「『遊戯の作業化』『作業の遊戯化』に対する批評」、『教育の世紀』第4巻第4号、1926.4以降、『教育論叢』における守屋貫秀との応酬がある。守屋貫秀「尋一教育に於ける遊戯の学習化と其の実際」、『教育論叢』、15巻6号、1926.6、峰地光重「遊戯の学習化に対する疑問」、『教育論叢』16巻2号、1926.8峰地光重「四たび『遊戯の学習化』の問題について」、『教育論叢』、17巻2号1927.2
33) たとえば梅根悟「解説　篠原助市とその教育学」、『世界教育学選集55　批判的教育学の問題』、1970、明治図書、p.219
34) 稲葉宏雄「大正期におけるデューイ　教育思想の理解と解釈　─篠原助市と永野芳夫の場合─」、『デューイ研究の現在─杉浦宏教授古稀記念論文集─』、1993、日本教育研究センター、p.26
35) 中野光『大正自由教育の研究』1968、『教育名著選集6』、1998、黎明書房
36) J.dewey Democracy and Education(1916) 帆足理一郎訳『教育哲学概論』、1919、洛陽堂
37) 梅根悟「解説」、『世界教育学選集55　批判的教育学の問題』、1970、p.237
38) 稲葉宏雄「大正期におけるデューイ　教育思想の理解と解釈　─篠原助市と永野芳夫の場合─」、『デューイ研究の現在─杉浦宏教授古稀記念論文集─』、1993、日本教育研究センター所収　稲葉宏雄は、デューイ思想の本質を的確に捉え、当時

の教育に少なからぬ影響を及ぼした日本人として、篠原助市と永野芳夫をとりあげている。稲葉はここで篠原、永野それぞれの対照的なデューイ理解について示している。
39) 初出「哲学研究」、第二巻十二号・第三巻一号（1918（大正7）年3月号・4月号）のち『批判的教育學の問題』、1922、東京宝文館　所収
40) 篠原助市『批判的教育學の問題』、1922（大正11）年、東京宝文館、（『学術著作集ライブラリー　篠原助市著作集　第1巻　批判的教育学の問題』、2010、学術出版会）
41) 篠原助市「教育即生活論」、『批判的教育學の問題』、（同上）、p.128
42) 篠原助市「生活準備と連続的発展」、『批判的教育學の問題』、（同上）、p.68
43) 篠原助市「教育即生活論」、『批判的教育學の問題』、（同上）、p.137
44) 篠原助市「教育即生活論」、『批判的教育學の問題』、（同上）、p.138
45) 田浦武雄「特別研究『デューイと教科の原理』デューイの言語論」、『日本デューイ学会紀要』、第19号、1978、p.142
46) 藤武「言語・数の基礎技能と幼児教育―デューイの理論を中心に―」、『京都産業大学論集　人間科学系列』、3、1974、p.1
47) 米盛裕二「デューイの言語論に関する一考察」、『日本デューイ学会紀要』、第3号、1962年、　米盛裕二「デューイ哲学における言語と認識」、『日本デューイ学会紀要』、第4号、1963、p.13
48) 大久保正健「言語と神」、『日本デューイ学会紀要』、第30号、1989、p.160
49) 松下晴彦「Knowing and Known におけるデューイとベントリーの言語観」、『日本デューイ学会紀要』、第33号、1992、p.19
50) J.デューイ『学校と社会』p.179　（『学校と社会・子どもとカリキュラム』市村尚久訳、1998、講談社学術文庫）
51) 例えば「帽子」は幼児にとって、まず母との楽しい外出とつながるものとして意味をもつという例が知られている。（ジョン　デュウイー『民主主義と教育』、1915、帆足理一郎訳、1959、春秋社、p.17）
52) ジョン　デュウイー／帆足理一郎訳『民主主義と教育』、1959、春秋社、p.42
53) 森久佳「デューイスクールにおける「読み方(Reading)」・「書き方(Writing)」のカリキュラムに関する一考察―1898～99年における子どもの成長に応じたカリキュラム構成の形態に着目して―」、『教育方法学研究』、第31巻、2006、日本教育方法学会紀要、p.85
54) 梶原郁郎「経験主義の学習組織論における仕事と地理・歴史の認識連関―幼児の言語獲得における他者認識に遡って―」、『日本デューイ学会紀要』、第44号、2003、p.149
55) Katherine C Mayhew, Anna C Edwards *Dewey School*: The Laboratory School of the University of Chicago 1896-1903, Aldine De Gruyter (2007/01)
56) メイヨー／エドワーズ共著　梅根悟／石原静子共訳『シリーズ世界の教育改革4　デューイ実験学校』、1978、明治図書
57) 前掲『学校と社会・子どもとカリキュラム』、p.115
58) 『最新小學綴方教授細目』、1921、児童研究社（『著作集9』1981）

59）『因伯教育』（1918（大正7）年10月号）には、山内繁雄博士講演「進化と遺伝」の内容が掲載されており、鳥取にダーウィン「進化論」が驚きを持って迎えられた様子が伝わる。この当時峰地は、西伯郡光徳小学校訓導、27歳。『因伯教育』には、折々峰地も寄稿している。

第4章 「新郷土教育」
―上灘小学校・東郷小学校―

　峰地光重は、1927（昭和2）年3月、約2年半訓導として勤務した池袋児童の村小学校を辞し帰郷、すぐに上灘尋常小学校校長兼訓導となった。以後退職までの15年間、鳥取県の公立小学校において、彼が「新郷土教育」と呼んだ実践を精力的に行っている。
　1930（昭和5）年前後の郷土教育隆盛の背景としてしばしば指摘されるのは、世界恐慌などによる農村の疲弊である。政府は、農民生活の厳しい現実に対する方策の一つとして、農村の「自力更生」を担う力の育成を教育に期待し、1929（昭和4）年以降「画一教育の打破」「教育の実際化、地方化」などをかかげて郷土教育を推進し、郷土教育は官民あげての取り組みとなっている。峰地の郷土教育もまたその動きの中に位置づけられるものである。『新郷土教育の原理と實際』（1930（昭和5）年、大西伍一との共著）をはじめとするいくつかの著書を出版し、当時の郷土教育の形成に影響があった。

　峰地光重による鳥取県の公立小における郷土教育実践は、池袋児童の村小学校における学習者主体教育を農村地域の公立小における実践として展開したものとして考えられる。児童の認識に焦点化した実践のあり方、児童の興味を中心とした学校組織の再構成への高い関心などにもそのことがうかがわれる。
　学習者主体とは教育のパラダイムであって、直接実践形式の如何を示すものではない。そのことが、公立小学校としての制約を形式として残したまま、学習者主体の立場に立つ教育実践を可能にしていたと考える。

本章では、それ以前の学習者主体教育を念頭に置いた上で、峰地の郷土教育の理論と実践について検証し、その意図と方法について考察を行いたい。

　郷土教育に関わって出版された峰地の著書は以下の6冊である。

　　『新郷土教育の原理と實際』（大西伍一との共著）（1930（昭和5）年12月、人文書房）
　　『各學年各教科新郷土教育の實踐』（1931（昭和6）年5月、人文書房）
　　『郷土教育と實踐的綴方』（1932（昭和7）年3月、郷土社）
　　『上灘小學校の教育』（1932（昭和7）年4月、東伯印刷所）
　　『生産の本質と生産教育の實際』（1933（昭和8）年4月、厚生閣書店）
　　『子供の郷土研究と綴方』（1933（昭和8）年9月、厚生閣書店）

　第1節では、峰地郷土教育に関する先行研究の整理を行い、課題と考察の観点について示す。第2節では、『新郷土教育の原理と實際』発行以前の『綴方生活』掲載の記事を検証し、郷土教育実践を始めるに至るその理論の変化に目を向ける。第3節では、『新郷土教育の原理と實際』から、その郷土教育の理論について確認する。第4節から第8節は、『各學年各教科新郷土教育の實踐』を初めとする郷土教育実践についての著作から、実践の具体的内容について検証し、その意図と方法について明らかにする。第9節では、まとめと、峰地郷土教育全体についての考察を行う。

第1節　峰地郷土教育に関する先行研究の整理と本章の課題

　峰地の郷土教育については、先述したように、森分孝治（1971）[1]などそれ以前の実践を批判的に克服した社会認識教育として位置づけるものが多い。その中で、大正新教育の流れの先に峰地実践を位置づける研究も見

られる。

　影山清四郎（1976）[2]は、「子どもの郷土研究のあり方」という観点から郷土教育実践を取り上げている。峰地の郷土教育実践について、「課題」をその特徴とし、教師の側からの意識的指導によって、郷土社会の個々の事実を数量的に把握させ、深める方向へ導くものであったと指摘する。影山は、峰地が郷土という「生活」舞台から教科や学校の捉え直しを図り、農村再建の道を確立するという意図を有していたとし、その根拠を「課題」に見られる教師の指導性という特徴においている。

　坂井俊樹（1989）[3]は、昭和初期の郷土教育運動を「郷土に関しての客観的社会認識の育成を期待した教育」と定義し、大正中期以降の自由主義、児童中心主義の流れの先に位置づける。郷土教育連盟の教育実践理論の中心であった志垣寛の郷土教育を農村展開型とし、峰地をこれに連なる農村展開型郷土教育の実践者としている。

　川口幸宏（1984）[4]「昭和初期の郷土教育における『生活』観」は、「生活教育」の観点から郷土教育を考え、峰地の郷土教育実践における「郷土」を「国家」とは独立した概念として捉える特異な実践とし、流動的実体、生活体としての「郷土」を認め、自然科学・社会科学・土俗学的方法で人間形成を行いうるとして「生活事実」に即した教育の重要性を主張したとしている。しかし川口は、重農主義者として教育による「社会革命」の立場に立つ峰地の論は、現実生活における矛盾の解決において無力であり、「生産教育論争」において批判されたとしている。

　影山、坂井、川口の研究は、峰地郷土教育を大正新教育の流れの先に位置する「生活教育」として位置づけており、またその「郷土」を生活事実として、実体としての郷土であったとする点で共通している。その上で、影山は、峰地の「課題」に見られる指導性を、坂井はその批判すべき生活実態の直視自体を、川口においては重農主義者としての位置づけから、それぞれ峰地の郷土教育実践を社会改革の意図を持ったものとして位置づけている。

　また浅井幸子（2008年）[5]は、郷土教育を「生活学習」の展開として位

置づけた上で、その特徴として事物教育であったことを指摘している。ただし郷土教育の展開としての生産教育については、「『子供の生命の要求』という生活学習の中核が失われ」たという観点から、「生活学習」とは別のものとし、そこでは「全ての教科の実用化と訓練化」が企図されていたとしている。

　他にこの時期の郷土教育を学校のあり方の転換として位置づける研究もある。

　杵淵俊夫（1999年）[6]は、郷土教育も「農村経済更正運動」の一貫であるとしつつ、それに伴ってこの時期の郷土教育では、ムラを否定するものとしての「学校」という、伝統的なあり方の根本的な転換と再編が起こっていることを指摘している[7]。中内（2000（平成12）年）[8]が峰地の郷土教育実践を「地域学校」構想という観点から、「学校」のあり方の根本に関わる実践として位置づけていることも注目される。

　峰地郷土教育を、大正新教育の流れの中に位置する「生活教育」とし、それが郷土の実体を「生活として」捉えようとするものであったとするこれらの先行研究を踏まえた時、まず課題となるのは、実体として児童に求められた郷土についての認識のあり方と内容を明らかにすることである。

　郷土教育についての初めの著書である『新郷土教育の原理と實際』の序には、以下のように記されている。

　　　抑々農村問題の急激なる深刻化は徒に喧囂の論を多からしめ、前途まことに暗澹たるものがある。農村教育また之に伴って動搖不安、ともすればその根據を見失はんとしつゝある。この秋に際して眞摯なる教育者の執るべき道は、農村社會生活の實體を科學的立場から究めて、概念なき認識を確立し、こゝに一切の指導原理を見出すことである。
　　　　　　　　　　　　　　　　　　（『新郷土教育の原理と實際』序）

　ここにいう「農村社會生活の實体」「科學的立場」「概念なき認識」から

第4章 「新郷土教育」

見出される「指導原理」とは何か。

　本章においては、実体としての郷土とは何かという点に留意しつつ、その理論と実践の内容について検証し、峰地の意図を問うことを目指す。そのことは、学習者主体教育としての「生活学習」と郷土教育とのつながりについて考えることでもある。

第2節　郷土教育前夜
―― 『綴方生活』地方児童考 ――

　峰地光重は1927（昭和2）年3月、池袋児童の村小学校を退職。退職後間を置かず、1927（昭和2）年4月、鳥取県東伯郡上灘小学校に校長兼訓導として赴任した。そこでの実践は、それ以前の実践の形式から大きく変化し、郷土教育として知られることとなった。その理論と実践についての最初の著作『新郷土教育の原理と實際』（1930（昭和5）年12月）の出版は、赴任から3年余り後である。

　本節では、郷土教育実践について考察する前に、池袋児童の村小学校退職から、『新郷土教育の原理と實際』出版までの期間に絞って、当時の状況や考え方の変化について確かめておきたいと考えた。

　この短い間に、その実践が郷土教育へと変化した理由の一つは勿論、対象とする児童の違いである。都会の私立小学校の児童と農村の公立小学校の児童の違いを峰地自身はどう捉えていたのか、また置かれた状況の変化などについて、雑誌『綴方生活』の論考から検証を試みる。

　以下はこの間の峰地光重の主な執筆活動である。
　　1927（昭和2）年10月『聽方教育の新研究』出版
　　1929（昭和4）年4月『綴方生活』創刊（同人の一人として加わる。）
　　1929（昭和4）年12月『小学綴方教授細目』出版
　　1930（昭和5）年5月『綴方生活』第二次宣言（同人の一人として
　　　　　　　　　加わるも、宣言文に異議）
　　1930（昭和5）年12月『新郷土教育の原理と實際』(大西伍一との共著)

197

出版
1931（昭和6）年5月『各學年各教科新郷土教育の實踐』出版
　以後もひき続き鳥取の公立小学校での実践の間を通じて郷土教育実践を行っており、それに関する著作、論考が続いている。

１．『綴方生活』記事より
１．１　『綴方生活』創刊当時の峰地光重

　この時期の峰地は、他の時期に比べて発言の少ない時期である。その中で、1929（昭和4）年4月、池袋児童の村勤務当時より仲間と共に計画してきた念願の雑誌『綴方生活』が創刊され、同人として名を連ねている。雑誌『綴方生活』は、『赤い鳥』綴方を否定し、「生活」を中心に綴方を考えるとして構想されたものとされる雑誌である[9]。

　当時の峰地の様子についてうかがえるものとして、この『綴方生活』創刊号の記事である白井道人「綴方教授界の人々」の中の峰地光重の紹介がある。そこには、峰地の人となりなど人物紹介の後に、池袋児童の村小学校退職後から創刊当時までの峰地の状況について言及されている。

　近況については「今、彼はその任地附近の土俗民風について着々研究の歩をすゝめてゐる。」とされ、また退職後峰地を訪ねた野村芳兵衛の報告として「彼はその趣味と性向とに任せて郷土のあらゆる風習人文の社會的狀勢を調査すると共に、一方土に卽したる自然界の研究にも指をそめ、その結果として學校を一つの郷土博物館にまでせしめてゐると云ふ。」という文章が載せられている。ここから、帰郷当初より郷土研究に打ち込んでいたこと[10]、この時すでに上灘小学校における郷土教育実践が始まっていたことがうかがわれる。

　興味深い点は、峰地が綴方に関する第二の著述として『綴方生活の原理と其の發展』を近く脱稿すると述べていると記されている点である。しかし、この書と思われる、綴方を中心とした著書は実際には刊行されていない。同年12月に『小學綴方教授細目』[11]が出版されているが、これは『最新小學綴方教授細目』（1921（大正10）年）[12]を修正した内容で出版され

第4章 「新郷土教育」

たものであり、この時執筆していたものであるとは思えない。

『小學綴方教授細目』の出版は、『綴方生活』創刊の2ヵ月後、『郷土教育の原理と實際』出版の約1年前である。このことは、『綴方生活』創刊時点で、峰地がやはり綴方に継続して関心を寄せていたということ、初版『最新小學綴方教授細目』当時と綴方に関して大きな考え方の変化がないことを示しているといえる。またそれは同時に、それまでの自由主義的教育を克服し社会認識教育に方向転換したものとして位置づけられることの多かった峰地の郷土教育実践が、以前の綴方教育論を否定しないまま、また綴方への強い関心が継続された中で、同時並行的に行われていたことを示している。

1.2 『新郷土教育の原理と實際』出版まで

『綴方生活』創刊時にはまもなく脱稿を予定されていたという『綴方生活の原理と其の發展』が刊行されないままになったことは、その後の『郷土教育の原理と實際』出版までの約1年間に何らかの変化があったということとも考えられる。

そこでここでは『綴方生活』創刊から、『新郷土教育の原理と實際』が出版された1930(昭和5)年12月までに掲載された峰地の論考から、郷土教育前夜の峰地の考え方の変化を探ることとした。

『綴方生活』創刊号から、峰地は鳥取に帰郷して以来直面している地方児童についての記事を連続して掲載している。そこには、いずれも峰地が直面した地方児童の実体と、それについての峰地の考え方が表れており興味深い。それについて取り上げ、その内容を見てみたい。

創刊号から第二巻12月号(1930(昭和5)年12月)までの掲載記事は以下のとおりである。
① 「綴方に於ける動物描寫の意味と其取扱」
　　　　　　　　　　(『綴方生活』創刊号、1929(昭和4)年10月)
② 「地方兒童の綴方とその指導＝地方兒童の思想は果たして貧弱であるか

＝」　　　　　　　　（『綴方生活』第1巻第3号、1929（昭和4）年12月）
③「地方兒童の綴方とその指導（二）＝思想の構成に對する興味＝」
　　　　　　　　　　（『綴方生活』第2巻第1号、1930（昭和5）年1月）
④「地方兒童の綴方とその指導―地方兒童の勞働記録とその看方―」
　　　　　　　　　　（『綴方生活』第2巻第3号、1930（昭和5）年3月）
⑤「綴方に於ける語感について」
　　　　　　（『綴方生活』第2巻第4号、臨時増刊、1930（昭和5）年4月）
⑥「田園兒童の生活と年中行事―地方兒童の綴方と其指導―」
　　　　　　　　　　（『綴方生活』第2巻第5号、1930（昭和5）年5月）
⑦「文芸思潮の鳥瞰と明日の綴方教育」
（『綴方生活』第2巻第7号、新文学運動と綴方教育号、1930（昭和5）年6月）
⑧「プロレタリヤ文藝理論と教育の關渉」
　　　　　　　　　（『綴方生活』第2巻第10号、1930（昭和5）年10月）
⑨「旅の斷Pen」　　（『綴方生活』第2巻第11号、1930（昭和5）年11月）
⑩　座談会「農村の子供と綴方」
　　（『綴方生活』第2巻第12号、「農村と綴方」号、1930（昭和5）年12月）

　10本の記事のうち①②③④⑥⑩の6本が、「地方児童」を考察の中心としたものである。このうち、①②③は、「地方児童」に関わっての綴方実践論である。内容的にそれまでの綴方とは異なる考え方が見られる。また、④⑥⑦⑧⑩は教育におけるプロレタリア問題について言及したものである。地方児童は、家族の労働場面に直面し、また労働力として期待される場面も多いことから取り上げたとされる。
　ここでは、この二つの話題に絞って記事を取り上げ考察を行う。

2．地方児童の思想
2.1　思想の構成
◆①「綴方に於ける動物描写の意味と其取扱」
　　　　　　　　　　　（『綴方生活』創刊号、1929（昭和4）年10月）

この論考は、動物描写を例に、「統一的藝術觀的看方」が必要であるということと、それを身につけさせるための指導例と共に示した論である。冒頭部分に「小さな動物——その一點から宇宙に遍滿する力が窺われるやうになる。小さな一點につながつてゐる全宇宙の力の糸が、自分の世界のものとして自覺されて來る。動物の生活を知ることは自分の生活を知ることである。」と述べるなど、子どもの認識に指導の焦点があることは、池袋児童の村小学校以前の『文化中心綴方新教授法』当時の指導と同様である。
　初めに示された綴方作品「〇糸のついた燕」は、足に糸をつけた燕を見たときの話を内容とする、以下のような作品である。

　　〇糸のついた燕
　　或る日のこと、僕は岡本君と遊んでゐたがあまり面白くないので、大川で魚を釣つてゐる人のところに行つて見たいと思ひ、その事を岡本君に云ふと、
　「それでは行つて見よう」
　と岡本君も賛成してくれた。二人は出かけた。そして橋の三分の一程行つた。その時だつた。どこから来たのか一羽の燕が僕達の前をとほつて行つた。その燕の足には一尺位糸がついてゐた。僕はそれを見て「誰かがいたづらをしてつけたのだらうか」といふと、岡本君は
　「燕が自分でつけたのかも知れぬ」と云つた。（以下略）

　この作品について、以下に「遊戯的氣分」の作品であり「内省」が不足しているとして、「統一的藝術觀的看方」に「内轉」させるべきであると述べる。「統一的藝術觀的看方」とは、「功利的看方、審美的看方を統一した」見方であるとしている。

　　動物でも植物でも同じことであるが、その看方に三つの態度がある。
　　一、人間にとつて有益であるか、有害であるかといふ功利的な看方。

二、その形態色彩動作に對する審美的な看方。
三、功利的看方、審美的看方を統一したる統一的藝術觀的看方。
　　　　　　　　　（中略）
「糸のついた燕」は審美的看方の作品ではあるが、輕い遊戲的氣分があるだけで、何か物足らない。
　凡そ遊戲的氣分の中には内省が常に不足してゐて、ふわふわしてゐる。この作品の物足らなさはその内省の不足から來てゐる。この作品の缺陷は、統一的藝術觀的看方に内轉することによつて補はれる。

「功利的看方」については、作品例として、下の「〇馬」をあげ、以下のように評している。

　　　〇馬
　馬は人に飼はれる動物の中で、最も有益なものゝ一つであらう。その性質は溫和であつて、しかも勇ましく、或は車を挽き、田を耕し、人を乘せて走り、その肉は食用に供せられる。わけて軍隊と馬との關係ははなれることの出來ないものであつて、兵糧彈藥の運搬から、（以下略）
　　　　　　　　　　×
かうした作品もそれ相應の價値はあるにちがひないが、只功利的立場で書いてゐるだけに、記述された世界が狹隘であり、人生生活に深い暗示を與へる力がない。

　その後、この「統一的藝術的觀的看方」への指導を目標として進むとして、以下のような實踐例について述べている。

　一、作者朗讀
　二、質　　問
　三、「糸のついた燕」についての考察

四、フアブル及びデユポン・ド・ヌムウルの作品提示
　　　五、私の經驗「燕の子」の發表
　　　六、「つばめ」の語源

実践例の四で用いられたファブルの作品も掲載されている。

　　　　　○糸の好きな燕　　　　　　　　　　　　　　　フアブル
　「お互に助け合ふ小鳥、私はこんな小鳥が大好きです」とエミルが云ひました。
　「褒めることはまだたくさんある。一たい燕といふ鳥は、糸や紐を見ると、輕卒にやたらに手出しをする。そしてそれにひつかゝる。逃れようとすればするほど、益々束縛されてしまふのだ。そこで死の危險が襲つて來る。翼や脚がかたく縛られてしまふ。苦惱の叫びをあげて仲間に救ひを求める。すると八方から沢山の燕がかけつけて、がや／＼とさわがしく鳴き立てる。嘴や脚で紐を嚙み切り、囚はれてゐる鳥をはなしてやる。すると幸福を克ち得たお祭りがはじまる。助けられたのも、助けたのも、生々として樂しげな鳴聲をはり上げて陽氣に騒ぎ舞ひ踊る。アンブロアジスおばあさんが、先達つて庭で、紡錘竿に捲いて陽に晒してゐた麻に燕がひつかゝつたことがあつてね。
　（後略）

ファブル「○糸の好きな燕」は、初めの「○糸のついた燕」と比べ、同じく燕と糸について述べながら、燕と糸との関わりを習性として捉えて観察する点、同様の例があることを伝える話を含む点が異なっている。これについて峰地は、「この作品に内在してゐる内省の豊富な點が子供へ味はすべきところである」としている。
　実践例五の自身の経験談は「事實の確からしさを裏書きするために」試みたとしている。
　この論考は、『綴方新』におけると同様の、作品を児童に示すことを中

心とした指導方法によって、自発的な創造活動であることを担保しつつ、「内省が不足している」状態から、「統一的藝術觀的看方」に「内轉」する事をねらった実践の紹介であるといえる。

◆②「地方兒童の綴方とその指導＝地方兒童の思想は果たして貧弱であるか＝」(『綴方生活』第1巻第3号、1929（昭和4）年12月)

　この論は、地方児童の可能性について、「豊富な思想」「思想の質」という観点から論を展開している。

　「豊富な思想」については、地方児童の知識量が少ないとされることについて、確かに地方児童は知識量が少ないことを認めているが、「思想の豊富であるとか貧弱であるとか、いふことは、知識の多寡によってきまることではない」と述べる。「豊富な思想」とは、「必然さの認めらるゝ思想、「ぬきさしならぬ思想」であるとしている。

　　　持つてゐる智識が少量であるといふことゝ、思想が貧弱であるといふことは同じではないと思ふ。換言すれば、狐も狸も、狼も虎も栗鼠も、針鼠も、知つてゐることが必らずしも思想が豊富であるとは云へないのである。檻の中に於ける狐や狸は、狐面をしてゐるウソの狐であり狸面をしたウソの狸である。ウソの狐やウソの狸やウソの狼やウソの虎をいくら澤山知つてゐたとてもそれは結極ウソであるより外はない。ウソのものを千百知つてゐるよりは、少なくても本當のものを知つてゐる方がヨリ本當であるべき筈だ。では何故に檻の中の狐や狸をウソの狐や狸であるといふか。それは自分で穴を掘り、自分で餌をさがして食べてゐない狐であり狸であるからである。

本然の生活をもたない素材から來る思想は思想に必然さが歓けてゐる。本然の生活をもつ素材から來る思想には必然さが十分にそなはつてゐる。

　　必然さの認めらるゝ思想、ぬきさしならぬ思想——それを私は豊富

な思想とよびたい。

「思想の質」については、三点「根気」の重要性、「思想は建設であり構成である」ということ、「個性」に基準があるとする。「思想の構成」とは、以下の引用部から、その素材の様々な側面を構成して、その素材の像を自分なりに作り上げるということであると思われる。

> 第二に私の云ひたいのは、思想は建設であり構成であるといふことである。（中略）ここで思つたことであるが、鼬は何故血を吸ふといふのであるか、又鼬の屁といふことがあるが何うして其〔ママ〕ものを放散するのであるか——などいふことになると一つの素材を機縁としての構成でなくてはならぬ。その他鼬は何を食べてゐるのであるか、どこに住んでゐるのであるか…………かうしたことを次々に構成して初めて全圓にしての鼬が出來上がるわけである。これは客觀的素材に對して述べたものである。主觀的素材に對しても同様なことが云へると思ふ。

「豊富な思想」を量でなく質的に捉え、また「思想の質」を構成するものを「根気」「構成」「個性」であるとする。そこから地方児童の思想が決して貧弱ではないと結論している。

◆③「地方児童の綴方と其の指導（二）＝思想の構成に對する興味＝」
（『綴方生活』第2巻第1号、1930（昭和5）年1月）
　前号②に続いて「思想の構成」について述べている。本号③では、綴方を「思想の再構成」の表現であると位置づけている。

> 綴方表現に於ては、この實生活に伴ふ思想の構成が、生活の内部に入つて、更に再構成の活動を開始する。この思想の再構成は記述と同時に進行する場合もあるが、別箇の生活の相をとる場合もある。純粋な

思想構成の生活の相を取る場合を、吾々は腹案思想ともいつてゐる。
　この腹案思想に次で來る生活が、即ち表現生活である。つまり文字による表現の生活である。何れも生活といふ立場から、眺めるとき、各々獨自な地位に於て、價値をもつわけである。假令實生活に於て思想が構成せられて、それつきりそれが表現に進まないにしても、その生活は生活で、價値があり意義がある。純粹な思想の再構成の生活に於ても、同様な立場に於て、價値を認めないわけにはいかない。しかし綴方といふ立場から考へるとき、それが文字を通しての表現にまで進まなければならない。而して一般的には實生活、思想生活に於て思想構成が鮮活に行はれるならば、表現生活も亦充實する筈である。

　一旦構成された思想は、そのまま綴方に表現されるのでなく、その後の生活の中で再構成を經て、別の生活として現れる場合と、綴方に表現される場合がある。綴方に現れる場合も、記述と再構成が同時進行の場合と、再構成が腹案として先になされたあと、綴方表現となる場合があるとされている。
　これを図示すると、以下のようになるかと思われる。

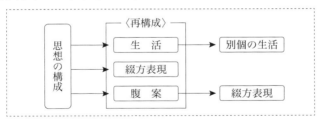

　この「思想の構成」の経緯が見られる例として、綴方作品「しゃぼん玉」があげられている。この綴方作品「しゃぼんだま」について、「優秀な作品とは言へないが、思想構成の點から考へると、この作品は相當興味をもって眺めることが出來る」と述べているので、少し長いが引用する。

　　〇しやぼん玉

第4章 「新郷土教育」

　僕が學校から、かへつて少しの間べんきやうをしてゐますと、表の方で友達の聲がにぎやかにわい／＼といつてゐます。僕は何だらうと思つて、べんきやうをやめて、表へとび出して見ると、皆がしやぼん玉を吹いてゐる。
　赤、青、黄、むら、みどり、かつ、ちや、白、などのしやぼん玉をふわり／＼と、吹いてゐる。しやぼん玉はくだの先からふくれて空高く上つて行く。よく見てゐると、やねまでとばずにきてしまふのもある。大きくふくらんで、ぱんとこはれるのもある。それを見てゐると、僕は面白くなつて、うちへかけこみ、お父さんに、「僕もしやぼんだまをこしらへてもいいのですか。」とたづねた。「しやぼん玉はいくらでもこしらへてもよい」とおつしやいました。僕は喜んで、せつけんを、あみばこから出して、小さいせんめんきに、少し水を入れて、せんめんきをせつけんでこすりはじめた。ごし／＼／＼とこすりはじめた。だいぶんすれたと思つて、するのをやめて見ると、まだしやぼん玉ができてゐない。又こすりはじめた。ごし／＼／＼こんどはできてゐた。僕はしやぼん玉の水をびんに入れようとおもつて、びんをもつてきましたが、せんめんきから小さなびんの口に入れようとしてもこぼれてしまふので、なにかよい工夫があればいいのにと、かんがへた。しかしよい工夫がありません。けれども僕はやつぱりかんがへてゐました。その時僕は、「よい工夫がある。」といつてゐました。どういふ工夫かといふと、しんぶん紙をきつて、それをまいてびんの口にさして、じようごをこしらへて、じようごの口からしやぼん玉の水を入れるといふのである。で僕はそのとほりにびんの中にしやぼん玉の水を入れました。まだ水が少ないから又こしらへようと思つて、僕がかんがへたとほりに、そのことをなんべんも／＼くりかへしてこしらへたら、びんの口まで一つぱいになりました。僕は喜んで友達と一しよに、しやぼん玉をふくらして、あそんで面白がつてゐました。
　夜をあかして、又あくる日も、しやぼん玉をふくらしはじめました。こんどは川の水の上に、しやぼん玉をころ／＼と、ころがしてあそび

ました。僕のや、ながちゃんのや、りくちゃんのが、ころ／＼／＼と、水の上をころびはじめました。波にうたれて、ぱつと、こわれてしまつた。皆のがこわれた。しやぼん玉をふくらすときには白ばかりですが水にあたると、きれいな色がつきます。又その日はすんでしまつた。

　又次の日もしやぼん玉をこしらへた。こんどは空高く舞上らせてあそんだ。大きいのや小さいのや、きれいなしやぼん玉が、ふわり／＼と、空高く舞上つて、急にぱつときえてしまふ。皆はおもしろい、おもしろいと喜んだ。又しやぼん玉をこしらへた。こんどははん分ほどこしらへた。又ふくらした。友達にも、もらつた。よくふくらした。つけてはふき、つけてはふき、と、なんべんも／＼くりかへしてふいた。少しあひて來た。そして、いきなり、しやぼん玉の水の中へ水を入れ「このしやぼん玉やる。」といつて僕にくれた。僕がふいて見るとふくれない、僕はだまされたと思つて、はらをたてゝこのしやぼん玉を川の中へなげこぼしてしまつた。

尋四　大津知義

　この作品の「實生活に伴つて、思想がたえず構成せられてゐる」点、しやぼん玉に三日間も興味が持続している点を指摘し、この綴方が表現として三段構成になっていること、書きながら耽溺している様子が見えることなどから、「思想の再構成の興味に乗ってゐる」ことをいう。

　最後に、思想の構成には継続的な興味が必要であるが、地方児童にはその根気が備わっていること、一方で再構成の興味に乗せることが困難であることを述べている。

　綴方作品「しゃぼん玉」を含むこの③の論考は、ほぼそのまま『郷土教育と實踐的綴方』（1932（昭和7）年3月）「第二篇　實踐的綴方指導の組織と方法第四　三　事實から思想の構成へ」に収録されている。

2.2「思想の構成」についての考察

①②③の論考における綴方論について、峰地のそれまでの考え方を踏まえつつ、考察を行いたい。

①は一見、動物描写についてだけを取り上げた実践紹介に思われるが、そうではない。これまでの綴方からの方向転換を実践面から述べようとしたものである。

まず、初めの作品「〇糸のついた燕」は、「遊戯的氣分」の作品とされ批判されているが、これはこれまでの綴方作品と同じ傾向を持つ作品である。その後に示された三分類では、この作品は恐らく「二、その形態色彩動作に對する審美的な看方」に分類されると思われる。次の作品「〇馬」は、言うまでもなく「一、人間にとって有益であるか、有害であるかといふ功利的な看方」に分類される作品である。これまでであれば綴方作品とは見なされない傾向の作品であるが、「記述された世界が狭隘であり、人生生活に深い暗示を與へる力がない」としつつ、「それ相應の価値はあるにちがひない」とする。

望ましいあり方としての「統一的藝術觀的看方」による作品として示されたファブルのものは、糸をつけてとぶ燕について、その習性という観点から観察し、また複数例を示している。

これまでの、書き手にとっての心情的観察だけでなく、たとえば「功利的」な観点、またファブルの生物学的観察に見られる「科学的」な観点を、綴方の観点として取り込んでいこうとしているのが、その「統一的藝術觀的看方」である。

この「統一的藝術觀的看方」の主張は、次の②③における「思想の構成」についての論につながっている。②について考察する。

②の論考では、そこでの主張である「思想の質」を形づくる要素としてあげた三つ「根気」「構成」「個性」のうちの「思想の構成」が着目点である。最後に随筆的に述べられた蚋についての記述は、蚋の様々な側面を例として「蚋は何故血を吸ふといふのであるか」から「どこに住んでゐるのであるか」まで、「かうしたことを次々に構成して初めて全圓にしての蚋

が出来上る」と述べる。「思想の構成」とは、「一つの素材を機縁として」様々な観点から考察して得たものの「構成」という意味であることがわかる。それが、この鼬についての「統一的藝術觀的看方」にあたるものであると思われる。①ではこれが燕について研究を進めるという実践となって紹介されている。

　③では、この「思想の構成」に焦点化され、それが綴方にどうつながっていくのかというところまで述べられた論となっている。「しゃぼん玉」は、書き手の児童が、しゃぼん玉について、３日の間に様々な体験をし、この児童なりにしゃぼん玉とはどういうものであるか、ということについての「思想」を抱くに到っている。このように、一つのものに継続的な興味を持ち続けるには「根気」が必要であり、②に地方児童にはそれが備わっていると述べられていた。

　「しゃぼん玉」について、峰地がもう一つあげる点は、「再構成」への興味である。その興味を作品「しゃぼん玉」が、三段構成になっていること、書きながら耽溺している様子が見えることの中に見ている。綴方表現は、構成された思想をそのまま表現したものでなく、その思想が生活の内部で再構成され、それを表現したものとして位置づけられている点は、『文化中心國語新敎授法』において、「内化」を経て表現するとしていたのと重なるものである。また、表現は必ずしも綴方の形でなく、別の生活の形をとることもあるとしている点も同じである。

　①②③の論考には、峰地の綴方に対する考え方の変化が見てとれる。その変化とは、素材に関わって取り上げるべき側面の範囲である。以前は、書き手が素材を対象化し、「觀察の骨合」をもって細かく見ることによってその本質を掴んで綴方に書くとされていたが、ここでは、対象化と詳細に見ることだけでは知られない功利的な側面や、その他の知識など、様々な点を含めて取り上げ、それを構成して初めて「全圓」の対象像ができあかるとしている。それが「思想の構成」である。

　「思想の構成」は、峰地綴方観の大きな変化を示すものであると言える。

3．イデオロギーと教育
3．1　地方児童と労働
◆④「地方児童の綴方とその指導―地方児童の勞働記録とその看方―」
(『綴方生活』第二巻第3号、1930（昭和5）年3月)

　これは、それ以前の論考とは離れて、表題の通り労働記録的な綴方についての意見を述べたものである。峰地はここで、地方児童の生活が家族の労働と共にある点を恵まれているとした上で、綴方作品「小麦かへし」を労働の人生の愉悦としての側面を捉えたものとして評価している。また無産派文学の行き詰まりについて「ある固定したイデオロギーが、創作動機に先行してゐる」からであるとし、作品の背後にあるイデオロギーについては、子どもが自由に自分の思想体系を伸ばし深めていけることが、ひいては正しい思想体系をもつことにつながるとしている。また最後に方言使用についての意見も掲載されている。

◆⑥「田園兒童の生活と年中行事―地方兒童の綴方と其指導―」
(『綴方生活』第2巻第5号、1930（昭和5）年4月

　この文章の主旨は、年中行事を、生活の節目として、また生活の緑地(オアシス)として、ブルジョア趣味にならないようにしつつ生かしてゆきたいというものである。「年中行事をなすことによつて、子供の思想生活を豊富にし清純なる年中行事を自分の力で創造して樂しむこと」が年中行事による生活指導であり、そのためには「子供自身が本當の生活を把握すること」が必要であるとしている。

　綴方作品「よもぎ取り」から、行事に関わっての子どもの労働についても述べ、「苦しいところは、苦しいまゝに、たのしいところは樂しいまゝに」素直に受け取ることが、生活をまともに把握することであるとしている。

◆⑦「文芸思潮の鳥瞰と明日の綴方教育」
(『綴方生活』第2巻第7号、新文学運動と綴方教育号、1930（昭和5）年6月)

　地方児童に関しての言及はないが、峰地の当時の綴方観が表れている論

考である。

　芸術の発生を「功利的目的のため」「純粋に芸術的要求から」の二つに分類し、綴方についても実用主義と芸術主義が交互に台頭するものとして明治以降の綴方教育の歴史をふり返っている。その中で『赤い鳥』全盛時代については勿論芸術至上主義的時代であるが、綴方教育については「決して芸術至上主義にはなり切らないで、新しい芸術的分野を内包したゞけで、依然として綴方本来の歩調をとってきた」と述べている。

　次に文芸について、功利主義と芸術主義とは交互に振り子運動を繰り返しているように見えながら、内容的には漸次豊富になりつゝあるとする見方を展開し、綴方の創作態度については、「これまで詠嘆的なものが徒らに多くて実証的思索的なものが極めて少なかった」ということをその弊として認めつつ、以下のように考えを述べている。

　　マルクス主義に綴方は新しい部面を教へられることはよい。しかし根本的に看板を塗り替える必要は認めない。何故なれば綴方教育は兒童を對象とするものであり、教育独自に立つものであるからである。つまり兒童本位にすべての組織が體系づけられなければならぬものだからである。

マルクス主義の理論を「傾聴すべきものがあらう」としつつも、「綴方教育は兒童を對象とするもの」であるという点で独自のもので、「兒童本位にすべての組織が體系づけられなければならぬ」としている。文芸は文芸、綴方は綴方、「大人と子供とは違ふ。そして文芸と綴方は違ふ」ということを結論とし、マルクス主義の理論から教育を独立させるべきであることを主張している。

◆⑧「プロレタリヤ文藝理論と教育の關渉」
(『綴方生活』第2巻第10号、1930（昭和5年10月）
　この論考も、主張は⑦と同様である。ここでは、プロレタリヤ文芸理論

を展開した後、最後に教育について、小川未明の言を引用して結論している。

　階級闘争を経ずして理想の社会に到達できないのであるから、理想後継者たる子どもに対して例外的に「かうしなければならぬ」と言い得るという説も、結局は一学説である。「子供と自己とを分別せよ。子供により必要なものは、階級のない社会、搾取のない社会をつくるべく、もっと広汎な立場から、そのやうな理想を漠然ながら抱かしむること」という小川氏の論を児童文学だけでなく一般教育についても肯綮に価すると述べている。

◆⑩　座談会「農村の子供と綴方」
(『綴方生活』第2巻第12号、「農村と綴方」号、1930（昭和5）年12月）
　13ページにわたる記事で、表題に関する様々な話題が出され、充実した座談会になっている。ただし峰地の発言は少ない。最後に峰地の課題主義について述べている。予め調査事項を決めておいて家庭のいろいろな調査をさせると、子どもには自然に問題がどこにあるかわかってくるようだ、という話をしている点が、ここまでに見てきた峰地の立場に重なって印象的である。

3.2「イデオロギーと教育」についての考察
　④⑥⑦⑧は、プロレタリア問題に関わって、教育について述べられたものである。
　④で、労働の愉悦の側面について綴方作品をあげつつ述べているが、これは、池袋児童の村小学校在任中の「学習と遊戯」の考察に、学習には学習として取り組むことに喜びも価値もあるとするのと同様に、労働においても同じくその中に愉悦も労苦もあると見るものである。思想については与えるのでなく、「次々に子供達自身の力で考へた思想が訂正せられて、正しい思想体系をもつやうになる」としており、何が正しいかはすでに決まっているのではなく、子ども自身がよりよきものを求めるように育てる

213

ことを教育としている。労働問題と教育の関わりについても、「生活学習」の観点から結論していると言える。

これら一連の労働とそれに関わる思想についての論考が書かれた背景には、当時の厳しい社会・経済情勢の中、農村の置かれた状況は一層厳しいものであり、それに関わる農村の自力更生や、プロレタリア問題などの当時の世論など、帰郷後それに直面して触れずにはいられなかったことがあるだろう。その中で、いかに状況が厳しくとも、その状況とは独立したものとし、子どもにとっての教育を考えるべきであるとする峰地の立場が見て取れる。この立場はその後の⑥⑦⑧においても一貫している。全体に、当時の激しい世論に配慮しそれを認める姿勢を見せつつも、それとは別個のものとして教育を考えたいとする主張は揺らいでいない。ここには、「生活学習」における、児童から見えるもの、児童にとっての価値を中心に教育を考えるという立場が継続してみられる。[13]

4．まとめ

綴方への強い関心が継続された中で同時並行的にその郷土教育実践が行われていたことや、その当時も以前の綴方教育論を否定していないことなどが、『綴方生活』創刊当時『綴方生活の原理と其の発展』なる書籍出版を予定していたこと、創刊号近況報告の内容、その後の『小學綴方教授細目』の出版から確認される。

綴方観の変化として、綴方における「思想の構成」についての考え方があげられる。「思想の構成」とは、綴方の素材の様々な側面の構成である。これまで綴方にとりあげられなかった功利的側面や書き手の児童が実際に見たもの以外も素材として取り入れる点は、これまでの峰地の綴方指導とは異なっている。ただしその構成された思想の「再構成」の表現が、綴方の形で現れるとは限らないとしている点は、郷土教育以前と同様である。

また新たに示された観点として、イデオロギーと教育の関係がある。全体に当時の激しい世論に配慮しそれを認める姿勢を見せつつも、それとは別個のものとして教育を考えたいとする主張は揺らいでいない。「生活学

習」における、児童にとっての価値を中心に教育を考えるという立場が継続して見られる。

第3節　『新郷土教育の原理と實際』の理論

　「新郷土教育」についてまとまった理論が述べられているのは、郷土教育に関する初めの著書『新郷土教育の原理と實際』(1930 (昭和5) 年12月、大西伍一との共著) である。本節では、『新郷土教育の原理と實際』の理論部分を資料とし、「新郷土教育」の理論について「生活学習」との違いに留意しながら見てゆく。

　郷土教育についてのその他の著作は、主に実践紹介とそれに関わる理論、及び児童の作品などである。

　『新郷土教育の原理と實際』の目次は以下のとおりである。

　　第一章　郷土教育の根本義
　　第二章　郷土教育の方法原理の發展
　　第三章　我國に於ける郷土研究の發展
　　第四章　郷土の地理學的研究
　　第五章　郷土の史學的研究
　　第六章　郷土の民俗學的研究
　　第七章　郷土の農村社會學的研究
　　第八章　郷土の自然科學的研究
　　第九章　郷土室の建設
　　第十章　郷土讀本の編纂
　　第十一章　郷土教育と訓練との關係
　　第十二章　各科教授に於ける郷土的取扱
　　第十三章　兒童の郷土研究
　　第十四章　郷土教育と生產學校運動
　　附錄

全体の構成は、第一章と第二章が「新郷土教育」の理論、第三章から第八章までと附録は郷土研究の考え方とその手引き、第九章から第十四章までは実践とその理論の紹介である。第九章以降の実践は、その後他書でも取り上げられ、詳述されているものが多い。

　本節では第一章から第八章までを取り上げ整理する。本節の引用部分のページ表記は、特に表記のないものについては全て『新郷土教育の原理と實際』からの引用とそのページである。

1．「新郷土教育」の理論
1．1　「第一章　郷土教育の根本義」　教育体系としての郷土教育

　峰地の郷土教育は、部分的な教育でなく、教育体系として構想されている。峰地は、郷土科特設の必要がないことを随所で主張している。以下は「第一章　郷土教育の根本義」からの引用である。

>　郷土教育はそれ自體教育の全體系である　　　　　　　　　(p.9)

>　教育以外に生活以外に、郷土教育たる特殊存在物のある筈はないのである。　　　　　　　　　　　　　　　　　　　　　　　　　(p.9)

>　現在の教科の外に、郷土科なる一科の特設される必要はない。たゞ絶対に必要なものは吾々のよき生活である。其のよき生活は、郷土をはなれて成立し得るものでない。而して教育はよりよき生活を目圖して營爲されるものである以上、郷土教育即教育となるのである。
>　　　　　　　　　　　　　　　　　　　　　　　　　　　　(p.9)

　教育以外に生活以外に、郷土教育という特別なものはないとされている。つまり「教育」＝「生活」＝「郷土教育」である。教育が生活であるとは「生活学習」の考え方であり、また、「教育はよりよき生活を目指して營爲される」という教育観は、「生活学習」の前提となる文化を基本とする教育

論と同様の考え方である。ここではそれが「郷土」とも結ばれている。郷土においてよき生活を目指して営為されるものとしての「郷土教育即教育」である。この点から、峰地の郷土教育は、郷土における「生活学習」と考えられる。

「郷土」の定義については、特定の限られた地域や具体的な状況を指すのではなく、それぞれに生活として関わる自然、社会、地域を指すものとされている。

> 私は「郷土とは生活に密接に相關する自然乃至社會だ」と云ひたい。所謂我等の生活地域である。だから子供の發達程度によって、其の郷土の範圍の形相に差を生ずるわけである。　　　　　　　　(p.5)

続けて具体的な説明を見てゆく。

第一章の冒頭に近い部分に、郷土教育の底流となっている時代意識として、一、「地方分権的な新社會運動」、二、「生活に密着した智識」の要求、三、科学の「全体的、総合的傾向」の三つをあげている。冒頭に時代意識をあげてそれと郷土教育の関係を示す点に、この郷土教育が、地方分権、普通選挙などを求めた時代の要請、また直面する当時の厳しい農村の現状を背景とした実践であることがうかがわれる。

それらを受けて具体的な「郷土教育研究の方向」として示されているのは以下の4点である。

　　1　郷土を總合的全體的に觀ること。
　　2　郷土教育は常態的の郷土を對象とすることを本則とする。
　　3　文明批評的精神で郷土を見ること。
　　4　郷土を科學的、經濟的立場から見ること。

この4点は、上の三つの時代意識と照らし合わせることによって、その内容や意味するところがわかるものが多い。

方向1「郷土を總合的全體的に觀ること」については、郷土が「有機的現象の總和」であり「生命體」であることをもってその説明としている。

　　郷土は自然乃至社會の有機的現象の總和である。かゝる生命體を正しく認識する爲には、何としても總合的全體的に取扱はなくてはならぬ。
　　　　　　　　　　　　　　　　　　　　　　　　　　　　　(p.6)

　ここでは郷土が、人間個と同様の唯一性の視点で捉えられている。時代意識「地方分權的な新社會運動」の説明部分に郷土教育は「郷土箇に徹することによって、眞の人間性を培ふもの」と述べていることとつながるものであると考えられる。
　方向2「郷土は常態的の郷土を對象とすることを本則とする」についても上記一「地方分權的な新社會運動」としての郷土教育の内容として、「お國自慢的な教育になってはならない」とした部分に呼応している。「所謂お國自慢式の、世間知らず的な、安價な自己陶醉的郷土教育」を批判し、「現代の美學の軌範から、在來の風物は再檢討を要する」と説明されている。
　方向3「文明批評的精神で郷土を見ること」は、「文明批評は常に現實社會と密關してゐる」として、郷土を農村として特別視し、文化的なものと切り離して農村固有のものだけを見ようとするのでなく、現實としての郷土を、文明批評と同じ視線で見ることの必要を述べている。
　方向4「郷土を科學的、經濟的立場から見ること」については、その字義のとおりである「鑑賞も科學的研究によって深くなる」「郷土を經濟的立場から見るとは、郷土的材料の數理化による生活的看方の謂である」のように説明されている。

　郷土教育は、部分的な教育でなく、教育体系として構想されている。郷土教育即教育である。郷土教育とは、郷土における「生活学習」である。「郷土」の定義については、特定の限られた地域や具体的な状況を指すのではなく、それぞれに生活として関わる自然、社会、地域を指すものとされて

いる。

具体的な「郷土教育研究の方向」としては、郷土は「生命體」であり「有機的現象の總和」であるから、「郷土箇」という個として尊重し、全体的に捉える必要があること。次に郷土を活きた現実の常態として「再検討」すること。また郷土を花鳥諷詠的な見方でなく科学的経済的に見る必要があること、があげられている。

1.2 「第二章　郷土教育の方法原理」「生活学習」の継承

「第二章　郷土教育の方法原理」に、郷土教育の方法原理としてあげられているのは次の五点である。「生活学習」として『文化中心國語新教授法』に述べられていたことと同様の内容がほとんどである。

　一、生活原理卽方法
　二、過程そのものを教育する
　三、興味と課題
　四、行動による學習法
　五、當面する社會的方法

「一、生活原理卽方法」については、以下のように述べられ、郷土教育においても峰地の「生活学習」における基本的立場である構成的世界観や生活準備説の否定、連続的発展を見ないことが継承されていることが見てとれる。

　　　新郷土教育は、生活としての方法、換言すれば生活原理をそのまゝ、郷土教育の方法的原理とするものである
　　　生活に於ける絶對的要素は不斷の「生長」である。而も生長とは、生長者自らの創造的發展的持續的活動である。だから生活に現在と未來の區別はない。現在の生活自身が未來の生活である。現在の生活が未來の爲めになるものではない。同時に未來の生活は、現在の生活を

度外することは出來ない。かゝる意味で郷土の資料が、兒童の生活的要素となるに於ては、郷土教育は永遠に行き詰まるものではないと考へる。

(p.12)

「生活に現在と未來の區別はない」とする点からは、準備教育の否定が見える。「生長者自らの」と前提した上での「創造的發展的持續的活動」は学習者主体のあり方そのものである。また「生活」をそのような常に生長してゆくこと自体として捉える考え方は、よりよきものを求めることを「生活」とし、そのような「生活」を「文化」とした、「生活学習」における「生活」や「文化」の定義と同様である。

「二、過程そのものを教育する」に、「生命」が発動した状態を目指した「生活学習」のあり方との共通性を見るのは容易である。

　　　制作にも増して尊いものは、更に生活力を多分に内含してゐるところの方法であらねばならぬ。方法とは、態度又は心境だとも云へる。

(p.13)

重視すべき「過程」が「態度亦は心境」であり、その態度によって研究されるものであれば「繪画、彫刻、玩具、機械創作、詩歌、研究實地踏査等」全てが郷土研究としてあるとされており、内容はいわゆる郷土には限られていない。全ての分野について、その研究態度で臨むこと自体が郷土研究であるとする点には、郷土教育が郷土の生活学習であることが明らかに見てとれる。

次に「三、興味と課題」については、以下のように説明されている。

　　　課題とは一つの事件に對する無關心的態度から、關心的態度へ轉化するところの方法である。まことに課題は兒童を事件的興味へ導入するパイロットである。

(p.14)

第 4 章 「新郷土教育」

　　郷土教育における課題法は、子供の興味を喚起し、子供の構成を助長
　　し、意志的鍛錬を與える點に於て、重要なる郷土教育的方法の一つで
　　あらう。　　　　　　　　　　　　　　　　　　　　　　　　(p.15)

この説明はこれまで峰地が随意選題論争について述べて以来、繰り返してきた課題の必要性の主張と重なるものであることはいうまでもない。課題は綴方についてだけでなく「生活学習」においてもいわれているが、一般的にいう練習目的の課題とは異なり、児童への外的刺激の一つとして位置づけられるものである。
　「四、行動による學習法」は、一斉授業での伝達式教授法への批判としてある。
　「五、當面する社會的方法」では、方法原理一から四の内容が、「生活学習」のあり方をそのまま郷土教育の方法原理としたといえるのに対し、違いが見える。郷土教育における社会的方法として、「創造」と「継承」をあげた上で、小学校においては「継承」が中心となるとしている点である。知識技能、業務の習得を小学校における学習内容として重視する態度が見られるのは大きな変化である。引用して示す。

　　　郷土教育における社會的方法として、二つの區分が生れる。一つは
　　郷土社會のもの、智識技能、業務を収得することであり、他の一つは
　　それ等既成の社會文化形態を分析し、批判し、創造することである。
　　一つは繼承であり一つは創造である。
　　　小學校に於ける郷土教育の方法としては、寧ろ前者――繼承の意義
　　が中心とならなければならない。何となれば眞の創造は、實は収得さ
　　れた素材の結合による新形態に外ならないから。而して兒童達は殆ん
　　ど郷土社會に對しての智識をもつてゐないものであるから、當然その
　　基本的な郷土社會の智識を學ばなければならぬのである。　　(p.17)

ただし上記引用部後半の「収得」と「創造」の区分は、第 3 章で示した「生

221

活学習」における「収得」と「表現」に同じである。『文化中心國語新教授法』で紹介された実践では、言語を通しての間接収得が、概念的なものにならないような注意が様々に払われていたが、『新郷土教育の原理と實際』においては、「科學的」であることが知識の収得が概念的なものにならないための配慮となっている。ここで具体的な「社會的方法」としてあげられるのは「科學的に、正確なる判斷をもつこと」である。ただし以下の引用部に「實感の伴はない、非科學的な取得」という言葉で示されることからわかるように、ここでの「科学的」は、「実感」を要素とするものとしての「科学的」である。

> たゞ、郷土社會の智識を收得するといつても、實感の伴はない、非科學的な取得であつては駄目である。一小局部の社會的事實を研究の對象として考へるならば、極めて正確に、而して本質的に、或は數字的に、或は統計的に研究し、そして、その結果に對する明確な判斷をもつことが大切である。かくして科學的に、正確なる判斷が、一小事實に卽して成立し、それがやがて幾多の集積をなすに至るならば、初めて、總合されたる正しき觀念形態が生れて來るのである。　(p.17)

２．「郷土研究」新たな郷土の見方

　『新郷土教育の原理と實際』は、第三章から第八章という多くの部分を「郷土研究」についての紹介が占めている。

　主な内容は、新渡戸稲造を中心とする「郷土会」の流れを汲む研究者によって開かれた各分野の郷土研究の紹介であり、いずれも郷土の自然や歴史、風俗習慣、産業としての農業などを、無名の人々の生活の営みとして捉えようとするものである。その紹介は、各分野の研究者の言を引きつつも、峰地・大西のそれぞれの分野についての考え方、調査、体験などとして語られている。

　読者として想定されているのは地方の小学校教師であるが、紹介された「郷土研究」の内容は、教育実践としてすぐに児童とともに行う郷土研究

第 4 章 「新郷土教育」

として書かれたものではない。読者である小学校教師自身が郷土研究に取り組むべき存在であるという考えの下に書かれたものである。その意味で、地方小学校教師に対し、新しい観点とそれに基づく新しい学問のあり方を実際的に示し、新たな郷土の見方を形成してゆく啓蒙書としての性格がこの部分に特に表れているといえる。

以下に第三章から第八章に述べられた郷土研究の内容を、簡単に紹介し、それについての気づきを述べておく。

２.１「第三章　我國に於ける郷土研究の發展」新渡戸稲造「郷土会」について

「第三章　我國に於ける郷土研究の發展」では、郷土研究を「正史に省みられぬ平民の生活を對象とした」ものとし、郷土研究の歴史の概略を述べている。ただし明治以前に関する記述はわずかであり、その最後に郷土研究の画期的なものとして新渡戸稲造を中心とする 1910（明治 43）年に設立され、当時の郷土研究の基礎を作った「郷土会」の存在について紹介している。それ以降の記述はほぼ「郷土会」に関わっての記述である。ここには、郷土会関連の記録、調査、調査機関などの各項目をあげ、その内容の概略が紹介され、それが第三章の内容となっている。

２.２「第四章　郷土の地理學的研究」

第四章から第八章の内容は、「郷土研究」そのものである。ここは第二章末に郷土教育の「方法をもっと具體的に述べたもの」と位置づけられた部分である。その具体的内容は、「郷土会」に連なる人々によって開かれた各分野からの郷土研究の紹介や手引きであり、「郷土教育の方法」としつつ、内容は郷土研究そのものであり、このまま小学校における実践にできるものではない。教育との直接の関わりとしては、ところどころの記述から、これらが小学校の教師を対象に書かれたものであることが知られるといった程度である。ページ数としてはこの部分が、『郷土教育の原理と實際』全 468 ページ中 268 ページと約 6 割を占めている。

第四章の途中に「初等教育の立場から考へて、その環境に対する研究は職を奉ずるものの義務である」と述べた部分がある。この書が初等教育の教員を対象に述べられていることが、ここにいたってようやくはっきりと記述に表れている。また第四章から第八章の郷土研究部分の各章に、「研究者としての資格」とする項目があり、新たに郷土研究を志す者を読者として想定していることをうかがわせる。

　「第四章　郷土の地理学的研究」は、小田内通敏によって我が国に紹介された人文地理学についてがその内容である。冒頭「武蔵野の民家」と題する随想的な文章のあとに、一行開けて以下の部分が付記され、そこには國木田獨歩の名が見える。ただし武蔵野の聚落や雑木林の「美」だけでなく「自然界の原因」の考察の必要が述べられている。

　　　武蔵野の聚落の特相と雑木林の美は、詩人獨歩によつて充分に描かれた。しかしこの特相を織りなすに至つた自然界の原因に対してはまだ考察されねばならぬ問題が残つてゐる。　　　　　　　　　(p.36)

　獨歩の引用は『文化中心綴方新教授法』『文化中心國語新教授法』にも見られるが、この部分には、芸術的観察だけでなく、より多面的な観点からの考察を志向する考え方への変化が如実に表れている。
　ここには人文地理とは如何なる学問であるのかについてが紹介され、地形を地形としてのみ捉える地理を過去のものとし、人間の生活や他の学問との関連の中で捉えようとする態度が「科學的地理學」であるとされている。またここにいう「科学的」の内容が、「実証主義的精神」や「現象の再認識」などであり、現実生活に即するものであろうとする態度としてあることが見て取れる。
　また「研究方法」について述べた部分は、郷土教育のねらいに関して述べたものとして興味深い。経験的知識を豊富に有する地方児童の実体と同様の農民の体験の豊かさを述べ、それを力にして現実生活の向上に活かす

ことにつなげる力をつけるために必要なものとして、「物を見る眼」を養うことを教育目的とするとしている。

> この點からいへば農民は實に多くの惠まれた體驗を持つてゐる。羨ましい無限の寶庫である。しかし彼等はそれを意識しない。それは自分の生活を一歩退いて客觀し、觀察する能力を持たないからである。「物を觀る眼」が養はれてゐないからである。通俗的な表現をすれば「猫に小判」である。今日の農民にこの「眼」を開かせることは困難であるから、せめて成長しつゝある兒童や青年子女の教育課程として村の研究を進めたい。　　　　　　　　　　　　　　　　(p.48)

これに続いて「観察」について述べた部分には、その「物を觀る眼」が客観的に見て分析総合する力であることが述べられている。見ることそのものを重視する態度は、対象化する力を養うことを言う点は『綴方新』におけるものと変わっていない。

ここまで、第四章の前半は「理論的研究」であり、後半「第二節　實際的研究」の多くは、峰地自身の研究の紹介である。研究紹介の前に「地域と地誌」としてその意義と心得を述べた部分が置かれているが、そこでは「発見」という言葉が繰り返し用いられ、「地域の力」の発見が、地誌の意図とされている。

> 近代の地理學に於ける一つの功績は地域の發見であるともいへる。地域なる概念は總ゆる研究の分野に渉つて必要なる基礎概念となつて働きつゝある。　　　　　　　　　　　　　　　　　　(p.62)

> 自然的條件が同じければ、人文は自らその影響をうけて統一ある景觀を呈する。それを「地と人との妥協」と呼ぶことも出來れば、更に強く、「地域の力」と呼ぶことも出來る。而してこの地域の力を發見するのが人文地理學――殊に地誌――の新しい使命である。　(p.62)

> 單なる記載を學問とよぶことは出來ぬ。其間に地域の力を發見しなくてはならぬ。その爲には、異常な特色よりもむしろ常態を眺めその平凡と思はれる景觀の中に自然と人文との因果關係を發見しなければならぬ。　　　　　　　　　　　　　　　　　　　　　　　(p.63)

　見ることによる「発見」や平凡なものの中の「発見」は、『綴方新』に見られた、写生によってもたらされる「発見」と同質である。

２．３　第五章以降　その他の「郷土研究」

　第五章以降もほぼ同様の構成で、郷土研究としての新しい学問を紹介し、手引きする内容である。第五章から第八章の内容については、それぞれ簡単に触れるにとどめる。

　「第五章　郷土の史學的研究」も第四章と構成を同じくし、随筆から始まり、終わりに実際的研究を例示するというものとなっている。特に「農民の生活を通して、當時の經濟史社會史を究明することこそ地方史學の本道（p.94）」であるとし、「郷土会」の参加者で農業史の研究者である小野武夫の論を紹介している。また「實際的研究」でも小野武夫氏の農民史文書の収集について触れられている。これは全体に第一章の理論部分において時代意識としてあげた三点に付け加えられた、農家の現状からの必要性に呼応しての内容である。特に最後に実践例として、自身の研究をいくつか示した中に、特産農産物の由来として鳥取の二十世紀梨について述べられている点は、第一章の特産物についての言及部分を受けて示されたといえる。

　「第六章　郷土の民俗學的研究」については、新しい学問である民俗学について、引用や研究対象を示すことなどによって、説明を試みている。「實際的研究」としては、「村落に於ける講社の機能」（埼玉県入間郡山口村に於ける講社の研究）、「村の俗信」（埼玉県山口村で見聞した俗信）、「方言の新研究」、「子供遊び」の採集が示されている。

　「方言の新研究」において、柳田國男の「蝸牛考」について触れ、「敎

第4章 「新郷土教育」

育者等の方言採集は、國語教育の實際化の一手段として、方言を矯正して標準語を普及するためであった。」のに対し、「方言の地方差を比較對照して、わが國語史學を稗補することであり、轉じては言語と共に異動分布した民俗の系統と動向を明にすることである。(p.189)」などとしている。また、当時都会人に観察の眼を向けるとした「考現學的方法」を応用して農民生活に関する調査をしたり、児童の服装や所持品に関する調査をすることを提案している。そこには「大人の、殊に教育者として有り勝ちの概念を破つて、實證的に物を觀るためには必要な一つの方法である。(p.198)」と述べる。これらは、地方における教育者の立場のあり方の転換についての提言ともいえる部分である。ここに述べられた内容をもとにしたと思われる実践が他書に見える。

　「第七章　郷土の農村社會學的研究」は、それまでの章とは構成がやや異なり、まずその目的を農村社会の科学的認識の確立として、農村生活の安泰の必要をいうところからの記述となっている。農村社会学研究を必要とする者として小田内通敏氏があげる三方面は、学者、農民運動者とともに、「農村教育の中核としての郷土意識の要求から地方の小學校の先生達」であり、この農村社会学研究によって初めて、「教育者は一般的兒童觀及び獨斷偏見から逃れて、特定の環境に生活する特殊具體的な兒童觀、教育觀を確立することが出来る。(p.204)」としている。調査のあり方としては、小田内氏が紹介したルプレーの方法などが示されている。

　「實際的研究」は、多くの先行研究において、社会認識教育の先駆的実践として取り上げられ評価されてきた部分である。行政の調査、「隣保互助制度」とともに「交通調査」（尋三　道を通る者の一週間の記録）、「我が家に関する数量的研究」（高一　家、家族、生活、経済についての記録）が掲載されている。児童による二つの調査は、数量的記録のみの発表であり、解釈などは添えられていない。

　「第八章　郷土の自然科學的研究」では、「郷土の自然科學研究」と「一般自然科學研究」を分ける。

郷土の自然科學的研究は、一般自然科學的研究（小學校での直觀科）と違ふといふことである。それは郷土の自然科學的研究は郷土の特殊事情の上に立つ研究であり、一般自然科學研究は、純正科學の立場から研究されるものであるといふことである。例へば一般自然科學研究に於ては「鱒は十月下旬より河に產卵のため遡上す」といふやうな表現をなすとせば、郷土の自然科學研究にありては、「鱒の遡上は秋ぐみの赤く色づく頃」といふ風に一層具體的に、一層郷土的になるわけである。その一點から、更に一般自然科學と握手して、氣溫の狀態、年々による遡上期の變化性もしくは固定性を研究することも出來るのである。　　　　　　　　　　　　　　　　　　　　　　　　(p.243)

　郷土の自然科学的研究は、子どもの現実から出発し、つながっているという点で、「純正科學的」と区別されていると思われる。
　「實際的研究」として、「竹田嵐について」（児童作品）、「子供と農民の自然觀察」（子供との会話、百姓の俚諺の例）が示されている。「竹田嵐について」は、家の前の竹田川から吹く風と、小鴨川からの風についての比較考察である。内容の前に、「所謂直觀科的取扱と自然科學的研究の差異も分るであらうと思う」という記述がある。

３．まとめと考察

　『新郷土教育の原理と實際』の理論部分からうかがわれる峰地・大西の郷土教育についてまとめる。
　彼らの郷土教育は、部分的な教育でなく、教育体系として構想されている。郷土教育とは、郷土においてよき生活を目指して営為されるものとしてあり、郷土教育即教育であり、郷土における「生活学習」と考えられる。「郷土」の定義については、特定の限られた地域や具体的な状況を指すのではなく、それぞれに生活として関わる自然、社会、地域を指すものとされている。郷土教育と「生活学習」との相違点として、「科学的」見方を含む多面的考察を求めようとした点が新たな要素として加わっていることがあ

げられる。

　具体的な「郷土教育研究の方向」としては、郷土は「生命體」であり「有機的現象の總和」であるから、「郷土箇」という個として尊重し、全体的に捉える必要があること、次に郷土を活きた現実の常態として「再檢討」することが郷土教育であること、また郷土を花鳥諷詠的な見方でなく科学的経済的に見る必要があること、があげられている。

　第二章においても、方法原理として、生活そのものが方法であること、過程が教育であること、興味をもたらす課題を設けること、授ける教育としないことがあげられ、「生活学習」の理論と方法が見てとれる。

　第三章から第八章に紹介された「郷土研究」は、新渡戸稲造「郷土会」の流れを汲む研究者によって開かれた各分野からの「郷土研究」であり、それらはいずれも郷土の自然や歴史、風俗習慣、産業としての農業などを、無名の人々の生活の営みとして捉えようとするものである。地方小学校教師に対し、新しい観点と、それに基づく新しい学問のあり方を実際的に示し、新たな郷土の見方を形成してゆく啓蒙書としての性格が指摘される。

　第一章から第八章までの内容から、序に「農村社會生活の實體を科學的立場から究めて、概念なき認識を確立」するとしていることの具体的内容が、郷土を活きた現実の常態として多様な角度から再検討し、生活の営みとしてとらえ直すことであることが知られる。またその行為そのものが郷土教育の実践内容である。

　「郷土教育」と「生活学習」との相違点について述べる。
　前節『綴方生活』地方児童考では、地方児童の、生活の中で経験的に得られる知識の質的豊富さへの注目がある。その質的な豊富さをもたらしているのが、知識の必然性と多面的な観点である。これに対して地方児童に足りないものは、事物を対象化する力である。現実生活そのものがもたらす知識の質的豊富さへの着眼と事物の総合的な把握への志向は、そのまま生活の対象化を目指す「郷土教育」と生活を体験として充実させることを中心としていた「生活学習」との相違点となっている。

教育の方法原理が一貫していることから、「生活学習」の大きな立場は踏襲しつつ、直面した児童の違いに対応して、実践の違いが起こっていると言える。ただし、直面した地方児童の実体の考察、郷土教育の理論の確定、郷土教育実践は、この順に順次作られたものではなく、目前にした児童との日々の実践の中で、理論も実践も並行して形成されたものであると想像される。

第4節　郷土教育実践（１）
——科学的認識——

　多くの先行研究において、峰地の郷土教育が、個人としての児童の主観的認識を基礎とするそれまでの教育を批判克服し、客観的科学的なものを目指したものとされたことは無理もない。

　『新郷土教育の原理と實際』序章における「農村社會生活の實體を科學的立場から究め」という表現をはじめとし、方法原理としての「郷土を科学的、經濟的立場から見ること」や、「（旧郷土教育と違って）新郷土教育ではもつと深刻に直下の郷土社會の科學的な認識を目図するものである。」[14] など、峰地は郷土教育の方針に「科学的」という表現をしばしば用いている。また、当時のさまざまな郷土教育の分類としても、峰地の「新郷土教育」は、科学的主知主義的といわれるものとされていた[15]。

　ここでは、主に郷土教育におけるの綴方実践から、峰地の言う「科学的」とは何かについて明らかにし、そのことを通して、「生活学習」と郷土教育の関係について考えたい。

１．綴方作品の記述における科学的認識

　『郷土教育と實踐的綴方』（1932（昭和7）年、郷土社）に「第四　二　科學的態度と情緒」と題して述べられた部分がある。そこに科学的として例示された綴方の作品とその評について見てみることとによって、まずは峰地のいう「科学的認識」がどのようなものであったのかについて見てみ

ることとした。
　初めに、峰地が、記述、認識、表現形態ともに科学的な綴方作品として評価している〈牛乳〉について取り上げる。

　　　牛乳
　　僕の家には牛が十匹ゐます。め牛九匹、を牛が一匹ゐます。みんなホルスタインのまだら牛です。なぜそんなにたくさんの牛をかつてをるかといふと、牛乳をとるのです。牛乳をとるのは、朝は四時半ごろ、晝は十一時頃、晩は五時頃です。一匹で大てい、一日八升、よく出る牛は一斗です。一斗ぐらゐ出る牛は二匹ゐましたが一匹は去年の十一月に子をうんで、あとから子宮をだして、朝見たら、くびを、こてんとさして死んでゐました。それでよく出るのは一匹になりました。牛は夏よりも冬牛乳がたくさん出ます。夏は暑くて牛が夏やせするからです。しかし夏でも手入れをよくして、蚊やはいをふせいでやればよい。私の家のは、夏も冬も同じ位出ます。牛の食べものは第一に草、さうして藁、ほし草、おから、ふかわ。それをどれ位やるかといふと、子牛には、お父さんの手で、草を二つかみにおから一升ぐらゐです。おや牛には、草をお父さんの手で四つかみづゝ、藁はたらひのふちから、二十センチメートルほどはなれたところまで入れてやられます。おからは二升、ふかわを三升ぐらゐいれて、それに水を入れて手でもみます。さうすると、草や、藁に、おからや、ふかわがまぶれて、うまさうになります。それを牛乳をしぼつたあとで食べさせます。
　　牛乳を消毒するのは、しぼつて來た牛乳を、大きなかんに入れて、萬力で天井までつり上げる。それにゴムのくだをつけ、そのゴムのくだの中には、はさむものがついてゐますから、そのはさむものゝはしをつまむといきほひよく、牛乳がでます。それをびんについでしまふと、びんを大きなかまに入れます。釜に水を入れておいて、下から火をたきます。ふたのところに、かんだん計があります。したから火をたくのでだん／＼あつたまります。それでかんだんけいのすいぎんが

上ります。すいぎんが九十度まで上ると、火をひきます。さうして晩方牛乳があまつたときには、なべに入れてあゝめると、牛乳の上にしぼうがはります。それをたくさんあつめて、しほを合わせて、バタをこしらへます。牛乳を入れるびんは晝と晩とあらひます。その時は僕も手傳ひます。びんをあらふのは、三かい水を入れて、いさぶります。さうして牛乳は夏はよくうれて一斗、冬はうれないので七升、よく賣れて七升五合位賣れます。　　　　　　　（尋三　中井　武史）
（『郷土教育と實踐的綴方』p.100）

以下はその評である。

　この作品の組立は、
　一、牛の數、品種
　二、牛乳をしぼる時間、泌乳の量、夏冬の相異
　三、飼料の種類、量
　四、しぼつた牛乳をびんに詰める方法
　五、牛乳の消毒法
　六、バターの作り方
　七、瓶の洗滌と賣上高
といふ風になつていて、可なり精密に科學的に記述されてあると思ふ。
　この作品の如きは、作者は其の實生活には、相當に情緒が動いてゐると思はれるが、作品の表面には、情緒らしいものは表れてゐないのである。しかしこの作品を讀んでゐると、その底に情緒の動いてゐることが汲みとられる。
　認識の上から見ても、相當正確さをもつて居り、又表現形態の上からも科學的である。まづ科學的態度の作品と見ていい。
（『郷土教育と實踐的綴方』p.101）

綴方作品〈牛乳〉は、牛乳についての一般的理解や分析を整理した綴方ではない。〈牛乳〉は、家族とともに乳牛を飼う中での詳細な観察によって書かれた綴方である。上記の評に作品の組立として示された「牛の數、品種」「牛乳をしぼる時間、泌乳の量、夏冬の相異」その他の内容は、すべて作者の家に飼育している乳牛のそれである。

　峰地が〈牛乳〉を「科学的」として評価した点は、まず乳の量や餌の量の明確な記述にあると思われるが、これも一般的な搾乳量の記述ではない。よく出る牛とそうでない牛、手入れによって夏もよく出るというような背景としての事情を記述し、「お父さんの手で」「たらひのふちから」というめやすの用い方など、すべて子ども自身の日常的な観察のままであり、一般的な方法化・数量化はなされていない。

　ここに見るように、峰地において「科学的」であるとは、客観化・数量化を志向するものではなく、現実のより確かな認識を目指すものとしてある。〈牛乳〉についていえば、その記述はすべて実際の観察に基づいており、その意味で正確である。「科学的」認識とは実際の観察に基づいた「正確」な認識であるといえる。

２．科学的態度と情緒

　上の〈牛乳〉評の中で注目されるのは「その底に情緒の動いていることが汲みとられる」と述べられている点である。一般に、科学的であることは、情緒的であることと対立するものと考えられているが、峰地においては、それが対になって取り扱われている。

　科学的と情緒との関係について、峰地は以下のように説明する。

　　現實の眞相を把握する態度は、飽くまで科學的でなくてはならぬ。よく科學的といふことは情緒を否定することのやうに解せられてゐるやうであるけれども、決してさうではない。情緒は十分に動いていい。いや動かなければならぬ。
　　　所謂科學者の文章を見ると、表面少しも情緒が動いてゐないやうな

記述の形式をとつてゐるけれども、實は科學者が對象を認識する場合
　は、情緒は十分に動いてゐるのであつて、その情緒が表面に表れてゐ
　ないだけのことである。(中略)
　　科學的な文章とは、正確な認識下に構成されてゐる表現であるとい
　へよう。　　　　　　　　　　　　　　（『郷土教育と實踐的綴方』p.99）

ここでは、「科学的」であることが、「情緒」の否定でなく、情緒とともに
あるとされている。
　峰地の「科学的」について考えるため、引き続き情緒との関係について
見ることとする。「科學的態度と情緒」とする項には、〈牛乳〉の次に〈粽
の作り方〉という作品を示し、次のような評を行っている。

　　これは餘程情緒的である。
　　1　「ごり／＼と」「ほーと」「にゆうと」とかいふ副語が用ひられ
　て、相當情緒が出てゐる。
　　2　「うまさうなにほひ」などいふ嗅覺を通しての情緒が動いてゐる。
　情緒が表面的に動いてゐるが、認識は正確である。
　　1　糯米と粳米とまぜること
　　2　粉にすると米二升が三升五合になること
　　3　粉をこねる場合水の加減を注意すること
　　4　笹で包む包み方
　　5　せいろうで蒸すこと
　製作の過程がはつきり認識して書かれてゐる。やはり科學的作品と云
　へる。　　　　　　　　　　　　　　（『郷土教育と實踐的綴方』p.103）

ここで峰地のいう「科学的」は、「はっきり認識」して書くことであるこ
とがうかがわれる。
　また〈粽の作り方〉では「これはよほど情緒的である」と評されている。

第4章 「新郷土教育」

　　1 「ごり／＼と」「ほーと」「にゆうと」とかいふ副詞が用ひられて、相當情緒が出てゐる。
　　2 「うまさうなにほひ」などいふ嗅覺を通しての情緒が動いてゐる。

　上の評の部分では、「情緒的」は擬態語を用いた表現や、感覚的な表現について用いられている。情緒は一般的な解釈から、喜怒哀楽といった感情として考えがちであるが、この部分から、それだけではなく、そのような感情をもたらす以前の説明のつかない感じ方を含めたものをいうのではないかと考えられる。言い換えれば「感覚的な認識」が情緒である。
　たとえば、〈牛乳〉は、作者が家族とともに乳牛を飼う中での、暑さや寒さ、喜びやつらさなどといった実感や、そこから生まれてくる感情が、その観察と認識の深さ細かさをもたらし、それがそのまま表現された綴方であるということができる。その意味で、正確な観察を可能にしたのは、情緒であるともいえる。そうであれば「科學者が對象を認識する場合は、情緒は十分に動いてゐる」とするように、日々の生活の中に養われた情緒こそが対象の認識に深く向かわせるものとしてある。
　『郷土教育と實踐的綴方』における、「科學的態度と情緒」という項目立ては、科学的態度と情緒が揃ってこそ「科学的」たりえるという考え方を示すものである。峰地の「科学的」はいわゆる客観的な一般化を志向する態度ではなく、対象に対して正確かつ深い観察と認識を持つことであり、それをもたらすものとして表面に表れない感覚的認識としての「情緒」があるのである。

　　別の例を見てみよう。
　次にあげる綴方作品〈松の實〉は、『子供の郷土研究と綴方』に掲載された作品である。『郷土教育と實踐的綴方』（1932（昭和7）年、郷土社）にこの合評会の様子をあげるなど、郷土教育による綴方作品として、及びその実践としての高い評価がうかがわれる作品である。先にあげた〈牛乳〉と同じく、「松の實」について体験の中から実際に認識できる範囲で、作

者なりの正確さを目指して表現されていることが特徴的であり、峰地が「科学的」とした「正確な認識」をもって書かれた綴方作品としてあることがわかる。この作品を取り上げ、「科学的」と情緒との関係について、上に述べた点を確認したい。

　なおこの『子供の郷土研究と綴方』（1933（昭和8）年9月、厚生閣）は、郷土教育実践による子どもの成果を集めたものである。綴方作品がその多くを占めるが、中には、「鳥の巣の研究」などのような調査結果を箇条書きに示したもの（多数）、「上灘校歌留多」「黙劇　三明寺横穴」のような共同制作品などが含まれている。峰地郷土教育が目指したものとその実際を具体的に見ることができるものとなっている。

　　　松の實　　　　　　　　　　　　　　　尋六　田中　澈
　支那の松の實は、このへんにはあまり來てゐません。僕は大阪で賣つてゐるのを一ぺん見たことがあります。しかし僕のお父さんは、僕が大阪にゐるときも、こちらに來たときも度々その松の實を送つてくれますから、僕は松の實をよく食べます。僕のお父さんは、支那の局子街で領事をしてゐます。送つてくる松の實の袋や箱には、吉林省名産益壽強壯元松實一升入勤勉會責任選と書いてあります。六年生の友達にその松の實を見せてやつたら、知つてゐるものは一人しかゐませんでした。松かさの大きさは直經が十糎もあり、色は茶色である。實の長さは約十七粍、皮の厚さは一粍、その中に白い實があるのです。實は松の香がして、甘味があり、椎の實などよりずつとねちねちしてゐます。

　實が熟すると、松かさの中から、飛びだしさうに一ぱいくつついている。日本の松の實は落ちるときにひら／＼落ちるが、支那の松の實はボタン／＼落ちます。

　實を賣る所を大阪で見てゐたら、コップ一ぱい五十錢もとりました。仲々高いと思ひました。何故こんなに高いかといふと、關稅がかゝる

第4章 「新郷土教育」

からです。支那で買つたねだんに十割の關税がかゝるのです。あちらから送つて來るとき、包の上に松の實のねだんが書いてあります。それだけのお金を郵便局にもつていつて、僕は受取つて來ます。

實は藥になり、肩のこり、頭痛、等の病氣はたいていなほります。頭痛などは十分二十分でなほると云はれてゐます。又あまり多く食べると脂肪がたくさんあるので、のぼせて顏が赤くなります。

だから鼻血が出ることがあります。普通十か十五、食べればよいのに、二百も三百も食べるからです。支那にゐる時、お母さんや女中たちと、トランプをしてゐました。その時僕が一等になつて、松の實二百もらひました。僕は多く食べたいので、「仲々勝負がつかないのを僕が一等になつたのだから、もう少し多くくれ」といひました。女中が五十よけいにくれました。僕はそれを一ぺんに食べてしまひました。する中に何だか、顏がぬくゝなつて來ました。お母さんが、「澈の顏は大へん赤くなりましたね。」と云はれた。

間もなく、鼻がむづ／＼して鼻から何んだか出た。何んだらうと思つてゐると、トランプに赤い血がたれてゐた。

脂肪がたくさんあるので、油をしぼつて見ようと思つて、しぼつて見たがとれなかつた。こんどは松の實に火をつけたらよく燃えた。燃えかすを紙に書いて見たら。紫色の字が書けた。

（『子供の郷土研究と綴方』p.38）

この〈松の實〉は、先ほどの〈牛乳〉に見られたのと同じ意味で、「科学的」綴方であるといえる。たとえば、「松かさの大きさは直徑が十糎もあり、色は茶色である。實の長さは約十七粍、皮の厚さは一粍、その中に白い實があるのです。實は松の香がして、甘味があり、椎の實などよりずつとねちねちしてゐます。」といった描写の仕方には、書き手が正確を期そうとしていることが伝わってくる。また日本のものより大きいこと、珍しいこと、値段についてなども、単に大きい、珍しい、値段が高いと書くのでなく、そう考えた理由と共に書かれている。他の点も同様であり、こ

237

れは、峰地のいう「正確な認識」であり、「科学的」な綴方であるということができる作品である。

次に、この綴方作品〈松の實〉が書かれた背景であると思われる内容が『郷土教育と實踐的綴方』（1932（昭和7）年、郷土社）に示された実践例の一部として掲載されているので、その部分を見てみる。

以下に示すのは、子どもの社会生活の表れとして「書翰」を取り上げ、その指導としての合評会の様子を記した部分からの一部抜粋である。合評会で取り上げられているのは、〈松の實〉の作者である田中くんがお父さんお母さんにあてた手紙である。田中君の両親は支那の領事として、離れて住んでいる。以下は、取り上げられた田中君の手紙と、合評会の松の実に関する部分だけ抜粋である。

（田中君の手紙）

　　お父さん、お母さん、おかはりはありませんか。僕も丈夫で勉強したり遊んだりしてゐます。そちらは雪がたくさんふるさうですね。僕は支那にゐたときのことを思ひだします。こちらも雪がふつたり、雨がふつたりしますが、わり合に温かです。二十五日からお休みになりました。休みの中お勉強する時間は、朝ごはんを食べてから晝ごはんまで、それから夜勉強いたします。送つていたゞきましたお菓子、松の實、栗の實は大へんおいしうございました。栗の實がありましたらお送り下さい。洋服もつくつてもらひました。拝賀式には新しい洋服を着ていかうと思ひます。空氣銃もかつてもらひました。そして鳥二羽おとしました。

（合評会の様子）

　兒童「僕は田中君に松の實をもらつて食べて見ました。その松の實のことが書いてあります。」
　峰地「その松の實は、こゝに少しもらつてもつて来てゐます。こ

第 4 章　「新郷土教育」

れが、その松の實です。」（松の實を示す）
児童「日本の松の實よりも、大へん大きいですね」
峰地「國が大きいから、松の實まで大きいんだね。これをたべると大へん元氣になる。お父さんが、田中君を元氣にしてあげようと思つて送つてよこされたのでせう。しかし食べすぎると鼻血が出るさうだ」
児童「田中君、たべすぎて鼻血をだしたことがある？」
田中「支那にゐるとき、よくそんなことがあつたよ」
児童「栗の實も、松の實のやうに、日本のより大きいですか」
峰地「大きいやうだね。それに大へんおいしい。大阪や東京で、支那栗ばかり賣つてゐる店が何軒もある。おいしいが關税がかゝるから仲々高いんだよ」
児童「關税つて何ですか」
（後略）　　　　　　　　　　　（『郷土教育と實践的綴方』p.81）

　綴方作品〈松の實〉は、松の実についての説明がその内容である。日本と中国の松の実の違い、値段と関税、成分や薬効について書かれており、その表現は、作者が体験として得た認識をそのまま正確に記述しようとしていることから、峰地が「科学的」とした「正確な認識」をもって書かれた「科学的」な綴方作品であるといえるものである。　手紙と合評会の様子から、その綴方の内容は、この合評会での話題が中心となっており、明らかにこの合評会を経て、田中君が松の実についての認識を深め、綴方作品〈松の實〉となったことがわかる。また〈松の實〉には直接父や母への思いなどは書かれていないが、田中君にとって松の実が、中国での暮らしの思い出、健康を願って郵送してくれる父母への思いと密接につながっていることが見て取れる。
　また綴方作品〈松の實〉は、手紙や合評会の記事によって確かめるまでもなく、支那での思い出など、その背後にある両親への思いという意味での「情緒」が感じられる作品でもあるが、松の実について「正確な認識」

によって記述しようとする努力は、合評会を経て、両親が送ってくれた松の実について、関心を新たにしたことが、もたらしたものであるといえる。その意味でこの作品における「科学的態度」は「情緒」とつながるものとしてある。

　〈牛乳〉〈松の實〉とその評価に見られる「科学的認識」が具体的にどのようなものであるかについて整理する。

　両作品とも、単に客観的で一般的な理解を整理したものではない。児童が、それぞれの「情緒」とつながる関心からの深い観察と、体験としての認識を中心に書かれた作品である。ここでは、客観的な知識や、習得や理解の程度などは全く問題とされていない。掲載すべき作品として評価されているのは、対象に対するその児童なりの観察と認識の実感としての表現である。また両作品とも、その背後に感覚的な認識としての「情緒」が感じられる。

　ここに郷土教育としての峰地の指導の方向性が見て取れる。郷土教育としての綴方実践で、峰地が目指した「科学的」は、自分自身の体験や実感に基づく「正確な認識」にあり、それは「感覚的な認識」を否定するものではない。峰地が「科学的」とする「正確な認識」を生む観察は、体験や実感の中にあり、つまり「科学的」態度は情緒とともにあるものである。

　この「正確な認識」を生む観察が情緒とともにあるという立場は、興味についての峰地の論とつながっている。峰地にとって興味とは、単に面白いことではなく、「對象と人との結合状態に於て初めて發生する極めて積極的な意志作用」[16]である。また「興味の深淺は、二つ（筆者注：対象と人）の結合状態の緊密度と平行するもの」[17]である。その意味での興味なしには、対象に深く迫ることも起こらず、当然「科学的」である「正確な認識」も起こりえない。

　構成的世界観に立つ峰地にとって、対象は、誰が見ても同じものとして客観的に存在するものとしてでなく、児童それぞれにある。「情緒」は、対象との緊密な結合としての興味を生み、「科学的」な「正確な認識」をもたらすものである。

『子供の郷土研究と綴方』には、綴方のほかにもたとえば童話的作品などがいくつか含まれている。これらは、一見科学的認識を重視した郷土教育の成果としての作品にあたらないものと思われるが、峰地にとっての「正確な認識」を経た上で構成された童話的な綴方であるとされている。これらも郷土教育の成果である。
　一つだけ例をあげておく。

> 　　かがみ
> 　　　　　　　　　　　　　　　　　　　　　　　尋二　　金田喜久子
> 「かゞみさん、かゞみさん、ちよつと、かゞみを見せて下さい」
> と私がいひますと、
> かゞみは、
> 「はい、なんぼでも、見て下さい。」
> といひました。
> 「そのかはり、セメンや、石のところへおとすとこはれます。」

（『子供の郷土研究と綴方』p.147）

　新郷土教育において重視された「科学的態度」とは、正確な認識によるものであり、その認識は、情緒の動きによってより深められるものである。そこでの対象把握の主体は、児童それぞれである。郷土教育における「科学的態度」は、その意味で「生活学習」と同じ地平にある。

第5節　郷土教育実践（2）
――「郷土室」実践――

　政府は、1927（昭和2）年8月全国郷土教育実施状況調査の実施を初めとして、「郷土教育」にその視線を向け始めた。1929（昭和4）年2月「全国教育大会」において、文部省諮問教育改革答申案の七項目として「郷土館又は郷土室を設置し、郷土の産業其他の推移を知らしむること」を全国の代表教師に示している。1930～31（昭和5～6）年には、全国の師範学校に郷土研究施設費11万円交付など、積極的に郷土教育の推進を図っている。その意図は単純なものとはできないが、疲弊する地方に対する「自力更生」への期待が透けて見える。

　そのような状況下に行われた、峰地光重の「郷土室」実践は、学習者主体教育としての「生活学習」の特徴がよく表れた実践である。峰地の「郷土室」実践では、「郷土室」の陳列品として、何を陳列品とするかについての判断は児童にまかせられており、陳列品としてふさわしいかどうかを決めるのは、教師でなく児童である。子どもたちそれぞれの観点から展示品を持ち寄り、子ども達の考えによって陳列し「郷土室」とする営み全体に、教育としての意味が見出されている。ここには児童それぞれにとっての目的と価値の充実を教育とする「生活学習」の観点を見ることができる。

　峰地光重の「郷土室」実践について見てみることにする。

　「郷土室」実践について掲載されているのは、以下の2書である。

　　　『新郷土教育の原理と實際』（1930（昭和5）年12月、人文書房）
　　　『上灘小學校の教育』（1932（昭和7）年、東伯印刷所）

　この二書からその実践の概要を描き出し、それについて考察を行うこととする。

1．「郷土室」実践

　昭和5年、上灘小学校で郷土室を作るにあたって、陳列品を蒐集する目

第4章　「新郷土教育」

的で校長である峰地が保護者に出した「『郷土教育資料』募集主意書」の「主旨」の中には、以下のように書かれている。

> それで敢て高價なものを望まないのであります。一枚の古切手でも、缺けた古皿でも、何でも結構でありますから左記要項により御寄贈下さいませ。（傍点峰地）　　　（『新郷土教育の原理と實際』p.286）

　この「主意書」には、「何でも結構」と書かれ、それも高価なものでなくとも良いとするなど、子ども（やその保護者）に普通に手に入るものを集めてくることを求めている。この「主意書」の「主旨」のあとには、「郷土教育資料として蒐集したきものの一例」として、項目とその例が示されている。

　　一、倉吉町に關するもの
　　諸記録、著述、各種統計、繪ハガキ、寫眞、産物（倉吉かすりの如きもの）各會社製品及び寫眞
　　二、衣食住に關するもの
　　脚胖、股引、ヨダレ掛、手甲、（後略）
　　三、生産に關するもの（略）
　　四、交通に關するもの
　　……（中略）……
　　九、外國産のもの

ここに見るとおり収集品は、郷土に関するものというわけでもなく、文字通り「何でも」よいのである。
　『新郷土教育の原理と實際』第九章「郷土室の建設」には、資料の蒐集について、以下のような記述が見える。

　　　郷土臺を兒童に作らせる

といふことである。教師が作つてやるのではない。金で買つてやるのでもない。すべて子供自身の知識と勞働によって建設していく態度が必要である。
（『新郷土教育の原理と實際』p.257）

　「何を蒐めえたか」ではなくして「何を意圖してゐるか」である。「如何に珍奇なものを陳列しえたか」ではなくして、「この資料をこゝに陳列するまでの教育的過程如何」である。
（『新郷土教育の原理と實際』p.258）

　資料蒐集上注意すべきことは、蒐集範圍が學校所在の町村といふ狹い範圍に限らぬことである、　（『新郷土教育の原理と實際』p.258）

「郷土室」は児童が「子供自身の知識と勞働によって建設していく」ものとされている。また、陳列の仕方についても、以下に見るように児童に任せるべきであるとしている。

　教師の指導は最小限度に止めて、差支ない限り彼等の大膽な試行に委せたい。　(p.259)

　彼等の陳列法は時に意想外に出るかもしれないが、それは彼等の仲間にとつて最も理解しやすい方法である。此の室の來訪者に對して兒童は決して辯解をしないのみならず、誇らしげに確信のある說明を下すことができるであらう。　(p.259)

上の陳列法についての記述では、教師の指導による合理的陳列よりも、子どもの陳列法の方に意義を見ている。陳列品についても同様に、子どもが陳列品を選ぶことに意義を見ていると思われる。
　「何でもいい」ということについては、上灘小学校に郷土室を設けるにあたっての留意点を述べた中にも、以下の様に述べられている。

資料は何でもいいと思つた。外國のものでも、日本のものでも、新しいものでも、舊いものでも、何でもいいと思つた。（中略）勿論教科書と連絡して、蒐集といふやうな考ではないのであるから、何でもいい。教科書と連絡して作られた郷土室は教材を教へ込むための郷土室となるのだから、教授の上では便利かも知れない。しかし郷土室には、郷土室本來の使命がある筈だ。獨自の立場で郷土室は成長して行かねばならぬ。　　　　（『新郷土教育の原理と實際』p.283）

「勿論教科書と連絡して、蒐集といふやうな考ではない」というのは、展示品を見せることによって、いわゆる直観によって教授の助けとすることが目的ではないという意味であろう。
　では「郷土室本來の使命」とは何だろうか。
　この「郷土室」の陳列品として何を陳列品とするかについての判断は児童にまかせられている。ここには、それが陳列品としてふさわしいかどうかを決めるのは、教師でなく児童であるというきっぱりした態度が見える。
　しかし、よい郷土室を作りたいと考えている教師にとって、児童に陳列品の選択を委ねることは、勇気のいる行為ではなかろうか。郷土室の陳列品としてふさわしくないと思われる品を持参する児童は少なくないであろう。
　峰地における「郷土室本來の使命」について考えるために、郷土教育連盟が昭和7年4月に出した『郷土學習指導方案』[18]の中にも、「郷土室」についての項目があるので、その実践案と比較してみたい。
　志垣寛によるものといわれるこの『方案』の「郷土室」は、これに1年以上先だって出された『新郷土教育の原理と實際』における峰地「郷土室」にかなり近い形のものとなっている。展示物についても児童自身による蒐集によるべきであるとしている。志垣寛は、教育の世紀社同人の一人であり、池袋児童の村小学校で峰地着任前に訓導をしていた人物である。その中で、峰地「郷土室」との相違点を探せば、以下の部分である。

麥が村に出るからとて折角青々とした麥を校外で見てゐるのに、か
　れしなびた麥穗を郷土室にぶら下げた所で役に立ゝない。その麥がい
　かなる順序で作られ收穫され、加工され、賣出されるか、その產額は
　年々どう發展してきたか、隣村、隣縣外國との比較、等々の關渉を一
　目瞭然たらしむる工夫を加へて初めて、麥穗の陳列が生きてくる。例
　えば又、町村から下駄が出るとする。出來上つた下駄を二三足硝子棚
　の中に陳べておいた所で役にたゝぬ。その下駄の材料たる桐畑、桐の
　伐採、それから下駄工場の狀況、等々を一目に見うるやう順次寫眞や
　模型を並べ、更に出來上つたものは、どうなるかどこにうり出される
　か、その產額は何程であるか等々、更に年々の產額の比較にまで及ぶ
　べきである。　　　　　　　　　　　　　　（『郷土學習指導方案』p.92）

　ここには、展示の仕方についての細かい提案がある。例にあげられた麦
や下駄が、その町村でのどのような場面を経て産物となるのかという過程、
またそれらが産物としてどのようであるか、について、「一目に見うるやう」
に展示すべきであるとされている。
　これに対し峰地は、先に見たように、教師の指導による合理的陳列より
も、子どもの陳列法の方に意義を見ていた。峰地の「郷土室」であれば、
もし麦や下駄を持ち寄るものがあったとして、それは、産物としての展示
となるかどうか、また秩序ある展示となるかどうかも、児童に任された形
である。教師の価値判断でなく、「子供自身の知識と勞働によって建設し
ていく」郷土室は、郷土教育の方法原理「過程そのものを教育する」のよ
り徹底した形として考えることができる。
　また蒐集の範囲についても、「外國產のもの」を「蒐集したきもの」の
項目に入れ、「蒐集範圍が學校所在の町村といふ狹い範圍に限らぬ」と述
べているように、地域という意味でのいわゆる郷土には全くこだわってい
ない様子が見られる。ここに峰地の「郷土教育」における「郷土」が、象
徴的な意味での「郷土」であり、限定的な地域を指すものでないことが表
れている。峰地の「郷土教育」における「郷土」は、子どもにとっての現

実としての「郷土」であり、つまりその「生活」である。子どもの持ち寄る蒐集品は、子どもの生活と関わる品としてあるなら、何でも「郷土」についての品であることになる。

郷土室の展示品としてふさわしいものを、それぞれに考え持ち寄る行為は、子どもにとって言葉にならない「郷土」の表現である。ここに、児童それぞれにとって目的と価値の充実を教育とする「生活学習」の観点を見ることができる。この「郷土室」実践では、子どもたちそれぞれがそれぞれの観点から、人が生きる営みを示すものとしての展示品を選び持ち寄ること、次にそれを陳列して「郷土室」とする営みそのものに、教育としての意味が見出されているのである。

「「郷土室」実践に表れた「生活学習」の特徴としては次の三点があげられる。それは先ず、それぞれの蒐集品や児童の陳列の仕方に意義を見るという、児童それぞれの目的や価値の充実を意義とする点、次に郷土室建設という行為そのものを教育とする点、三つ目に蒐集品を持ち寄るという、言葉にならない生活における行為を表現と捉える点である。

郷土教育が、「生活学習」の実際的展開形であることが、この「郷土室」実践にも見て取れる。

２．考察

峰地は、上記の上灘小学校郷土室建設にあたっての留意点の記述の後に、柳田國男「農村教育研究」のための話を引用掲載している。峰地が引用した柳田の話は、中央の価値観の束縛を離れ、農民たちの平凡とされた営みに価値を見出そうとする価値意識の方向転換を示すものである。言うまでもなく民俗学は、国家や中央を中心とする価値から、地域固有の民俗や無名の農民に価値を見るという価値意識の方向転換をもたらすものである。

峰地「郷土教育」が、地域研究として、地理学的研究・史学的研究・民俗学的研究・農村社会学的研究・自然科学的研究という具合に、様々な分野をあげて示しているのも、地理学的観点から農村を研究すること、民俗学的に農村の風俗習慣を研究すること、そのものの意義よりも、そこにあ

る価値意識の方向転換に意義を見ているためであると思われる。

　小国喜弘（2001（平成13）年[19]）は、民俗学に基づく竹内利美らの教育実践について述べる中で、「子どもに生きられた文化を改めて記録させることで新たに語られた文化を子どもが産出することを求めていた」「彼らの試みは村人の文化を語る権利を研究者から村人（この場合は子ども）に改めて奪還し直そうとする挑戦であり、村の文化に関する語りの主体性をその文化の当事者に回復することを通して、例えば単一民族文化として日本文化を捉える研究者らによる既成の様々な言説を疑い、問い直し得る可能性が生じていた」[20]と指摘し、「村人の文化」に目を向けること、また語り直しの発信者が子どもであるという点に可能性を見ている。

　しかしここで小国が価値あるものとして捉えている「郷土」は、「村」であって子どもでない。その価値発信は、民俗学という枠の中で村の文化に関わるものに限られている。竹内らの教育実践に見られた子どもからの発信は、民俗学によってもたらされたものであったために、民俗という子ども以外のものに基準を置くことから出られていない。

　一方、峰地の郷土室実践に見られる、蒐集場所が所在町村でなくてよいという態度には、「郷土」が、必ずしも特定の場所を意味する郷土ではないことを示している。峰地「郷土教育」における「郷土」は、国家や中央、都会に対するものとして特定の場所を意味する郷土ではなく、象徴的な意味での、それぞれの子どもをとりまく周囲の象徴としての「郷土」であった。

　小学校教師の峰地にとって、民俗学などに見られる価値意識の転換は、平凡な一人一人としての児童に価値を見るものとして現れている。選良に対する平凡な児童という「郷土」である。その意味での「郷土」教育は、児童自身が平凡な自分に価値を認め、自分を中心とするという意味での「郷土」教育となる。平凡な一人一人の児童を、成績その他の外部の基準に照らさない、それぞれのままにその価値を認めさせようとする実践であったといえる。当然それを認めるのは、教師でも他の誰でもなく彼ら自身である。自分自身が自分にとっての価値あるものを価値とする、その方向性を身につける学びが、峰地の郷土室実践であり、「郷土」教育である。それ

は学習者主体教育そのものであったといえる。

第6節　郷土教育実践（3）
――新課題主義――

　「課題」は、一見学習者主体教育にはなじまないと思われるが、峰地光重の教育実践において一貫して用いられた方法の一つである。本節では「課題」を観点に、峰地実践全体の俯瞰を目指したい。
　まず初めに郷土教育における課題の実際について確認し、次に上田庄三郎による「調べる綴方」批判についての検討、竹内好美の民俗学実践における課題との比較を行う。そこから見える峰地郷土教育における課題のあり方の特徴と、実践全体における峰地の立ち位置について考察する。

1．興味と課題

　『文化中心綴方新教授法』の当時から峰地は、自由作に意義を見つつも、課題の必要に言及し、一貫して実践方法として重視している。ただしその課題は、練習目的の課題ではなく、身の回りに題材を見出すための援助であった。
　「生活学習」の理論において課題は、「環境の多様化」をもたらす「生活指導」として位置づけられている。身の周りのすべてが「生活」を深めるための刺激である「外的要素」であり、課題である。例えば教師の存在も「環境」も、「課題」にあたるとしている。
　郷土教育では、「生活」としての郷土について「科学的」見方を含む多面的考察を求める点が新たな要素として加わったことが確認されたが、課題は、その多面的な考察を確保するために有効な方法となっている。

　郷土教育において、課題はそれまで以上に一層重要なものとして取り上げられている。『新郷土教育の原理と實際』における方法原理の一つとして「興味と課題」があることにも見えるように、課題は、興味との関係の

中で重要とされている。

　下の引用部に見るように、課題の役割は興味の喚起にあり、これは、課題を外的刺激としていた「生活学習」の立場と基本的には変化していない。

　　　課題とは一つの事件に對する無關心的態度から、關心的態度へ轉化するところの方法である。まことに課題は兒童を事件的興味へ導入するパイロツトである。　　　　　　　　　（『新郷土教育の原理と實際』p.14）

　ただしここでの興味は、以下に見るように、単なるいわゆる面白そうなことへの興味ではない。対象と人との緊密な結合状態の中にある「高度の興味」であり、それは「極めて積極的な意志作用」である。

　　　この場合興味とは單に面白いことではない。面白くないことにも興味はある。興味とは對象と人との結合狀態に於て、初めて發生する極めて積極的な意志作用である。
　　　新課題主義の綴方は、その課題法を一層具體化し、課題提出によつて問題の中心と方向性を與へ作者と對象との結合狀態を緊密にして、高度の興味を示唆し、作品的價値を高めようとするものだ。
　　　　　　　　　　　　　　　（『郷土教育と實踐的綴方』[19]　p.33）

　実践の具体例を見てみよう。
　以下は新課題主義について説明するため「あなたの家を研究しなさい」という課題とともに行った指導について述べた部分の抜粋である。一から七が、課題の具体的内容である。

　　　例へば單に「あなたの家を研究なさい」と課題するならば、子供達はその手掛りのないのに當惑する。これが舊課題主義の行き方だ。素材と作者との間に、關心的態度がたとへ成立しても、結合の度合がそれでは緊密でないのである。それでその結合の度合いを緊密にする方策

第4章　「新郷土教育」

をもたなければならないことになる。それに就て私は次のやうな方法をとつて指導してゐる。

　●我が家
▼　家のあり場所はどこか、建て方は？　好き嫌ひ？
▼　祖先は誰れか、家内何人か、表にして見なさい。
▼　家族の人々に對する反省
▼　我が家の經濟調査
▼　富んでゐるとすればその理由
▼　貧しいとすればその理由
▼　その他、何でも書いてよい。

といふやうな課題の提出法をなす。かゝる取扱は、對象、文の素材との關係を緊密にし、延いてはそこに兒童の興味をそゝる。又、かゝる提示法によつて問題の中心點と方向性を提示することになる、しぜん作の内容は充實して來る筈だ。
(「新課題主義綴方を提唱する（文集をとほして）『綴方生活』第三巻第２号　1931（昭和6）年２月）[22]

　ここで課題の意義とされている三つうちの二つ「對象、文の素材との關係を緊密にし」「兒童の興味をそゝる」は、郷土教育以前の綴方指導において課題としてすでに行われている。この「あなたの家の研究」の課題としての問いを、たとえば第２章でとりあげた『文化中心綴方新教授法』における「とけいや」「三毛が死んだ」の問いと比較してみよう。これらはいずれも対象をより精密に見て、具体的に記述することを求めるための問いとして示されたものである。

　一、とけいやのかんばんはどうなつてゐますか。
　二、とけいやのうちはどうなつてゐますか。
　三、並べられてゐる時計にはどんなのがあるか。
　四、時計の外になにがあるか。

251

五、とけいやさんのしごとは何ですか。
　　　　　　　　　　　　　　　（『文化中心綴方新教授法』p.140)

　（問）三毛のなぐられた棒はどんなのでした。
　（答）かつぎ棒でありました。
　（問）傷がついてゐましたか。
　（答）私が抱いてかえりがけに見たときは、何とも氣づきませんでしたが、夜しらべて見ましたら、背骨がおれてゐました。
　（問）背骨の折れてゐるのは、どうして分かりましたか。
　（答）どうしても立ちませんでした。からだを動かすたびに、かち／＼と骨のかち合ふ音が、かすかに聞へました。
　　　　　　　　　　　　　　　（『文化中心綴方新教授法』p.142)

　これに対し「あなたの家の研究」の課題によって提示された問いは、家族を情緒的な観点からではなく、建物、人員構成、経済などの観点から観察させようとするものであり、その点で郷土教育以前のものと異なっている。先に見たように、郷土教育では、「生活」としての郷土について「科学的」見方を含む多面的考察を求めようとした点が新たな要素としてあったが、郷土教育における課題は、その多面的な考察を確保するために有効な方法となっていることがわかる。これが上の引用部にいう「問題の中心點と方向性を提示する」にあたると思われる。

　課題の役割としての多面的な考察への方向づけは、題材の偏向の矯正としても表れている。峰地は「東伯兒童文集」の取材範囲を調査して、次のような結果を得たとしている。ここでいう課題は、取り上げる題材という意味での課題である。

　　▼取材の範囲が偏狭だ。「仕事」とか「社會」とか云ふ材料にもつと關心されていい。
　　▼一たいに風月をたのしむ式の老人趣味の題材が多い。自然的題材が

断然多く、六十八篇を占めてゐる。
▼評論的態度のものが極めて少ないのはもの足りない。
▼實用的態度のものが同じく極めて少い。この種のものはもつともつと多くならなければならない。
かうした弊はまことに全國的な傾向である。
「東伯兒童文集」文材一覽表（省略）
「東伯兒童文集」綴方記述態度の分類（省略）

この弊を救濟するものは、やはり課題である。課題によつて、その取材の方向を明示し、而してその着眼の方法と態度を明示すれば、容易にその弊は救ふことが出來る。
　　（「新課題主義綴方を提唱する（文集をとほして）『綴方生活』第三巻
　　　　　　　　　　　第2号　1931（昭和6）年2月）[23]

　ここでは、題材の範囲について、これまで足りなかったものとして、「仕事」「社會」「評論的態度」「實用的態度」をあげ、また、今まで多いものとして「老人趣味」「自然的題材」があがっている。そしてこれらを課題によって匡救するとしている。「この弊」とは題材の偏向である。それ以前の『赤い鳥』綴方や「土の綴方」[24]における題材選択が文芸主義的であったとし、その反省に基づき、題材を現実生活全体に広く目を向けたいということは、峰地だけでなく、当時の綴方の方向性として見られるものである。
　例に示された「あなたの家の研究」の課題は、対象との関係を緊密にするという意味での「興味」を持たせることの他に、多方面に目を向けさせる課題の例としてもあったといえる。

2．目的としての「見る」こと

　峰地の「新課題法」が、その多面的な考察を確保するための方法となっていることを確認したが、課題による多面的考察は、郷土を知るための方

法ではなく目的として位置づけられている。

> 新課題主義を単なる綴方教育上の方法論だと思つて貰つてはならぬ。綴方教育の正しき目的論的足場を獲得し、乃至は全教育の正しき指標を獲得する一つの方法的原理であると信じるのだ。（傍点峰地）
> 　　　　　　　　　（中略）
> 何故に從來の綴方作品が、さうした貧弱、無力、偏狭、無意味の各要素を完備してゐたのであるか。これを一言にして云ふならば、對象（素材）に對する關心が、低劣なものであつたからだ――といふ外はあるまい。對象素材に對する關心が低劣であるといふ意味は、たゞ惰性的に對象と、精神とが結合せるに止まること、從つて素材の選擇が一方的であること、而も結合狀態が内觀的に必至的に成立してゐないことである。　　（「新課題主義綴方を提唱する（文集をとほして）」
> 　　　　　　　　　　　　　『綴方生活』第三巻二月号、1931年2月）

　この『綴方生活』の記事では、対象と精神との惰性的結合のもたらす現象として「素材の選択が一方的」であることがあげられている。選択のあり方が、関心の質の問題として捉えられているのである。綴方に於ける題材の選択がそのまま「現実郷土の認識」とつながっており、従って題材選択の偏向は、現実認識の偏向である。またその見方の偏向は、結合状態が緊密でないことからもたらされるということになる。そして新課題法による課題によってこれらを克服し、結合を緊密にすることができるとしている。
　ここに、多面的な認識そのものが、峰地の郷土教育自体の目的となる。峰地は、『郷土教育と實踐的綴方』において、郷土教育における綴方を「題材主義綴方」と呼んでいる。

> 現實こそはあらゆる生命の營みである。其の生命の複合的存在である現實郷土の認識から教育は基礎づけなければならない。教育の指導理論は哲學原理から來るものではなく、郷土の認識から派生すべきも

第4章 「新郷土教育」

のだと、郷土教育は主張するのである。(『郷土教育と實踐的綴方』p.9)

　生命の複合的存在である現実郷土の認識そのものが目的であり、それをもたらすものとしての課題は、方法でなく目的を示すものなのである。
　彼の郷土教育実践の成果としての『子供の郷土研究と綴方』[25]は、その序文に述べられているように題材中心の編集となっている。以下は序の編集方針について述べた部分である。

> 集團使用を目的として作品を選むことになれば、なるべく作品を多面的にとり其の刺戟力を多角にしなければならぬ。即ち本書では、動物、植物、自然、遊戯、勞働、社會、器物、人事の八つの部面から作品を採擇した。かくすれば勢ひ作品本位となり、作者本位でなくなつて來、同一人の作品を重ねて掲出しなければならなくなつた。けれどもこれは意としなかつたのである。　（『子供の郷土研究と綴方』序）

この文集が題材の多面性を中心に編集されているのは、それが峰地にとっての郷土教育、ひいては郷土研究のあり方の表現であるからである。また、それらの題材一つ一つにおいて、どこに目を向けるのかを示すこともその郷土研究としての成果であったと思われる。

　ここまでの確認から、峰地の「課題」は、現実生活としての郷土の、今まで目を向けなかったものをに目を向け、対象として認識する体験をもたらすものとして位置づけることができる。対象として見ること自体に目的を置くことは、『郷土教育と實踐的綴方』においては、以下の様な記述となって表れている。

> 題材主義に於て、根本になるものは何としても觀念形態である。假令それがまとまつたものを要求することは難いとしても、事實を事實として素直に觀るだけでいいのだ。それで立派な觀念形態と云ひ得る

と思ふ。我々は馬の糞は馬の糞として價値を見よう。馬の糞を黄金として見るやうな思想の人達が可なり多い。物を素直に見ることは、物を價値相當に見ていくことである。　　（『郷土教育と實踐的綴方』p.68）

素直に見ていくことが、やがて正しい觀念形態をつくり上げるのだ。
（『郷土教育と實踐的綴方』p.70）

この、「素直に見ていくことが、やがて正しい觀念形態をつくり上げる」とする考え方は、前節『綴方生活』地方児童考における、イデオロギーと教育について述べた部分の主張と重なるものである。そこでは、思想は与えるのでなく、子どもが自由に自分の思想体系を伸ばし深めていけることが、ひいては正しい思想体系をもつことにつながるとし、何が正しいかは既に決まっているのではなく、子ども自身がよりよきものを求めるように育てることを教育の仕事とするという考え方が述べられていた。この考え方は、子ども自身が現実に目を向けることそのものを指導とする実践のあり方となって表れている。

2.1 「郷土研究」実践

　課題のあり方の中に、子ども自身が現実に目を向けることそのものを目的とする考え方が確認された。では子どもに、生活現実としての郷土の、何にどう目を向けさせようとしていたのか。それについて知るために、教科ではない「郷土研究」の実践について見てみることとする。ここでは『新郷土教育の原理と實際』に掲載された「郷土研究」の実践が、『郷土教育と實踐的綴方』にやや詳しく掲載されているので、その記述を取り上げる。峰地はそこで、郷土研究を「一つの綴方の仕事」であるとしている。

　実践の概要としては、子どもが研究課題とプランを定めて、研究にあたるというものである。各学期1回、「自由研究週間」として、2, 3日時間割を撤廃して行ったとしている。実際のすすめ方については以下のように書かれている。

第 4 章 「新郷土教育」

> 先づ、研究週間に入るまでに、子供達は自分で研究題目を定め、研究のプランを立てる。そのプランは實に種々様々であるが、教師は一々點檢して、プランの完備に向かつて協力する。プランに朱筆を入れて、注意を與へたり、或は口頭で指示したりする。かくしてプランが出來上がつて初めて研究に入るのである。一方、適當なるプランの立たない子供に對しては、教師の方で課題を準備して置いて、それによつて研究をすゝめるやうにしてゐる。
>
> (『郷土教育と實踐的綴方』p.114)

ここでは、子ども達が自分で研究課題を定め、研究プランを立てるとしている。またプランの立たない子に対して課題を与えるとしている。

> 私の現實重視の教育の立場からすると、初めから、郷土調査項目など、子供に提示することは寧ろ邪道である。郷土調査の項目は一つの研究の視野であるから、教師が一通り目を通しておくのはよいとしても、兒童にかうしたものを初めから押しかけるのはよくないと思ふ。それよりも、目に觸れ、耳に聞こえるところの存在から這入つて行くのがよい。事實、抽象的な項目などは、ちつとも實感的でなく、したがつて研究を示唆する力も微弱であるけれども、目を刺戟し、耳に訴へるところの存在は、極めて實感的で、研究の意氣も湧き、興味も動くといふものだ。たとへ、研究が偏つてゐてもいい。そこから研究をすゝめるところの訓練を積ませなければならない。
>
> (『郷土教育と實踐的綴方』p.115)

郷土調査の項目を子ども自身が考えて研究をすすめることに、意味を見ており、「たとへ研究が偏つてゐても」と述べるなど、研究内容の充実や成果より、目に見え耳に聞こえることから、子ども自身で研究をすすめる訓練を積むことを目的としていることがわかる。「郷土調査の項目は一つの研究の視野である」と述べられ、「郷土研究」は、研究の視野を養うこと

257

を目的としているといえる点は、これまでに見てきた見ることそのものを目的とするあり方とつながっている。同じことが以下の部分にも述べられている。

> 郷土研究の體系として、初めに考へなければならぬことは、問題をいかにして子供達に把握させるかといふことである。問題がなくては學習は成立しないのである。問題は兒童と素材との結合であつて、この結合狀態が緊密に行はれて、初めて意志的な興味も湧き研究も進むわけである。問題の發見方法として課題と自由選題法がある。（傍点峰地）　　　　　　　　　（『郷土教育と實踐的綴方』p.116）

ここでは「問題の發見」について述べている。「問題は兒童と素材との結合」であり、興味を持って身の回りを見ることによって、問題が発見され、興味が湧き研究も進むとしている。課題を与えて、問題の発見に導くこともあるとしている。

　以下は、郷土研究の方向としてあげられた項目である。

　　A　採集
　　B　實地踏査・實測
　　C　觀察
　　D　統計數量的調査
　　E　勞働に對する研究
　　F　共同制作
　　G　郷土座談會
　　H　製作品　　　　　　　　（『郷土教育と實踐的綴方』p.116〜P.126）

A〜Dは考察を含まない記録である。Eも作業記録であるが、労働の反省を含んでいる。F〜Hは、内容でなく形式である。ここに見られるよ

うに、「郷土研究」は、見たり、測ったりして記録することそのものをその内容としている。「郷土研究」の目的が、問題として発見したものを見ることそのものであることがここからも見て取れる。

2.2　上田庄三郎の批判

　上田庄三郎は、その著書『調べた綴方とその実践』[26]において、峰地の郷土教育実践としての綴方のあり方を強く批判している。上田が例として取り上げて批判しているのは、〈運動会でころんだものの調査〉と〈鳥の巣の研究〉である。
　峰地の実践報告と、上田の批判を見てみよう。

　まずは峰地の実践の概要について示す。
　「運動会にころんだもゝ調査」は、共同制作の例として取り上げられたものである。以下のような課題を与えて、希望者3名で取り組み、綴方として報告している。

　　課題
　「運動會にころんだものゝ調査」
　　1　何處で一番よくころぶか。何故、そこでよくころぶか。
　　2　男と女とどちらがよくころぶか。
　　3　ころんだものゝ表をつくつて見なさい。
　　4　しらべたときの様子を綴方に書きなさい。

　「運動會にころんだものゝ調査」
　（担当者3名の名前による文章　運動会の日のことと、調査の位置と様子：省略）

　　ころんだ人と場所は次の通りです。（著者白地圖省略す）
　　又、ころんだものを表にしてゐると次の通りです。

種類	學年	走つたものゝ數		ころんだものゝ數	
百米	尋三	男三七	女二九	男五	女ナシ
百米	尋五	（私達は七夕様に出ましたので調べることが出來ませんでした）			
百五十米	尋四	男三四	女四二	男二	女ナシ
五十米	尋三	男三七	女二七	男二	女ナシ

（後略）

ころんだことについて、私達の考へ
一、男子は何故たくさんころんだか
　　男子はなぜよくころぶかといふと、男子はやけだし、又、つよいから人の間でも、へいきでくゞつて行くからよくころぶのでせう。
二、女子はなぜころげないか
　　女子はころげればはづかしいから、あんまり元氣を出して走りませんから、ころげないでせう。
三、角でなぜよくころげたか

（後略）

（『新郷土教育の原理と實際』p.376 /『郷土教育と實踐的綴方』p.76）

以下は「運動會にころんだものゝ調査」についての上田の批判である。

　これなどは課題作であるから、主題は指導者によって決定されているので、「ころんだものの調査」ということが、この学級社会の現在の生活意識にどんな必要を持つかは、作者は全く無関心である。又、指導者もこれについては別に述べていない。勿論こういう調査や仕事は子供は興味を持ってやるかも知れないが、ただ興味を持つだけなら、いたずら子は女の子供の尻をまくるようないたずらにも興味を持つ。しかしこんな興味は必ずしも題材としていいものではない。子供がどうも此の頃、よくころんで困るとか、どうも他人のあらさがしが出来なくて困るからとか、何かそこに社会的価値感の充実をその主題から

第4章 「新郷土教育」

発見するものでなければ、綴方に迫力がなくなってしまう。赤と白とを組分けして「どちらが多くころんだか」という問題になると、やはり若干の模倣をよぶが、この文では、「調べるための調査」「共同制作のための共同制作」の臭味ばかりが露骨に感じられて、優れた雑文や随筆から感じられる程度の文芸感も出て来ない。

　これはそうした綴方ではなくて、純知識的な報告であるというのかも知れないが、凡そ純知識的な例えば科学的知識の伝達を目的とする文章でも、人間が知情意の渾然たる綜合体である限り、そういう種類の文章だから、冷い羅列でいいわけはない。

（上田庄三郎『調べた綴方とその実践』[27)] p.281）

また以下は、〈鳥の巣の研究〉についての本文である。

〈鳥の巣の研究〉
　　　一　鳥の巣
一、鳥の巣は大きくて、大へん粗末に出來てゐる。學校にとつて來てあるのは黒川憲吾君がとつて來たのである。
二、巣の形
　　1　内徑——二三cm五
　　2　外徑——六五cm
　　3　ふかさ——一〇cm
三、何でつくつてゐるか。
　　1　内側——しゆろ、わた、木の根、木の葉、こけ
　　2　外側——きりの木、さくらの木、栗の木、やなぎの木
四、どこにかけてゐたか。
　黒川憲吾君の山の木の高いところにかけてゐたさうだ。高いところにかけてゐるのは、人に捕られないためであらう。
　　　二　せぐろせきれいの巣
一、せぐろせきれいの巣は、小さくて大へんりつぱにできてゐる。學

校にとつてきてあるのは黒川正幸君がとつてきたのである。この鳥
　　は河原にたくさんゐる。
　二、巣の形
　　　　　　　（この後、「六　うぐひすの巣」まで同様に続く：後略）
　　　　　　　　　　　　　　　　　　　（『子供の郷土研究と綴方』p.14）

以下は、この〈鳥の巣の研究〉を取り上げての上田の批判である。

　理科の研究ノートそのままのようなこの作品が調べた綴方であるとは
　思われない。恐らく「こんなものが綴方か」といって、旧来の綴方人
　を驚かせるに足るであろう。豈旧人のみならんや。誰か一驚を喫せざ
　るものがあろう。こういう純粋な知的記録の指導も綴方指導ではあろ
　うがこれは必ずしも綴方時間に指導せねばならぬ文芸教育ではない。
　文芸に図表や統計のようなものまではいって来るのは、勿論排すべき
　ではないが、それはその文芸の意図を、鮮明にするために駆使される
　のであって、こうした、何等作者の意図の不明な、写実の符号化に過
　ぎないような作品は文芸とは云えないであろう。共同作にも共同の
　テーマがなければならない。
　　そこには構造組織の美もなければ、創造もない。
　　この一例を以って「調べた綴方」の代表と見ることは出来ないが、
　現代の「調べた綴方」の危険なる一姿態を表わしている。これでは素
　材そのままを投げ出したものであり、この研究の筋書の上に真の創作
　──知的文芸が出来るのではないか。こんなにはっきり見せなくても
　調べなければ書けない綴方を創作させてゆくのが「調べた綴方」であ
　る。
　　これでは掃除がゆきとどいていることを示すために、バケツや箒を
　出して見せるようなものでまことに不潔を見せられるような気がす
　る。或は表現の簡易化の練習かも知れないが、これでは却って複雑化
　されている。

しかし私は、この作品を全的に否定しているのではない。こういう表現の練習も実用的価値はあるものであろう。ただこれを「調べた綴方」とすることは出来ない。そこにもまた新しい綴方の危機を見出すものである。勇敢果断に新しい綴方へと前進する勇気は買うべきであるが、同時に浅薄に思潮の動向を早合点して、浮動する軽々しい流行的風潮は警むべきではないか。

（上田庄三郎『調べた綴方とその実践』p.212）

　上田による批判は、上に見るようにかなり辛口である。「ころんだものゝ調査」については、課題作であるこの調査が、「学級社会の現在の生活意識にどんな必要を持つか」に作者は全く無関心であることを指摘し、「調べるための調査」であり、「社会的価値感［ママ］の充実」がないという。
　〈鳥の巣の研究〉については、「何等作者の意図の不明な、写実の符号化に過ぎないような作品は文芸とは云えない」「素材そのままを投げ出したもの」という批判である。つまり上田の批判は、峰地の綴方が、テーマも筋書きもなく、ただ調べたことを書いただけの書く理由のないものであることにある。

　偏向の無い素材選択及び素材の多面的な認識自体が峰地の郷土教育の目的であることをすでに確認したが、上田もまた『赤い鳥』以来の花鳥風月的取材から、社会的観点に立った取材への変化を主張しており、その点では峰地と同じ立場にある。
　上田が、この『調べた綴方とその実践』において取材範囲の拡張について述べた部分は、文芸主義綴方から、取材範囲を生活全般に、特に社会的経済的内容へと向かっていった当時の動きがよく表されているので、ここに引用して示してみる。峰地の郷土教育における綴方も、大きくはこの動きの中にあったものである。

　「何でも書きなさい」と云いながら、なかなか「何でも」では問題に

されないと知ると、誰しも「よそゆき」の取材の発見に苦しむのである。豈んや、日常の衣食に事欠く生活苦にある児童に花鳥風月的取材を発見せしめることは、支那人文話の所謂出産の苦しみよりも、創作は難事業となるに違いない。

（上田庄三郎『調べた綴方とその実践』p.294）

　文学の戯れにすぎなかった形式文学の殻を脱した綴方は、今や、取材的に脱皮することによって内容的に新しい飛躍を試みつつある。即ちセルロイド製の玩具や、温室育ちの草花のようなたわいない素材から、もっと頑丈なもっと社会的な圧力的な素材を要求して来ている。そうして取材の制限を撤廃することは、同時に内容と様式、表現形式の新組織を迫出するものである。
　感情的主観的個人的な取材から、理知的客観的社会的な取材に着眼せしめようとしている。素材そのものの丹念克明な描写が目的ではなく、素材相互の構成的表現を重んずる傾向である。かの新聞紙や布片を画面に取入れて表現の高度効果を企図している尖端的構成派の絵の如く、あらゆる素材、文になりそうに思わなかった素材をも忌憚なく題材化して、綴方の機能を社会化を図るべきである。かくしてはじめて「取材の特権階級」以外の大衆児童を「題なきさびしさ」から解放せしめることが出来る。　（上田庄三郎『調べた綴方とその実践』p.295）

　このあと上田は、滑川道夫の「取材調査」（1929（昭和4）年4月～1931（昭和6）年8月）『文学形象の綴方教育』（1931（昭和6）年、人文書房）を引いて、自然現象に対する取材が圧倒的であるに対して、社会現象に対する関心が極めて少ないことを報告する。この調査は、峰地が『東伯児童文集』について行った調査（1929（昭和4）年）の全国規模のものである。
　ここに見られるように、上田は、綴方の取り上げる内容の範囲を拡大し、社会的客観的なものとすべきであると主張する点で峰地と同様である。しかし、上田は、綴方（実用文、評論文などを含む）はあくまで文芸であると

し、その社会的機能を言う。従って「運動会にころんだものゝ調査」「鳥の巣の研究」についても、文芸としての構成、社会的機能につながる意図が全くうかがえないことがその批判の内容である。

　上田は、課題についても、文芸の立場から以下のように述べる。

> 文芸がひとり英雄の自己満足の道楽であった時代から、社会的課題に答える一人の技術家にまで動いてきた時代性の中に、綴方に於ける課題の再成の意義がある。「わたくし型」の綴方から、「世の中型」の綴方へと進化して来たのである。従って課題主義の再生はどこまでも、それの社会化であり、実利化であって、決して逆戻りではない筈だ。　　　　　　　　　　（上田庄三郎『調べた綴方とその実践』p.314）

> 単に自己満足のための表現よりも、社会的必要に応じて、適確に表現する技術の修練を、綴方のより中心的な仕事として、自覚せしめるところに、課題再生の重要性がある。かくして個人の生活は、集団の課題に答えるために組織され、一切の課題は、集団に課されている中心的な課題を解くための、小課題でなければならない。
> 　　　　　　　　　　（上田庄三郎『調べた綴方とその実践』p.315）

　上田における課題選択の基準は、その選択がいかなる社会的機能としての意図につながるものであるか、またそのための文芸作品となりうるかにある。あり体に言うなら、役に立つかどうかが上田の基準である。

　それに対し、峰地の課題は、子どもが花鳥風月的題材以外に目を向けることそれ自体に意義を見て、そのような対象に視線を広げることのみを目指すものである。そしてそれらを見ることが、何かのつながりや機能を持ちうるかという点や、文芸としての綴方たりうるかといった作品としての完成に全く関心がないと思われる。そのような峰地の課題や調べる綴方のあり方は、上田ならずとも物足りないものである。また峰地がそのことに思い至らないはずはない。

しかし、その課題を学習者主体教育の中に置いて考えれば、見え方は違ってくる。意義づけや目指す方向は児童それぞれにあるのだから、児童にとっては上田がいう社会的必要や集団の課題に対応するものである必要は無い。上田の求める調べる綴方は、上田の価値意識の中で評価される綴方にすぎない。池袋児童の村小学校における「生活学習」という学習者主体の実践を体験した峰地にとって、見ること自体から後は、それぞれの児童の側に投げ出すものとしてあったに違いないと思われる。

3．竹内利美「川島村小学校『郷土誌』」実践における「課題」

　次に課題にかかわる実践について検討する。比較の対象として竹内利美の長野県上伊那郡川島村小学校における『郷土誌』の実践を取り上げたい。
　竹内利美の実践も、民俗学的観点から郷土に目を向けさせ、かつ児童に調査をさせる形式の課題によって体験的にも郷土への視線を養うことを目指した郷土教育実践である。児童の視線の形成を目的とし、その方法として課題を用いる点が峰地の実践によく似ている。ここでは、特に課題のあり方に着目し、竹内の課題が内包していたものについて考えたい。

　竹内利美は、柳田民俗学と関わりの深い長野県において、1929（昭和4）年から1939（昭和14）年まで実践を行った。郷土研究の同人誌『蕗原』に参加するなど、民俗学に深い関心を寄せており、自身も精力的にその研究を発表している。
　竹内の実践は、その民俗学の立場に基づく郷土調査を中心とするものである。児童が、放課後などの課外の時間を使って、各家庭における習慣や労働、祭事などについて調査したものを統計、総合し、冊子として配布し、村の生活について考えさせようとするものであった。
　ここでは、長野県上伊那郡川島村小学校における実践を取り上げる。この実践は、初め尋五生、その後進級して尋六生としてほぼ同じ児童を対象としたもので、1933（昭和8）年4月から1934（昭和9）年2月、1934（昭和9）年12月から1935（昭和10）年4月の2回に分けて児童による

調査が行われ、竹内一人が『郷土誌』にまとめ配布という形で行われている。『郷土誌』は、1号〜3号まで出されたが、最後の第3号は転任後の5月になって頒布されている。第1号はアチック・ミューゼアムより『小学生の調べたる上伊那川島村郷土誌』(1934 (昭和9) 年11月) として刊行され、雑誌『教育』に取り上げられるなど反響を呼んだ。『郷土誌』第2号・3号も、その後『小学生の調べたる上伊那川島村郷土誌續編』(1936 (昭和11) 年8月) として刊行されている。竹内は、その後も東筑摩郡本郷小学校三稲分教場における尋三・四年『村の調べ』などの実践を継続して行っている。

　この竹内実践についての、先行研究の評価は高い。たとえば北村和夫 (1989 (平成元) 年)[28] は、川島小学校の実践を、社会学的観点を加味した民俗調査とし、実践の特徴として「民俗学調査としての体系性、記述の正確さ・客観性、研究対象の斬新性、全国比較による一般化などは必ずしも重視されず、あくまでも、児童の能力に即応した範囲に限定した」ものであることをあげている。その上で、その教育的意義として「日本の民衆が作り上げてきたものを、次代をになう児童自身に期待を込めて伝えるための調査」「自己認識のための調査であり、将来へ向かう眼を養うための調査であった」など、高く評価している。

　ここでは、『小学生の調べたる上伊那川島村郷土誌』(正・続) を資料としてその実践を検討する。本項の引用文は、特に記載のない場合は、『小学生の調べたる上伊那川島村郷土誌』からの引用とする。

3.1「川島村小学校『郷土誌』」実践

　竹内実践において、子ども達を動かしているのは、以下のような調査票、いわゆるワークシートである。調査の要項を印刷して児童に配布し、余白に結果を記入するという形式である。児童が実際に書き込みをした用紙の掲載は、凡例に掲載されているこの一つのみである。「問題を與へる際には相當に詳細な説明と注意を加へた」とあるが、その内容については記されていない。

郷土誌（四）　　　　　　　　　　　　　　　　（渡戸八番）赤羽　功
　　　　農業行事（ソノ一）
○ねえま（苗間ナヘマ）のしらべ
一、しろかきをやつた日。
　　　　四月二十日
二、しろかきをやつた人。
　　　　父さん、おぢいさま
三、馬はどこののか。
　　　　家のの、
四、ねえまに使つたこやし。
　　　　大べん。いしばい。
五、つかつた道具の名とゑ。
　　　　まんが。くは。じょれん。けんざを。しろかき
　　　　まんが。金の大足。木の大足。しろならし。
　　　（スケッチは別紙にあり）。
六、しろかきをした日のごちそう。
　　　　草餅をこしらへた。なぜかといへば稲が青く出來るやうにといつ
　　　　て草餅をこしらへる。
七、もみまき
　1．もみまきの日。（四月二十一日）
　2．まいた人。　　父さんとおぢいさま
　3．まいた日のえらび方。
　　　　たつの日がよい。なぜかといへばたつの日は稲がよくたつとい
　　　　ふから。
　4．まいた種もみの種類。
　　　　せきとり。もとしぶ。きなへわせ（百五十七號一ばんわせ）。せ
　　　　んごく。もち。
　5．田の神のまつり。
　　　　正月十五日のおかゆをかいたけえかきぼうを田のみな口にたて、
　　　　その上へやき米を進んぜる。
　　　　四月二十八日にした。
　6．柳かなんかさしたか。そのわけ、その柳の名など。
　　　　柳をさした。そのわけは稲がよく立つやうに柳をさした。

第4章　「新郷土教育」

> 　　7．その日のごちそう。
> 　　　　草もち。

右のは優秀の方であつて、餘白のまま殘しておく所の多い者も少なくなかつた。
（正編凡例 p.4）

　この調査票の調査は「第一部　稲作の調べ　（一）ねえま（苗間）の調べ」として総合統計し報告されている。報告の項目が、調査票の時点での問いの項目と一致している。また問いは目次に全て掲載されている。
　掲載本文は、児童の報告をまとめて表にした場合、答えとそれぞれの数を記した場合、以下のように答えとその回答者を番号で記した場合がある。調査者の名前は、凡例のあとに、「五年の人々（調査者氏名）」として、居住地と番号と名前が全員記されているので、誰の報告であるかわかるようになっている。最後に「飯沼澤　番外　竹内利美」とあり、指導者である竹内の調査報告や感想などが時折「（番外）」として後に加えられている。

　　〔6〕籾播きの日の選び方
　　　　辰の日がよい。稲がよくたつといふから。　　　　　　（渡戸八）
　　　　辰の日、午の日、酉の日がよい。　　　　　　　　　　（渡戸一）
　　　　丁巳（ひのとみ）の日がよいといふ。　　　　　　　　　　　（下飯沼澤一七）
　　　　天氣のよい、風のない日。　　（一ノ瀬三一）（木曾澤四六）其他
　　　　水の澄むのを待つてする。　　　　　　　　　　　（下飯沼澤一九）
（正 p.2）

　子どものスケッチは、ほとんど写真に置き換えて掲載したとされ、また村の様子の写真も多く掲載されている。
　子どもの報告の形式として、綴方や日記もあり、綴方作品も随所に掲載されている。綴方はいずれも、子どもが見聞きし体験したことを、そのとおりに時間を追って書いた形である。同じ項目について書いたものは、体

験の内容や詳しさだけが違いである。

　『小学生の調べたる上伊那川島村郷土誌』（正）では村の生活の様々な場面が調査の対象となっている。「第一部　稲作の調べ」「第二部　蠶の調べ」は労働に関しての調べであり、その担当、方法などを項目としている。「第三部　味噌煮、栗其他の調べ」「第四部　家の調べ」は家庭の生活や交際、習慣について、「第五部　子供仲間の調べ」「第六部　うぇーでん様の調べ」「第七部　祭の調べ」は、祭事としての行事についてである。「第八部　氣象の調べ」は自然についてと、着物の移り変わりについてである。

　たとえば、「第三部　味噌煮の調べ、栗其他の調べ」の目次に示された項目は以下のとおり。

第三部　味噌煮の調べ、栗其他の調べ
（一）味噌焚の調べ
　　（１）味噌焚の日　　　　　　　　（２）他所と一緒にしたか
　　（３）味噌焚の人數　　　　　　　（４）味噌焚の釜や機械
　　（５）大豆はどうしたか　　　　　（６）味噌釜の火に特別に焚くもの
　　（７）味噌の作り方　　　　　　　（８）味噌玉の吊し方
　　（９）味噌焚の御馳走
（二）栗の調べ
　　（１）家の周圍の栗の木の數　　　（２）栗拾いの場所
　　（３）栗のなる年ならぬ年の呼び方（４）栗拾ひのきまり
　　（５）村の栗の木の有り具合　　　（６）栗の値段
　　（７）買ひに來る人　　　　　　　（８）今年の出來具合
　　（９）栗拾ひの始の日と終の日
（三）春の山で食べられるもの
（四）薬になる草　　　　　　　　　　　　　　　　　（正編目次 p.4）

「第五部　子供仲間の調べ」では、子ども達が実際に取り行う行事であるだけに、前日から後片付けまで、子ども達の詳細な報告の綴方が掲載され

ている。(「天神様の御祭り」4編「おんべ」3編「ずず廻し」3編「どんぶりや」4編。)

　続編では、「自由研究」としたものも見られる。自由研究であるので、問いの項目は示されず、報告はすべて綴方である。

　以下はその一部「第五部　講の調べ」の本文である。

　　（二）講について（自由研究）
　講についていろ／＼調べてみませう。今度は別に問題はきめておかないから、何でも大切と思ふことを自由に書いて下さい。
〔1〕二十三夜講
　　　　二十三夜講　　　　　　　　　　　　　　　渡戸八番
　毎月の舊二十三日に月讀ノ命を祭る講である。渡戸は村を上中下の三組に分けてしてゐる。廻り番でお祭りはやり、のぼり、おかけじを廻してゐる。番の家ではのぼりを立て、お風呂を湧かす。そして隣近所の講の仲間を呼んで、體を清めて神様を拜む。
　この日のお湯は女が先に入つてはいけないと言ふ。

　　　二十三夜様について　　　　　　　　　　　下飯沼澤十三番
　舊の二十三日はお三夜様である。お三夜様には幟などの道具があつて、お祭りは廻り番でしてゐる。仲間の軒數は皆で十九軒である。二十三夜が來ると、頭屋では朝家にある廻つて來た幟を立てる。それからお風呂へ水を汲んでわかす。お湯が湧くと家の主の人が一番先に入る。お湯は五時頃湧けば丁度よい。それから家に子供のある家は、
「お三夜様に來ておくれ」
と言つて、ふれて廻る。又豆を炒り、煮物をして、お茶の時に出して來た人に進ぜる。「豆いり」は幟やおかけじ（掛軸）の入つて居る箱を横にして、それへ重箱か何かを載せ、その中へ豆を入れて置く。そして箱の上へ、又御燈明を上げる。來た人は順にお湯に入るが、出ると先づその箱の前へ行つておかけじを拜む。そしてひじろ端へ行く。

其處で煮物やお葉（漬物）を出して、お湯に入つた人にも入らぬ人にも
　「さあ上つておくれ」
と言つて進ぜる。そして又豆いりを食べてくろと言ふ。この豆いりは、食べると風邪を引かぬと言つて、何處でも出す。そしてこれを昔から今迄續けて來て居る。その翌日は秋葉講である。

　　二十三夜講　　　　　　　　　　　　　　　下飯沼澤十四番
　下組中が仲間でお月樣をお祭りする講である。道具は幟とおかけじ。毎月舊の二十三日になると、廻り番でする頭屋ではお風呂を立て、又豆炒りをしたり、野菜の煮物をして神樣に上げる。さうして家の者は組中の者に
「お三夜樣に來ておくんね」
と言つてふれてくる。
來た者は皆お風呂に入つて體を清めてから、神樣の前へ行つて拜む。拜んできた人には
「さあ上がつておくんね」
と言つて、煮物や豆いりを進ぜる。さうして濟んだ者から家へ歸る。
　　　　　　　　　　　　　　　　　　　　　　　（續編p.63）

　この講の調べ（自由研究）の報告としての綴方は、二十三夜講については、上記を初めとして計12作掲載。このほかにも5作あったと書かれている。他の調べは以下のような数で行われている。

庚申講　　　8作掲載　　ほかに3作
山の神講　　8作掲載　　ほかに4作
蠶祭　　　　9作掲載　　ほかに10作
甲子講　　　3作掲載
觀音講　　　1作

津島講　　２作
秋葉講　　５作
戸隠講
成田講
八幡講
お飯綱様の講
地藏講について
はだか武兵衛様のお祭

　この実践における問い（「課題」）のあり方について、その特徴は以下の様に整理される。
　①問いはすべて児童が各家庭の状況から、迷わず具体的に答えられる形で問われている。指導者の知識の上に立ってすでに要点が絞られており、答えをある程度予想した上で、各戸における細部を問うものである。綴方による報告もある。
　「自由研究」は、テーマが指導者によって定められ、小さな問いの項目がないという形式のものである。自由研究の報告は綴方の形で行われている。
　②問いは、事実について答えることを求めるものである。理由・原因についての問いは含まれていない。
　③大人の生活としての村についての問いであり、子どもの役割や参加に関する問いは含まれていない。（ただし正編「第五部　子ども仲間の調べ」は子どもの部分だけを事象として取り出した形での調査である。）
　④すべて村における生活の一事象としての扱いであり、個々の場合による差が捨象されてゆく処理になっている。交際の範囲やあり方、食など個々の生活内容に関わる部分も、火事などの事件についての、見舞いやその後の対応についても、村の決まりや習慣としてバラバラに扱われる。
　次に冊子『郷土誌』の編纂の特徴については以下のように整理される。
　①持ち寄った答えが、問いごとに村全体としての表や、数として処理さ

れている。そのため各戸それぞれの営みや工夫としては見えにくくなっており、一事象としての扱いとなる。

②（番外）として添えられたコメントの多くは、調査の中では知り得ない古い話、他所の話などを付け加えるものが多い。

③綴方による報告も、現象面についてのみ取り上げて綴るものとなっており、同じテーマであればほぼ内容が等しいものとなっている。テーマに関わらない内容や、個々人の思いは書かれていない。掲載については、「類似のものでもなる可く省略せずに載せる」ということが方針とされている。理由は「児童に他と対比して、自分の見方の到らぬ点を自ら発見させ」るためとしている。これらの点から、「見方」について、徹底した指導が行われていると思われる。

この実践のねらいや方針については、序、凡例、後記などに繰り返し述べられている。一部を拾い出して示す。

> これを編んだ私の念願は唯將來の村は如何にあるべきかと言ふ問題を村の子供達と一緒に考へて見ようとする所にあつた。　　（正編序 p.1）

> 生活の實體に正しく觸れる途は今迄村の子供達の前に開かれてゐたであらうか。現在の學校に於いて與へられる知識のみによつてかゝる理解に到達する事は果して可能であらうか。私は疑はざるを得なかつた。そしてこの疑問に對して何等かの解決を與へてくれさうに感じられたのは實に民間傳承の研究に外ならなかつた。　　（正編序 p.2）

> 兒童が自分で調査する事それ自身に重きを置いた　　（正編凡例 p.3）

> 一、（省略）大勢の力の強さと本ばかりが學問でない事をしつかりこれで考へてもらいたい。

第4章 「新郷土教育」

一　唯調べただけではいけない。皆の調べをあはせて見てもう一度それを考へて見なければ仕方がない。これは村のことを習ふために皆が自分の爲に作つた教科書である。　　　　　　　（正編　後記　p.97）

子供達の周圍に存在する村の生活事象を子供達の能力に相應する程度に於いて出來得るだけ廣く且つ深く觀察する事に依つて、村の生活の實態を理解せしめ、やがて彼等が學校を卒へて村の成員となつた後もその生活を正しく批判する能力を自得して、村の共同生活の望ましき進展の爲めに努力しようとする情熱と叡智とを貯ふ可き素地を今にして開拓しておき度いといふところにあつたのである。　（続編序 p.2）

ここには、この民俗学的観点からの郷土調査が、調査のための調査でなく、村のため、子ども達のその後の生活のためを志したものであることが熱く語られている。

また続編の後半は、転任のため直接子ども達に話す機会が得られなくなってから配布された第3号にあたる部分であり、竹内のコメントの量も増え、内容も次第に、考えさせようとするものから、竹内自身の考えを述べたものへと変わってきており、そこには、村の改革や将来についての考えが明らかにされている。

　　段々に衰へて來ている今の講が、村に生れ存續して來た本當の事情を見きはめる事が何より今は大切な問題なのであります。
　　　　　　　　　　　　　　　　　　　　　　　　　（続編 p.101）

今のやうな村の様子では昔通りの「ゆい」が段々行はれ憎くなつて行くのは仕方がない事でありますが、しかし村に臨時の努力が少い自分達の村のやうな山方の村では「ゆい」が必要でない事は決してありません。殊にまだ／＼村中の暮向が略々同じであるこの村では「ゆい」を新しい時勢に合ふやうに改良利用して行く事が大切であり、又さう

する事がさう困難ではないやうに思はれます。しかし「ゆひ」の將來はやがて皆の考へ方一つでどうともきまるところでもありますから、この位で筆をおきませう。(番外)　　　　　　　　　　　　(続編 p.135)

　今の農村は非常に困難な時にさしあたつて來て居り、農業の經營も昔通りに呑氣に續けて行く事は許されません。大勢の力を合せて、經濟の立直しを計らねばならないといふ、村にとつては何より大切の時期なのです。それには、唯眼前の小さい損益ばかりを考へてゐては駄目です。村のやうすをありのまゝに見きはめた上に生れてくるものでなければ、實際の効力はないものとなるでせう　勞力の事等は最も農家には大切の事であるのに、今迄の村々の生活改善とか節儉規約などにもあまり見えず。又農會等の仕事にも大して考へられて居ないやうです。これは隨分大きな手落ちではないでせうか。
　今の皆は學校の仕事が第一で、村の事等へは關係がないのですが、かうして調べたことが土臺となつて、だん／＼と村を見きはめる力が養はれて行つたら、その力こそやがては村をよくする源となる事は疑ないと思ひます。　　　　　　　　　　　　　　　　(続編 p.141)

3.2 「川島小学校『郷土誌』」実践についての考察

　竹内実践のねらいと方法については、小国喜弘（2001（平成 13）年）[29]の研究がある。小国は、『郷土誌』が、民俗の多様性を子どもに印象づける特徴を持ち、「村の生活の本当の姿を見窮める力」を子どもに獲得させようとする構成になっており、またコメントによって「現在の生活機構の批判と改造」という「農村内部の要求」をいかに実現するかは子ども達自身の問題であることを竹内は訴えかけようとしていたという。
　竹内実践における問い（「課題」）の特徴と、それが子どもにもたらすものについて考えてみたい。
　竹内実践は確かに民俗の多様性への視線を子どもにもたらそうとするものである。しかし、それが子どもにとってどのようなものとしてもたらさ

れているかという点で、問題があると思われる。

　まず、問いのあり方については、子どもによる調査と言いながら、いわばアンケート的な調査であり、子どもは調査の要員ではあるが調査全体の主体であるとはいえない。川島村のような農村においては、子どもは相応の労働を担っている場合が多く、綴方などには、子どもの労働場面が描かれたものも掲載されているにもかかわらず、問いの項目では村の生活が大人のものとして捉えられ、調査項目から見える児童の立場は、傍観的な観察者となっている。「今の皆は學校の仕事が第一で、村の事等へは關係がないのですが、かうして調べたことが土臺となつて、だん／＼と村を見きはめる力が養はれて行つたら、その力こそやがては村をよくする源となる事は疑ないと思ひます。」という言葉には、今の調査が現在既に一家の労働の担い手である児童にとっての将来のための学習であるとして位置づけられており、準備教育でしかない。

　また、この調査の最も特徴的な点は、生活を、全て実体化した現象として捉える点である。綴方作品においても、現象部分に着目し、それを記すことが強く指導されていることが見てとれる。それらの現象の一つ一つをもたらしているのは、当然個々の人々の家族への思いや、生活の厳しさであり、その状況下でのそれぞれ精一杯の努力の中で、結果、各戸に類似の現象が表れているのであって、生活者の個としての工夫や願いは、その中の小さな差異の中にある。もちろん子ども達は、調査にあたることで、そのことを感じることができたと思われ、また「兒童が自分で調査することに重きを置いた」とすることから、そこにも竹内の意図があったと思われる。しかしこの『郷土誌』の編集のあり方は、竹内が児童に行わせた調査が、民俗学の立場から、個々の生活を、統合可能な部品として切り取り、量的に統合することとなっている。できあがった『郷土誌』においては、彼等の回答結果の一つ一つが、項目毎に村全体の中の一事象として統合比較されており、それによって、個の願いからもたらされたはずの現象が、「村の願い」として組織再編されている。これは竹内が意図した村の生活を全体から捉える視点の育成のための実践化の部分であろう。しかしそれ

によって、生活の個々の努力が、結局全体の中では小さな差異にすぎないものとして回収されていることになる。子どもが実際に自分の家族について調査にあたっただけに、この処理が子どもの認識に及ぼす影響も大きいと思われる。

　問い(「課題」)の設定は、その時点で認識の土台設定である。同様の問いを繰り返し行い、特に体験的な調査として答えを求めさせることは、子どもに認識のあり方の一つのひな型を形成することになる。またその調査結果をくり返し教師の視点で編集して見せることも同様である。その意味で竹内の実践は、現象として生活を見ること、村という視点に集約されてゆくものであるという認識のし方を体験的に子どもにもたらしている。

　正編の序には、生活の実態に目を向けることの必要性が以下のように述べられている。

　　正しい村の進展は生活の傳承に對する正當な認識の上にのみ所期されるものであり、そしてかゝる正しい認識はあらゆる面を持つ複雜な生活事象の實體を透して、その根幹をなす村の生活組織に對する深き洞察に迄到達する事によつてのみ可能であらう。　　　(正編序 p.1)

ここで「正しい村の進展」「正しい認識」という時の正しさは村人の願いではない。ここに、もともとの竹内の願いが、村にあり個になかったことが表れている。全体における個という彼の民俗学の方向性は、実践の中では、「郷土誌」編纂とそのあり方に最も強く表れている。

　子ども達のお祭りである天神様のことを書いた綴方からは、それが子どものための大きな教育力を持った行事であり、大人達も十分それを知って行われていたことがうかがわれる。そこでは子どもも村の一員としてある。こうした人々の願いや必要の中で行われている生活のあり方に、学校が関わってゆくことは、人々の要求としてはもともとは存在しない。竹内実践における「課題」は、新たな対象に目を向けさせるものではあった。しかしその郷土誌の編纂・配布によって、竹内の調査は、彼の意図に関わらず、こ

れまで学校的な知のあり方からは見えなかった知の存在に新たに目を向けた学校が、その権力的な立場から子どもを使うことで、生活の微妙な部分にも入り込み、強制的にそれを蒐集再構成してゆくものであったといえる。

4．まとめ　「課題」に見る峰地「郷土教育」

　峰地の「課題」は、興味を持って見るという体験を課題によって作り出そうとするものである。また身の回りにありながら、今まで見えていなかったものを見出す観点の提供であり、見出した題材を、様々な角度から検討するその観点の提供でもある。上田庄三郎によって「素材を投げ出したまま」とされた峰地の郷土教育における綴方は、そのような峰地の目標のあり方からもたらされている。

　上田が求めたのは、取り上げた題材について調べることによって見えてきた経緯を、ひとまとまりの道筋として示す、広義の文芸作品としての「調べる綴方」である。ある題材について、何かを意図して、方法的に考察を深めることを学ぶことは重要である。上田は「調べる」の意味を社会的価値につながる点に置き、綴方にその学習としての可能性を見ていた。

　一方、峰地の課題からは、題材を見出すこと、興味を持って見ることそのものを学ぶことを目指していたことがうかがわれる。峰地は郷土教育においても、目的的に調べてゆく方法の体得や、その結果である作品としての意義や完成を目標とはしていない。峰地が目指したのは、身の回りから題材を取り上げる視線の形成にあり、上田が目指した以前の段階であるといえる。峰地の関心は、自分自身の問題を見つけ出すために必要な土台としての、自分自身で見ることそのものにあったといえる。

　綴方を作品となすまでには、様々に必要な要素がある。題材をめぐるだけでも
　　1．関心を持って深く見ること。
　　2．様々なものに広く目を向けること
　　3．自分と繋がるものとして題材を見出すこと。
　　4．題材を自分なりに位置づけること。

などがあげられる。

　実践を始めてまもない当初より、課題によって峰地の実践が目指していたのは、一貫して関心を持って深く見るための援助であった。

　その上で彼が郷土教育として新たに目指したのは、まず様々なものに様々な観点から目を向けることであり、そのこと自体が郷土教育としてあったのである。『新郷土教育の原理と實際』に社会的、経済的、民俗学的、自然科学的といった様々な立場からの郷土調査を掲載した態度にも新たな観点の提供という立場が見える。

　上田は、見ることの時点に指導を焦点化した峰地の郷土教育を、不十分なものとして批判している。上田の求めたのは、児童がその周囲にテーマや価値を見出し、位置づける記録としての調べる綴方であった。

　一方竹内利美は、竹内自身の関心から民俗学の研究をその立場とし、課題によって児童の眼を民俗学に向けようとする実践を行ったが、その課題は実際には子ども自身が見出すものとしての民俗学でなく、教師が先に見出したものを見せるための課題であった。かつ、全体的な視野に立って民俗を統計・総合的に見ることを目的とした郷土誌を発行することによって、その視線を身につけることを目的とした課題であった。

　峰地の郷土教育は、児童自身がただ周囲を見ることそのものである。その周囲が、多様で複雑な「郷土」である。その時、その「郷土」から見出すべき何かも、多様であるべき観点も、すでにあるものでなく、見る者自身が作り出すことを目指そうとした実践が、峰地の郷土教育であったと考える。彼の郷土教育はまさしく、『新郷土教育の原理と實際』の序にいう、「概念なき認識」をめざす実践であったといえる。

第7節　郷土教育実践（4）
―― 郷土化 ――

　峰地は、『新郷土教育の原理と實際』の時点から、全教育の「郷土化」を主張してきた。その主張は、郷土教育連盟[30]が「郷土教材選択」や「郷

第4章 「新郷土教育」

土科の特設」を主張するなどに見られる、当時の郷土教育の趨勢[31]とは異なる主張である。

　これまでに、峰地の郷土教育に於て、郷土は、生活であり、教育であり、その意味で郷土教育は「生活学習」の展開形であることについて確認した。つまり峰地の郷土教育は教育の全体系としてあるものであり、郷土においてよき生活を目指して営為されるものである。峰地が郷土教育において、「郷土科特設」でなく、既存教科の郷土化を主張したのもその観点から納得される。

　では、峰地がこだわった「郷土化」とは、具体的にはどのようなものであったのだろうか。それについて確かめるために、ここでは、読方実践を見てゆくこととした。

　読方は、周辺地域や農村という意味あいを持ついわゆる郷土に関わる内容の教材を扱うのでもなければ、体験や調査などの要素も含まない。多くの場合教室で一斉に同じ教材を読むことが中心となる教科である。その意味で、峰地が郷土教育の方法原理とした、「生活原理即方法」「過程そのものを教育する」「興味と課題」「行動による學習法」「當面する社會的方法」のいずれについても、それを行いにくい教科である。ここで読方実践を取り上げるのは、全教育の郷土化を主張する峰地において、その読方の実践が如何に行われているのかを見ることによって、峰地のいう郷土化とは何だったのかを一層はっきりさせることができると考えたからである。郷土研究として示された読方実践について見てゆく。

1．読方実践

　『新郷土教育の原理と實際』に、読方科の郷土教育実践として紹介されているのは、以下の3教材についてである。

・四方（尋常小學國語讀本　巻三　十五）
・用水池（尋常小學國語讀本　巻五　十九）
・白馬岳（尋常小學國語讀本　巻九　第二十）

これらは、いわゆる社会科的内容の教材であり、具体的な実践例は示されていない。補助教材として、学校中心の四方、鳥取県の用水池、大山などの身近な例を取り上げた文章などを用いることが説明として添えられている。それは、読方科の教材を地理・歴史的な観点から取り上げ、またあわせて郷土に即した補助教材を読むことによって郷土の知識を得させることを、郷土化としているかと思わせるものである。
　しかし、その1年後に出版され、内容的にも重複箇所の多い『各學年各教科新郷土教育の實踐』の具体的実践例を見ると、峰地の、読方教育における郷土的取扱の要点が別のところにあることがわかる。
　『各學年各教科新郷土教育の實踐』に新郷土教育・郷土的取扱として取り上げられ、実践例が述べられているのは以下の3教材[32]である。

A 低學年の新郷土教育
　・カタツムリ（尋常小學國語讀本巻一　二十一頁）
　・四方（尋常小學國語讀本巻三　十五）
B 中學年の郷土的取扱
　・くりから谷（小學國語讀本　尋六　六課）

　もともと読方教材の中には、修身的内容のもののほかに、地理的・歴史的な内容のものが多く、いわゆる郷土教育として取り上げやすい教材は多い。しかしたとえばこの「カタツムリ」「くりから谷」はそうではない。ここでは、いわゆる郷土的要素のない教材を用いたものとして「カタツムリ」実践[33]と「くりから谷」実践[34]を取り上げ、その共通点をあげながら、峰地実践の「郷土化」の特徴について考えることとする。

1.1「カタツムリ」実践

　まず初めに、教材「カタツムリ」の実践を見てみることとする。教材本文と、『各學年各教科郷土教育の實踐』掲載の実践は以下のとおりである。

> デンデン
> 　ムシムシ
> 　　カタツムリ、
> 　ツノ　ダセ、
> 　ヤリ　ダセ、
> 　メダマ　ダセ。

本文は縦書き、挿絵あり

(『尋常小學國語讀本』卷一　二十七頁本文)

カタツムリ（尋常小學國語讀本　卷一　二十七頁）
　（本文解説など省略）
△　大體よめたら、「何のことが書いてありますか。」と發問し、デンデンムシのことが中心思想になつてゐることを知らしめる。
　そしてデンデンムシを直視せしめるがよい。もし直視させることが、むつかしいのであつたら、過去の直觀を想起させるのでもいい。
　直觀させることが出來たら、角を出すところ、それにふれて角を引つ込めるところなど、實際に細かく觀察させたい。
　「やあ、角を出した」「やあ、引つこめた。」「やあ又出した、出した」など子供はよろこんで會話するであろう。その時教師の方へ注意を轉換させて、次のやうなことを話す。
「太郎さんと次郎さんとが、或日ふと、かたつむりを見つけたのです。蝸牛はよく角を伸ばしてゐました。それで、太郎さんがちよつと指で、その角の先にふれると、蝸牛が急にその角をひつこめてしまつた。しばらくすると、蝸牛は又角を出し初めた。何遍もする中に、蝸牛はなかなか角を出さなくなつた。そこで二人はいらだつて
　　デンデン
　　　ムシムシ
　　　　カタツムリ
　　アタマ　ガ　アル　カ　メガ　アルカ

ツノ　　ダセ
　　　　ヤリダセ
　　　　　アタマ　ダセ
と歌つたのです。
　といふやうにこの歌の背景をつくつてやりたい。
△「さあ、もう一度、太郎さんや、次郎さんの氣持になつて歌つて下さい。」と云つて歌はせて見る。そして何回かよんでゐる中に面白味を感じたところ、重韻法、脚韻法などについて考察させて見るのである。
△　教材と離れてこの地方の蝸牛の方言や童謠など云はせて見る。倉吉地方では次の如きものがある。　　方言
　一、デンデンムシ　二、マアメ　三、カタツムリ
又、童謠には
　マアメ　マアメ　角出せ　槍出せ　にしても　やあても　くわーれんだ
　　　　　　×
　デーン　デーン蟲々　雨も風も吹かんぞ　デンデンデンの蟲　出たりはいつたり　しやあらんだ
△　蝸牛の生活と人間の生活と比較させて見る。
　1　殻は人間の家
　2　雨が降るとよろこんで出る。人間は雨が降ると、家の中に入る。
　その他、蝸牛の生活について話させて見る。冬はどうしてゐるか。卵はどこに生むか、等について。
△　殻の巻き方について
　當地産の蝸牛は、皆右巻きのもので、左巻きのものは見當たらない。「左巻きまいまい」の限界は北は陸奥、北西は佐渡、越後である。最近左卷を京都府大原で發見した。西漸するらしい。もし左卷きのものを當地で發見したら、新發見であることを知らせたい。
　　△　右卷は殻が「の」の字形になつてゐるもので、左巻きはその反

對である。左卷と右卷について、見方も教へたい。

(『各學年各教科新郷土教育の實踐』P.247)

＊筆者注　以上は実践の後半部分の抜粋である。前半部には、原拠の研究、叙情詩としての位置づけ、読ませること、律調、構成、表記と発音について、述べられている。

「カタツムリ」実践についての考察

　この教材は、まだ文字に慣れない一年生の教材であり、まずは文字を正しく書くこと・正しく読むことが当面の目標とされるものである。上記実践では、それ以外に以下の取り組みがなされている。
①カタツムリの直観
②太郎さんと次郎さんの話をすること
③カタツムリに関する、倉吉地方の方言や童謡を取り上げること
④人間との比較
⑤蝸牛の観察

②太郎さんと次郎さんの話をすることは、教材文が、ある場面で用いられた生きた言葉として感じられる状況作りである。これによって教材文は、ただ読みを覚えるだけの文例ではなくなる。このことは、言葉と接する態度の形成という点から重要である。
③カタツムリに関する、倉吉地方の方言や童謡を取り上げることは、方言や地方の童謡を扱うといった、いわゆる郷土教育的な取り上げ方である。
④人間の生活との比較、⑤蝸牛の観察、殻の巻き方。これらはカタツムリの観察への動機づけであり、この課題によって、一層カタツムリについてよく見、深く考えることになると思われる。

1.2　「くりから谷」実践

　次に「くりから谷」実践についての考察を行う。

以下が『尋常小學國語讀本』の本文と、『各學年各敎科郷土敎育の實踐』に紹介された実践である。

本文

　　　第六　くりから谷
木曾義仲が都へせめ上ると聞いて、平家はあわてて討手をさしむけました。大將は平維盛で、十萬騎を引きつれて、越中の國の礪波山にぢんを取りました。義仲は五萬騎を引きつれて、これもおなじく礪波山のふもとにぢんを取りました。
兩方からおしよせて、ぢんの間がわづか三町ばかりになりました。其の夜のことです、義仲はひそかにみ方の者を敵の後へまはらせて、兩方から一度にどつとときのこゑをあげさせました。
不意を討たれた平家方は、上を下への大さわぎ、弓を取つた者は矢を取らず、矢を取つた者は弓を取らず、人の馬には自分が乗り、自分の馬には人が乗り、後向に乗る者もあれば、一匹の馬に二人乗る者もあります。暗さは暗し、道はなし、平家方はにげ場がなくて、後のくりから谷へ、なだれをうつて落ちました。
親が落ちれば其の子も落ち、弟が落ちれば兄も落ち、馬の上には人、人の上には馬、かさなりかさなつて、ずゐぶん深いくりから谷が、平家の人馬で埋まりました。
大將維盛は命から／＼加賀の國へにげました。
　　　　　　　　　　　　　（『尋常小學國語讀本』六巻六課）

・『各學年各敎科新郷土敎育の實踐』（1931（昭和6）年5月）に記載されたこの教材に関する実践は以下のとおりである。

　　くりから谷（小學國語讀本尋六、七課）[35]
△「くりから谷」の郷土的取扱
「くりから谷」と我が鳥取縣とは地理的にも歴史的にも關係のない教材である。

第 4 章　「新郷土教育」

　　ではこれを郷土化するとは、いかにするのであるか。
　　私は源平の合戦とくりから谷とを結合すること。教材にあらはれた事柄の經過を提示すること。くりから谷の合戰の事實を、兒童各自の仕事として生活化することより他にはないと考へる。
　　この見地に立つて本教材の郷土的取扱を書いて見る。
　△　教材の前提説話
　　倶梨伽羅谷の合戰のあつたのが嘉永二年の五月十一日の夜。もう數年といふもの、平家の威令は地に落ちてゐた。この年の二月宗盛が上表して、兵亂を愼みたいとの由を申し上げた。（後略）
　△　倶梨伽羅落（平家物語卷七）
　　去程に源平兩方陣を合ず。陣のあはひ僅三町許に寄合たり。源氏も進まず、平家も不進。（後略）
　△　子供の仕事
　　1　どこで誰と誰と戰つたのですか、地圖でよく調べなさい。
　　2　なぜ平家方はあんなにまけたのですか。
　　3　どこが一番面白いですか。
　　4　どこが一番面白い書きぶりですか。
　　5　「人の上には馬、馬の上には人」といふ風に何故なつたのでせうか。　　　　　　　（『各學年各教科新郷土教育の實踐』p.299）

「くりから谷」実践についての考察
上記には以下の3点が「郷土的取扱」としてあげられている。
①「源平の合戦とくりから谷とを結合すること」
②「教材にあらはれた事柄の經過を提示すること」
③「くりから谷の合戦の事実を、兒童各自の仕事として生活化すること」
これらが、どういう意味で「郷土化する」ことになるといえるのだろうか。
　まず、実際の指導内容を上記3点に照らしながら見てみることにする。
△教材の前提説話について　　これは①「源平の合戦とくりから谷とを結合

すること」の実際としてあると思われる。少々内容的に難しくとも、補助教材を用いることによって、「くりから谷」の合戦が、歴史の流れの中に位置づき、必然的に生じたものとして理解されることになる。
△倶利伽羅落（平家物語巻七）　ちょうど教科書の記述にあたる部分であるが、教科書よりかなり詳細である。これによって、なぜ平家方が谷へ次々落ちてゆくことになったのかが無理なく理解される。これは②「教材にあらはれた事柄の經過を提示すること」の実際としてある。難しい語句など多く含まれるが、大筋が分かっていることから内容も理解しやすいと思われる。
△子供の仕事
「1　どこで誰と誰と戦つたのですか」は、源平の戦い全体の中に、くりから谷を位置づけるための問いである。上記の①「源平の合戦とくりから谷とを結合すること」を目的とする。また、地図を見る作業は、地理的学習の意味もあるが、距離や規模などを感じさせるという効果もある。
「2　なぜ平家方はあんなにまけたのですか」は、③「くりから谷の合戦の事實を、兒童各自の仕事として生活化する」にあたる作業ではないか。ただ合戦の状況を理解するだけではなく、その状況下にある人の心理に踏み込み、その心理がもたらした行動として、「くりから谷」の場面を捉えさせようとしている。
「3　どこが一番面白いですか。」は、内容について問い、あわせて子供個人の感想を問おうとしている問いであることが、「4　どこが一番面白い書きぶりですか。」の問いが別にあることによって明らかになっている。
4の、書きぶりについて問うことは表現に目を向けさせ、表現によって面白さが感じられることに目を向けさせるものである。
「5　「人の上には馬、馬の上には人」といふ風に何故なつたのでせうか」も、③「くりから谷の合戦の事實を、兒童各自の仕事として生活化する」にあたる。「くりから谷」を実際の地形として具体的に思い浮かべ、その地形を利用した計略の巧みさ、谷に落ちてゆくほかなかった平家の武者たちの様子を思い浮かべるところまで求めている。

第4章 「新郷土教育」

　現在では、このような内容に関する問いを行って読み深めてゆく実践はよく見られるものであるので、当時の他の実践と比較を行い、峰地実践の特徴として確かめたいと考えたが、「くりから谷」の実践についての文献は見つからなかった。そこで、教師用書の指導内容と比較することとした。
　「くりから谷」は、その後の教科書にも採録されているが、文語の入門教材としてであり、位置づけはやや異なっている。本文は、語尾や細かい言い回しの変更以外は、ほぼ口語文の「くりから谷」と同じである。指導の実践例を見ることができたのは以下の２書である。
①国定Ⅳ期「小学国語読本」八巻六課（文語文）
②国定Ⅴ期「初等科国語」四巻六課（文語文）

①　国定Ⅳ期「小学国語読本」八巻六課（文語文）とその指導書[36]）より
　指導書「要説」では、口語のものとほぼ同じであることに触れた上で、この教材の魅力をその階調にあるとし、「指導」の部分では、素読をその中心とすべきことが述べられている。具体的な指導の例としては、素読・暗唱のほかに「主題を求める」「構想を見る」「讀後感を聞いて見る」がある。補説として「平家物語」「源平盛衰記」より一文ずつ読むことが示されている。

②国定Ⅴ期「初等科国語」四巻六課（文語文）とその教師用書[37]）
　背景についての補足としては、当時源平二氏が東西に別れて相争ったこと、木曾義仲は源氏であること、当時の都は京都にあったこと、両軍の大将と軍勢、越中の国砺波山の位置についての説明が必要であるとしている。具体的指導は、素読・暗唱のほかに、「話すこと」として「文章・挿書を中心として、両軍の陣地、義仲の奇計、平家の軍が、くりから谷に落ち入るさま等について話合をさせる」がある。
　教師用資料においては、多く、その言葉のリズムを味あわせること、古文への導入教材として古語的表現に慣れることに焦点化され、実践方法として紹介されているのは、読みの反復指導と、段落ごとの状況の展開を味

あわせようとしているものである。
　参考として、峰地光重『新敎育と國定敎科書』(1926（大正15）年5月)「第七章　小学国語読本の研究」において、この口語文教材「くりから谷」について、以下のように述べている。

　　　第六　くりから谷
　　こんなあわたゞしい文章は口語の常體で書いてはどんなものか、口語の常體は何年からでなくてはむづかしいといつたやうな外部の制約にしばられない方がいゝ。前にもかう云ひたい材料があつた。
　　いゝ材料ではある。　　　　　　　　　（『新敎育と國定敎科書』p.322）

　ここで峰地がいうように、常体となれば、その本文はますます文語と差のないものとなる。「いゝ材料」とする理由ははっきりしないが、それが文語か口語かによる違いではないことがわかる。峰地の場合文語であったとしても実践内容は大きく変化していたとは思われない。

1.3　読方実践についての考察

　「カタツムリ」実践例中の③は、方言や地方の童謡を扱うといった、いわゆる郷土教育的な取り組みであり、『各學年各教科新郷土教育の實踐』の、「各科教材の郷土的構成の實際」の中の「四　童謡による郷土化」にも、国語科の郷土化の例として部分的に取り上げられている[38]。しかし読方としての実践全体を見ると、そのいわゆる郷土教育的部分が「カタツムリ」実践の中心であるとは思われない。初期の文字学習教材としての学習にあたって、この実践では、むしろ教材文を状況の中での生きた言葉とし、またカタツムリそのものに目を向けさせとする意図がうかがわれる。言葉の学習を、文字習得や単なる言葉の学習だけの取り扱いでなく、言葉を生きたものとし、教材からカタツムリを存在として実感させ、子どもそれぞれにおける認識として得させることを目指していると思われる。方言や地方の童謡として扱うことよりも、実感と各自の認識の形成がより重視され、

第4章 「新郷土教育」

それを「郷土化」の内容としているといえる。

　「くりから谷」実践もまた、上記の確認から、教材の内容を、かなり具体的に想像し、実感できることを目指そうとした取り組みであることが明らかである。小学生には難度の高い前提説話、「平家物語」本文に触れさせているのも、その手間を掛けても、「くりから谷」の合戦の背景としての状況や地理的なつながりを認識させようとしている意図が見える。また、「児童各自の仕事」とされた1～5の設問は、すでにある答をいわせようとする設問でなく、2は平家方、5は源氏方の立場に立って状況を考えさせるものであり、子ども達が自分であればどうしたか、と考えることに至らせる設問である。当時このように児童に考えさせること自体を目的とした設問のあり方が稀であることは、その後の指導書における同教材の指導例との比較からうかがえる。
　ここで峰地のいう「郷土的取扱」①～③は、「児童各自の」とあるとおり、子ども達それぞれが、書かれた内容を実感することによって、「くりから谷」を自分に関わる出来事として、それぞれに「くりから谷」についての認識を持つことを求めることであったと考えられる。

　郷土と特に関わりのない読方教材の実践である「カタツムリ」「くりから谷」の実践の考察から、その共通点として、峰地が、実感と子どもそれぞれの認識を持たせることを「郷土的取扱」としていたことが知れる。「カタツムリ」「くりから谷」がここで取り上げられたのは、彼の主張する「教材の深化」によって教科書を活かすことと、それぞれにとっての実感とつながる認識を形成するという意味での郷土的取扱が一致した、納得できる実践であったためではないかと考えられる。

　上述読方実践に見られる、実感化や認識の形成への焦点化は、他の教科の郷土学習においても同様に見られるものである。
　たとえば、地理における「台湾地方・産業」の実践について見てみる。

台湾は子ども達の住む鳥取から遠く離れた土地であるが、台湾についての学習は、郷土教育としてどう実践されているのだろうか。あわせて見てみることとする。
　「一、気候との関係」の実践例では、台南と倉吉町との緯度と気温の比較表を示した後、次のような説明を行う。

　　臺灣地方・産業（尋常小學地理書　卷二　第三）
　（台湾各地と倉吉の気温表省略）
　　右の様に氣温が一般に高く、四季の區別が我が倉吉のやうにはつきりしてゐない。一番寒い時季でも袷を用ひる位で、今年なんか特に暖かかつた關係か一月にすでに彼岸櫻が滿開であつたといふことである。（雨量について省略）
　　風は季節によつて異るが夏は南風、冬は北風が多く、夏秋の候暴風が襲來することがある。この頃が我が地方でもよく吹く二百十日、二百二十日頃の颱風である。
　　　　　　　　　　　　　（『各教科各學年新郷土教育の實踐』p.372）

　ここには、台湾の気候について説明するだけでなく、鳥取県や倉吉町の数値との比較を行うこと、また数値として示して比較するだけでなく、「袷を用ひる」「彼岸櫻」「颱風」など、その気候が児童の生活と関連づけられた実感として感ぜられるような説明の工夫が見られる。このあとに続く、米作について述べた部分も同様の工夫がある。ここでは台湾と倉吉の苗代・田植え・収穫の時期の比較を行ったのち、以下のように説明する。

　　「泥の中をいざつて行くや田草取」の句にあるやう四つん這になつて取つて行く。白鷺が群をなして青田の中に下り立つ。又頭だけ白いペタコも見える。南方高雄・屏東邊では女達が片手に傘をさし、片手には杖を持つて立つてゐる。何かと思へばソロ／＼と足の指だけで田草を取つてゐるのだ。「泥の中を日傘さし行く田草とり」などといつて

も、内地ではとても説明なしには判らない光景だ。水稲の他に陸稲もあり、臺灣米は我が倉吉町の米屋にも澤山來て居る。
(『各教科各學年新郷土教育の實踐』p.375)

　ここにも農作業の時期を日付によって倉吉町と比較するだけでなく、白鷺などの鳥のことや、日傘をさして草を取る様など、情景として目に浮かぶ様に、また台湾米が倉吉にも来ており、子ども達の生活との関連があることへの言及など、工夫が見られる。
　また、地理における「風」(高等小学校地理書　巻二　第五)の学習について述べた部分には、以下の様な記述がある。

　　風（高等小學地理書　巻二　第五）
　　一、柳の木を倒す
　　昭和五年七月十八日夜颱風が當地を襲來した。同日の學校日誌には
　　　朝來南風強く砂塵を飛ばす
　　の一句がのせられてゐる。十九日朝登校して見ると學校前の柳の木が倒れ、果樹園の梨がたくさん落果してゐた。私はその日の朝禮に、風速二十米はあつたらうと話した　かうした機會は、教材として活用したい。　　　　　　　　　　（『各教科各學年新郷土教育の實踐』p.379）

峰地はこれに続けて、予定を変えて風の階級についての授業を行ったとしている。ここには、子どもが興味を持ち、風を風として実感できる機会を捉えて、授業を行おうとする態度が見られるといえる。
　歴史や遠方の地理などの学習においても、実感化や認識の形成が目指されており、直接いわゆる郷土と関わりがない教科の「郷土化」の実際とは、児童に実感や個々の認識を持たせることがあったといえる。

2.「郷土化」という思考

　実践において、実感や児童個々における認識の形成を「郷土化」として行っていたということを踏まえ、あらためて峰地の「郷土化」について考えてみたい。

　『新郷土教育の原理と實際』「郷土の自然科學的研究」について、一般自然科学研究と郷土の自然科学研究の違いについて述べた部分である。これと同じ内容が『郷土教育と實踐的綴方』（1932（昭和7）年、郷土社）の自然観察について述べた部分により詳しく取り上げられているので、両方見てみることとする。

　　　　例へば一般自然科學研究に於ては「鱒は十月下旬より河に産卵のため遡上す」といふやうな表現をなすとせば、郷土の自然科學研究にありては、「鱒の遡上は秋ぐみの赤く色づく頃」といふ風に一層具體的に、一層郷土的になるわけである。
　　　　　　　　　　　　　　　　　　　（『新郷土教育の原理と實際』p.243）

　　或る漁夫の「鮭」についての話
　　「――鮭の上るのは毎年秋ぐみの實の赤くなる頃で、何月何日といふ暦は、ちつともあてになりませんや、一ばん木や草が正直に、鮭の上つてくる時期を知らせてくれまさあ。それで秋ぐみの色づく頃を見て川へ下りるんです。第一鮭といふ奴は、自分の生れ故郷にかへつて來るもので――去年の十一月から十二月にかけて、四十日ばかりかゝつて、かへつた奴がもどつて來る。もう其の頃は鮭は二尺ばかりになつてゐるんです。そいつが次々に上つてくるのですからステキですよ。
　　（後略）　　　　　　　　　　　　　（『郷土教育と實踐的綴方』p.39）

上記引用の下のものは、本文では自然観察が生活技術として生かされている例として示された部分である。次に、上の漁夫の話の直前に置かれた自然観察についての記述が、自然観察の綴方と一般自然研究との区別につい

て述べられたもので、この鮭の話ともつながるものである。その部分を以下に示す。

　　　自然觀察の綴方が一般自然科學的研究と異るところは、何處までも特殊的形態としての事實そのものとして記録することである。一般自然科學的研究にありては、一般原理を中心としての演繹的記述の形態をとるが、これはむしろ特殊的事實から出發して、歸納的記述形態をとるのである。このことは子供の時期が、安易な結論を急ぐよりも、精密な觀察による歸納を辿ることが賢明なる道であり、又文學そのものゝ立場からもかく考へられるのである。
　　　　　　　　　　　　　　　　　　（『郷土教育と實踐的綴方』p.39）

ここでは「特殊形態としての事實そのものとして記録すること」が、郷土教育としての自然観察の綴方であるとされている。一般自然科学は「一般原理を中心とした演繹的」なものであり、郷土教育では「特殊的事實から出發して歸納的形態をとる」ものとされている。峰地の郷土教育において一般自然科学研究と郷土教育の自然観察を区別するものは、演繹的であるか、帰納的であるかという思考の方向性に置かれているのである。

　『郷土教育と實踐的綴方』において峰地は、綴方について「題材主義」を提唱している。そこで主張する「生命システムの綴方」の内容は、主観を投影した客観主義の綴方であり、「物心一元の境地」「存在は存在として意義がある」など、『文化中心綴方新教授法』に述べられているものとほぼ同じ内容である。綴方の内容は、郷土教育的見地からより「存在重視の綴方になりきること」が必要であるという。それが「題材主義」である。

　　　何れにしても、それが題材として、或は客観的存在として認識される限りに於ては、冷靜なる觀照的態度を必要とするのである。だから客觀重視の題材主義にありては、當然の歸結として、それが科學主義

になることをまぬかれない。
　　科學主義綴方とは觀照的態度の綴方のことである。科学主義の綴方とは、正確なる認識を目的とする綴方のことである。科学主義の綴方とは、安價な自己陶醉や、低級な感傷を排撃する綴方のことである。
（『郷土教育と實踐的綴方』p.22）

　ここに見られるように、題材主義の綴方の実際は、前節で確認した、体験と実感による「正確な認識」としての「科学的」という意味においての「科學主義綴方」、「客觀主義綴方」である。峰地の郷土教育的見地からの綴方においては、「特殊的事實から出發して歸納的形態」をとりながら、同時に「科学的」「客觀的」が存在しているのである。
　ところで、綴方はもともと表現的行為であるので、特殊的事実から出発する「帰納的」思考の方向をとりやすい。しかし、読方教育や遠方についての地理学習では、先に主題や法則性があるものとして学習内容を捉えるのが一般的である。それにも関わらず、読方教材や地理の学習内容を、すでにできあがったものとして受動的に「理解する」ものでなく、児童自身が個々としてそれらに出会い、各々にそれについての認識形成をすべき題材として実践を構成することが、上に見た「郷土化」の内実であった。
　「収得」としての学習においても、児童が学習内容を題材として実感し、個々に認識するものとして構成する実践内容によって、特殊的事実から出発する「帰納的形態」をとる。その思考の方向性の学びが峰地郷土教育における「郷土化」であった。

3．まとめ
　峰地が「郷土的取扱」としていたことは、実感と子どもそれぞれに認識を持たせることであった。郷土と特に関わりのない読方教材の実践である「カタツムリ」「くりから谷」の実践の考察から、また地理の実践からであった。それが峰地の「郷土化」の内容であったことがわかる。
　また峰地は、一般自然科学研究と郷土教育における自然観察との違いを、

第4章 「新郷土教育」

演繹的であるか、帰納的であるかという思考の方向性に置いている。その郷土教育の綴方として提唱した「題材主義」は、題材に対して、帰納的かつ「正確な認識」としての「科学的」「客観的」態度で臨むというものであった。

読方や地理などの「収得」学習においても、児童個々がそれらの学習内容に題材として出会い、「帰納的形態」をとるための工夫が「郷土化」であり、その実践内容として、実感を持って認識形成をすることを目指すものとしてあった。

第8節　郷土教育実践（5）
―― 生産教育 ――

郷土教育の当時、全国の農村の小学校の置かれた状況は、相当に厳しいものであった。

1930（昭和5）年には、農業生産物の価格、殊に蚕繭価格の下落が始まり、農村の「自力更生」が叫ばれ、学校自体にも「自力更生」が求められる中、学校が、教育の名を借りた児童による労働の場となることは避け難いものがあった。それに平行して1930（昭和5）年長野の不登校騒動[39]など、「学校」教育への不審と要求は増している[40]。

そのような状況下にあって、峰地光重の「生産教育」は、経済的価値の生産だけでなく、「教育的生産」として智識や生活能力をつける活動をも含むものとして提示されている。「生産教育」では教育としての活動全体が、広い意味での価値の生産の観点から位置づけ直されており、その意味で「生産教育」は、学校を新たな視点で考え直そうとしたものであったといえる。「生産教育」を語るにあたって、繰り返し組織図を示し学校組織に言及する点にも、そのことが見える。

本節では、「生産教育」を、公立小学校という容れ物の中で行われた、学校のあり方を根底から問い直し、構築し直す視点とその実践として捉え直すことを試みる。

1．生産教育の理論

『新郷土教育の原理と實際』(1930 (昭和5) 年発行) には、最終章である第十四章に、「郷土教育と生産學校運動」とする章が設けられている。これは全13ページの小さい章である。ここには教育において生産への関心を向けるべきであることについての意見が述べられている。

その後『生産の本質と生産教育の實際』(1933 (昭和8) 年、厚生閣) が出版された。この書については峰地自身「生産教育に理論的體系を與へ、其の實踐的形態を公表したもの」であると説明している。ここでは生産教育を「郷土教育の現實的實踐的形態」とし、また「教育的生産と財的生産とを綜合したる生活教育そのものである」と定義している。この定義からは、郷土教育が教育の全体系としてあり、郷土における生活学習としてあるのと同様に、生産教育もまた全体系としての生活学習、つまり学習者主体教育として考えられていることがうかがわれる。

峰地のいう「生産教育」とは何かについては、以下の記述と表がわかりやすい。

> 技能重視の教育は、即ち經濟的生産重視の教育であることは既に述べた。この技能重視の教育を我々は狹義の生産――財的生産の教育と見る。智識並に能力陶冶を中心とする教育を、教育的生産の教育と看る。(教育的生産と精神的生産の異るところは、教育的生産の内容には身體的能力を含むことである) 而してこの二つの部面を包含する教育を生産教育と看る。從って生産教育は次の如き形態となるのである。

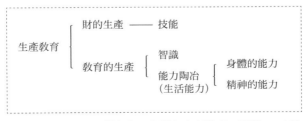

(『生産の本質と生産教育の實際』p.12)

第4章 「新郷土教育」

生産教育が生む価値として、「經濟的價值」「社會的價值」「教育的價值」（「道德的價值」「知的價值」「藝術的價值」「身體的價値」）をあげるなど、生産教育を経済的活動だけでなく、広く生活行為全体を価値を生む行為として見直したともいえる内容となっている。

郷土教育は教育の全体系を指すものであるから、「郷土教育の現實的實踐的形態」であるとされる「生産教育」もまた、教育活動の一部ではなく全体のあり方として考えようとしたものであることが確認される。

『生産の本質と生産教育の實際』のうち、その多くを占めているのは実践について述べた部分である第2編・第3編である。その内容は上灘小学校における実践に基づくもので、『上灘小學校の教育』（1932（昭和7）年、非売品）と内容的にかなり近いものとなっている。

そこで印象的なのは、組織についての説明であり、組織図である。たとえば『上灘小學校の教育』では、組織図として、

「上灘小學校の教育」（上灘小学校教育の基脚点を示したものとする p.5）
「町農會との連絡」（p.7）
「教授部の組織」（p.9）
「訓練部の組織」（p.41）
「生産部の組織」（p.53）
「事務部の組織」（p.69）

の6点が掲げられている。また『生産の本質と生産教育の實際』にも、このうち5点を掲載している。

また各科教授の生産化として、各教科生産化の実例が示されている。

たとえば理科では「理科教育組織」として組織図が示されている。その図は、「理科教育の組織」を「學校」・「社會との交流」に分け、学校は「教科」と「教科外」に分かれる。「教科」は「理科」と「他教科との交流」に分かれ、それぞれの活動内容が分岐して示されているといった具合である。

表は膨大であるので、一部「教科外」の部分を取り出して例示する。

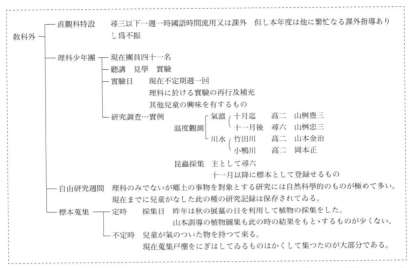

(『生産の本質と生産教育の實際』p.118)

　この図を見るとわかるように、組織図といいつつ、それらはいづれも学校における教育活動の内容を記したものであり、よく見られる組織図にあるような人員配置図ではない。謂わば教育内容の系統図である。これは、実際の学校現場で、教師がそれぞれ頭の中に心づもりとして持っている教育内容の全体的な構成を図示したものであるとも言える。

　　我々は教育を單なる教育熱の作用と見ないで、理性によつて統制さるゝ作用と見る。ここに於て我々は、教育を理性的統制下に組織づけることの必要を認める。　　　（『生産の本質と生産教育の實際』p.113）

　　教授案の生産化とは、よりよき教育的生産と、よりよき財的生産を目的とするものである。　　　（『生産の本質と生産教育の實際』p.119）

　峰地のいう「組織化」は、人員を組織するのでなく、教育内容の組織化

第4章 「新郷土教育」

としてある。生産教育における組織としての学校については、以下のように述べている。

　　教育とは集團意識であるところの學校精神を成員が其の生活に具現する作用であると信じる。
　　學校が集團として確立し、確固たる學校精神を具現するためには、學校そのもの丶組織を完成しなければならぬ。
　　　　　　　　　　　　　　　　（『生産の本質と生産教育の實際』p.66）

　ここでは、教師も児童も「成員」である。気がつくのは、生産の観点から学校を見直すことによって、学校における教育内容は、教師から児童に授けるものではなくなり、教師と児童は、生産という共通の目的に向かう、協力者となることである。その同一目的が「学校精神」である。ここでの組織化が教育内容の組織化である。それは、この組織化が人員を統制下におくことを目指したものではなく、成員それぞれによる活動を、学校精神に向かう生産活動として意義づけ直すことを目指したものであることを示している。
　『生産の本質と生産教育の實際』「第三編　我校の生産組織と工場經營」には、「農場の經營」「工場の經營」「出版部の經營」「家事裁縫部の經營」「購買部の經營」「販賣部の經營」と項目立てられ、それぞれの方針や計画、帳簿や作品の紹介などを含む実践内容が記録されている。これらは、「教育目的によって統制せらる丶」ものであるとされている。
　『生産の本質と生産教育の實際』では、随所に「統制」「訓練」などの語が見られ、一見、計画的、統制的な組織のなかで、児童は割り当てられた仕事を訓練的に行うかのように想像されがちであるが、実際には、仕事内容の全貌や目的、役割などを明らかにすることによって、仕事を理解し責任を持って取り組めるようにすることが、「統制」「訓練」の内容である。
　例として「家事裁縫部の經營」に、「教育的意圖を十分にもつた生産教育の實相」としてあげられた訓導山本八重子氏指導「浴衣ヂンベ及び風呂

敷の指導記録」を見てみよう。

　1「絞り染めとは如何なるものか」
　（絞り染めについての説明：省略）
かゝる絞りの概念をはじめに與へて置いた理由は、之からする絞り染に興味を持たせる爲と、今一つの大きな目的は圖案を考へる際に、絞り染に適したるものを考案させる爲、猶用材の選擇に便ならしむるためであつた。
2用材選擇と圖案の工夫
　先づ、用材は各自に「自分がしたい」といふ物を選擇させた。しかもなるべく廣範圍にわたる樣にと思つたが、フロシキ、ザブトン、ユカタ、オビ、ヂンベに止められたのは遺憾であつた。──この外にも絞り染の應用される範圍は極めて廣い。
　　絞り染圖案指導に於ける私の念願と態度
從來「染色」と言へば、たゞ「如何にすればこの模様をハツキリした絞りとして殘すか」といふ技術にのみ力點を於いて、肝心の圖案に對しては案外冷淡に、材料店から取り寄せたまゝをクラス全部に使用させて、平氣でゐた樣に思ふ。即ち其所には何等の圖案に於ける創作部面がなかつたのである。したがつて絞り染は「美しく絞る」といふ手先の技巧を練る程の價値しか持つてゐなかつた。
私は「それではいけない」と思つた。絞り染は圖案に力を入れてこそ美しいものが出來、又興味もそれにしたがつて増し、「絞る」といふ手藝科の仕事もうまく出來る、と考へた。則ち私は絞り染を單なる手藝科としてのみではなく、圖畫科の一方面（自分で工夫した図案を實際に生かす）として觀たかつたのである。──圖畫科の實際化としたかつたのである。したがつて私は此の染色の圖案は一切從來の下繪を使用させてゐない。
　（後略:この後は、作業項目ごとの實践内容と工夫とその目的などについて。また子供達が思った以上に熱心に取り組み、予定よりかなり早く仕上

第4章 「新郷土教育」

がったことや、歓声が上がる様子など子どもの描写が述べられている。）

(『生産の本質と生産教育の實際』p.217)

　実際のところ、教科内容や「経営」における作業の多くは、児童が自主的に始めた作業ではなく、与えられた役割として行う仕事としてある。ただし、その内部では、上記のような手工における作品作りにおいて、製作主体として創意工夫を強く求めてゆくあり方や、他にも出版部のジャーナリズムとしての位置づけや記事作りの工夫などが「生産化」として示されている。

　「生産化」とは、学校の成員である教師と生徒の双方が、学校を、目的に向かう集団として意識化し、その目的や仕組みや内容を理解すること、またそこでの各々の仕事や役割の意義、注意点、創意工夫などをそれぞれに見出し、責任を持って取り組むことであったといえる。

２．生産教育論争

　雑誌『生活學校』の誌上において、峰地と岩手県の生活綴方教育の実践者である柏崎榮との間に「生産と教育」に関する論争があった。実際には、上記のような意味での峰地の「生産教育」は、柏崎に全く理解されぬまま、論争は平行線のまま終了している。

　この論争を通して、当時の峰地「生産教育」の特徴が浮かび上がると思われるので、その次第を確認し、考察を行うこととする。

　論争の次第については以下のとおりである。

①峯地光重「生産と教育」(『生活學校』、第二巻第五号 1936(昭和11)年５月号)
②柏崎榮「生産と教育について　峯地氏に問ふ」(『生活學校』、第三巻一月号 1937（昭和12）年１月号)
③峯地光重「柏崎君にお答する」(　　同上　　)
④柏崎榮「「生産と教育」について―再び峯地氏え―」、第三巻二月号（『生活學校』、1937（昭和12）年２月号）

⑤峯地光重「三たび「生産と教育」について―柏崎君えのお答え―」(『生活學校』、第三巻三月号 1937（昭和 12）年３月号)
⑥柏崎榮「生産と教育について―三たび峯地氏え―」(『生活學校』、1937（昭和 12）年４月号)

以下、柏崎の峰地に対する疑問点を一つ一つ取り上げ、考察を行うこととする。

2.1 たよりないと云うこと

　柏崎の反論はまず、『生活學校』1937（昭和 12）年第三巻一月号に、「誌上問答　生産と教育について　峯地氏に問ふ」として掲載された。初めに柏崎が指摘したのは、峰地の「生産教育」の観念性である。柏崎は峰地に対し「学校に生産お入れなければならない社會的必要」（ママ）が見られないとする。

　彼はここで、〈喘ぐ現實から〉として、文集の一銭にまつわるなげきや、兎を殖やしてそれにあてること、また給食自給の困難さと、働かねばならない子とそれによって給食を得る欠食児との関係について述べ、その上で峰地の「生産教育」に「観念性」を見、「社会的必要性」を疑っている。

　当時の東北地方は、都市に比べ、また全国的にも格段に厳しい社会状況の中に置かれており、その厳しい現実を見つめる中から考えさせようとする北方性の綴方実践が主張されていた。柏崎もそのような北方性の綴方教師の一人であった。もし仮に柏崎のいうように峰地の実践が観念的であるとするなら、困窮の度合いの違いがその批判をもたらしていると考えられるかも知れない。しかし、上灘小学校周辺の現実は、柏崎ら北方教師が直面していた現実と同様、またはそれ以上の厳しいものであった[41]。峰地にその厳しい状況が見えていないはずもなく、峰地の「生産教育」が柏崎が言うように観念的であるとするなら、少なくとも社会的必要に迫られていないことがその理由ではない。

　柏崎は「苺籠や玩具等の製作お行わせることも氏の生産教育の思想から

第 4 章 「新郷土教育」

出発している」[42]と批判する。この文脈からは、柏崎の批判は、峰地の「生産教育」が、思想や観念性から「生産」を行うことにあると思われる[43]。それに対し峰地は、「あなたは遊民の思想から生れた仕事のやうにお感じになるかも知れませんが、これとても現實生活の必要から來てゐるのです。」[44]として、倉吉が「物」による潤いのないと思われるほどの土地であること、苺籠は苺組合の仕事の必要からきていることを述べている。以下はその後の記述である。

　　これは一つの例にすぎないので、これだけで私の生活教育を、あゝそんなものかと簡単に考へて頂きまちがひ易いと思ひます。子供達の一銭の悩みを悩んで來たからこそ、私は協同組合も作れば活版印刷場も作つて來たのです。で、あなたの生産作業を教育にとり込まれた經緯と逆な行き方をしてゐるのでなくて同じ行き方で、どちらもそれでよいのだと思ふ。
　　　　③峯地光重「柏崎君にお答する」(『生活學校』1937 年 1 月号)

　まずこの「子供達の一銭の悩みを悩んで來たからこそ、私は協同組合も作れば活版印刷も作つて來た」という記述から、峰地の生産教育が、経済的困窮に対する行動でもあったことがわかる。ただし玩具や苺籠という選択の根拠として、倉吉が「物」による潤いのないと思われるほどの土地であること、苺籠は苺組合の仕事の必要からきていることといった社会とのつながりについて述べており、それがたんなる経済的生産でなく、同時に教育として行うことでもあったことも改めて確認される。
　「生産作業を教育にとり込まれた經緯と逆な行き方をしてゐるのでなくて同じ行き方」という意味の「同じ行き方」とは、「喘ぐ現實」から始まる教育と「同じ行き方」いう意味である。たとえば、購買部の経営では、それによる利益を当然歓迎している。以下引用部分では経営合理化も教育として捉えられているかと思われる。

305

  學用品購買部の事業は出來るだけ合理化し、相當の利益をあげて居る。暴利をむさぼつて利益を求める必要はないが、事業の合理化によつて利益が得らるゝならば結構だと思ふ。購買部の利益金は利用部に廻付して、種々の施設に使用することにして居る。
(『生產の本質と生產教育の實際』p.222)

 ただし峰地はその後の柏崎への應答の中で次のようにも述べている。

  私の生產教育は、經濟的現實生活のみの必要から出發してはいませんが、主として教育の現實、鄕土生活の現實から營爲したものであるということを重ねて申して置きます。
  ⑤峯地光重「三たび「生產と教育」について―柏崎君えのお答え―」
(『生活學校』1937年3月号)

 ここでの「教育の現實、鄕土生活の現實」は、經濟的困窮やそこからくる教育の困難を指すものではない。
 峰地は、③峯地光重「柏崎君にお答する」(『生活學校』、1937(昭和12)年1月号)において、文集の費用念出のために養兎を行っているという柏崎に対し、「同じ行き方」としつつも、それに続けて以下のような批判を返している。これは柏崎の取り組みを金銭的利益だけを理由とするものとしての批判である。

  文集や訓令の要求だけで成立してゐる生產教育は、まことに視野のせまい、たよりない生產教育だと思ひます。もつと視野をひろげていたゞいてはどうかと思ひます。
   あなたが養兎をとほして、共同訓練をうまくやつてゐられることは、まことに同感です。即ちその內部の組織化については同感です。一方外部組織との經營結合のことも組織的に考へてほしいと思ひます。養兎でしたら、農會との連絡などもつとも必要でせう。

第 4 章　「新郷土教育」

　とにかく土地がちがふのですから、その生活の要求も異り、教育の形態は異るかも知れませんが、結局、向ふところは一つでなくてはならないと信じます。
　　　　③峯地光重「柏崎君にお答する」（『生活學校』1937 年 1 月号）

　これに対し、柏崎は、農会から様々な仕事を引き受けていることを回答し、かつ「文集の紙代を持ちたいとゆう一つの要求であつても、それが本質的なものに立っている時にわ、視野がせまいといわれるものでもなく、たよりないものでもないのである。」と述べている。
　それに対し峰地は、次の論文で「たよりないこと」を項目として取り上げ、以下の原泉の文章を引用し、この一句を「味わって見て下さい」として示している。

　「子供の仕事が、そのまゝ價値ある結果お生み、學用品となり、家計お助け、學校、學級の教育施設のモトデとなる事わ、意義が深いが、それわ生産お取り入れた教育とゆうだけだ。本當の生産教育わ、社會的生産と結び付いた教育だ。地域の現實の中で、社會的生産お發展させ、文化お高める教育だ、そしてそれが生活教育だ。」（傍点峯地）
　　⑤峯地光重「三たび「生産と教育」について―柏崎君えのお答え―」
　　　　　　　　　　　　　　　　　　　　（『生活學校』1937 年 3 月号）

　この部分の核心は、傍点部、「本當の生産教育」が「社會的生産と結び付いた教育」「地域の現實の中で、社會的生産お發展させ、文化お高める教育」であるという点にある。ここでの峰地の批判は、柏崎の「生産教育」が地域との連携がないことにあるのではない。柏崎の生産教育は、上の「生産を取り入れた教育」にあたる。峰地が柏崎の教育を「たよりない」というのは、柏崎のそれに「社會的生産お發展させ、文化お高める教育」要素がない点についてである。
　峰地の「生産教育」は、厳しい経済情勢の中、「社會的生産お發展させ、

307

文化お高める教育」として、生活教育としてふさわしいものとすべく模索するものであったといえる。

2.2 児童が如何に位置しているか

次に柏崎が指摘した点「兒童が如何に位置しているか」について取り上げたい。

初めの柏崎の問いは以下のとおりであり、その問いは「兒童と生産物との關係」として、学校での生産活動による利益の、児童への還元のあり方について問うものである。

> 次におたづねしたいことわ、先生の學校の生産教育において、兒童が如何に位置しているかとゆうことである。生産物と兒童との關係である。生産物が兒童に還元されない場合或は兒童の生活要求から、はるかに高く還元される場合（まづい言い方ですが、例へば兒童が必要感お持つていない場合の校舎増築費として充てる等）にわ問題があると思う。そうなると、児童はその生産教育に喜びを持つて、参加して来ないと思うからである。
> ④柏崎榮「「生産と教育」について―再び峯地氏え―」
> （『生活學校』1937年2月号）

それに対し、峰地回答は、「作業と興味の問題」として、以下のように答えている。

> 作業に対して兒童が興味をもつて全力を傾ける状態が望ましいと思いますが、正しい要求からなされるものであつたら興味はなくとも自制力をもつてどんどんやつて行かせたい。
> ⑤峯地光重「三たび「生産と教育」について―柏崎君えのお答え―」
> （『生活學校』1937年3月号）

還元の高低、それはどちらでもよいので、要はそれを理解することだと思うのです。兒童の生産物が、校舎増築にあてられたから、いけないのだときめてかかる考え方はまちがいではないのでしようか。
⑤峯地光重「三たび「生産と教育」について―柏崎君えのお答え―」
(『生活學校』1937年3月号)

　柏崎が、児童の喜びを還元のあり方に置いており、峰地が作業と興味のあり方に置いているという立場の違いが明らかである。
　ここで峰地の「正しい要求からなされるものであったら興味はなくとも自制力をもってどんどんやっていかせたい。」という回答における一文は、一見、児童の興味や自主性を問題としていないかのように受け取られるものである。
　この点については、『文化中心國語新教授法』において、「学習と遊戯」における考察の中で見てきた、遊戯としての興味を持たせて学習させるのではなく、学習として学習する中にこそ、学習としての喜びがあるとする峰地の考え方に立てば、作業を作業そのものとしての喜びの中で行うことを目指すものであるということがわかる。「興味はなくとも」というときの興味は、「遊戯」や「還元」によって起こるいわゆるの意味での興味であり、作業そのものへの本質的な「興味」ではない。
　この本質的な意味での「興味」へのこだわりが、その後の郷土教育実践においても変わらず、よりそのあり方を支える重要な視点として、郷土教育の方法原理のなかに「興味と課題」としてあげられているのは、すでに確認した。
　「生産教育」において与えられる作業は、峰地における「課題」である。真の自主性は、本質的な「興味」を持って作業にあたる中にあるという点で、その立場は「生活学習」当時と変化していない。

3　考察　「生産教育」　もう一つの学校世界

　柏崎栄との「生産教育論争」から見えてくるのは、学校をとりまく厳し

い状況の下にあっても、峰地「生産教育」が、経済的生産もその中に含みつつ、広く教育を文化的価値の生産と位置づけた上で実践を行っていることと、その立場の、状況に置ける説得力の弱さである。論争では、徹底してその経済的厳しさを立場とした柏崎に対し、峰地の「生産教育」は、力あるものとして伝わってこない。

　この論争における柏崎の論文「生產と教育について」は、『生活學校』読者の投票で、1936（昭和11）年10月号から1937（昭和12）年3月号までの掲載論文のうちの第2位になった。[45]　それは、当時、この論争については、柏崎の方が支持されていたということである。裏返せば、柏崎がそうであったのと同様、柏崎に共感した数多くの実践者にも、峰地の論が理解されなかったか、あるいは支持されなかったということである。

　柏崎のいう「喘ぐ現実」の中、地方の小学校の現場で、文化をその教育目標として教育を続けることの困難は、想像にあまりある。峰地の「生産教育」は、そのような中にあってもなお、郷土教育を学習者主体教育として具現化しようとした場合の一つの方法として考えるべきではないか。

　峰地「生産教育」を特徴づけるものの一つは、「生産教育」を「財的生産」と「教育的生産」から構成される教育の全体系としていること。もう一つは、その実践のあり方としての「組織化」である。

　この二つの要素を持つものとして「生産教育」を考えるとき、当時の学校に対する経済的、社会的な厳しい要求と、学習者主体教育としての郷土教育を行おうとする峰地自身の教育実現の要求の、両方の要求に答えようとするものとしての、或る意味では苦肉の策としての「生産教育」という面が見えてくる。

　峰地光重は、校長兼訓導として赴任した上灘小学校の様々な組織図をいくつも書いている。その組織図は、特に「生産教育」について述べようとする場面で多く紹介されている。

　ここでの「組織化」「統制」の内実は、学校におけるその都度の教育目的、教育内容や施設、組織のあり方、担当者を明らかにするという内容のものであり、その「組織化」は、教師と児童の関係を、学校精神という「目的

に向かう」集団における同じ「成員」として組み直す性質を持っている。ここに見る「関係の組み直し」は、「自発活動」「内発の興味」と並んで、教育の世紀社同人がかかげた学習者主体教育実現のための要素の一つとして確認されたものと同様である。

　また「生産化」としての様々な活動において、児童の「興味」が重要なものとされている点も峰地「生産教育」の特徴である。これは、表面的な意味でのいわゆる興味でなく、周囲への深い関心を指す「興味」であり、組織図は、作業の意義を明確にすることによって、成員である子どもが自立した個として作業にあたることを支援するものとして作用している。その意味での「興味」の重視は、「生活学習」と同様である。

　実際「生産」という語と若干の経済的生産の下に、それまでに得てきた様々な教育の知が、呼び方や外見を変えつつ、内容はそのままに行われていることが、実践報告の中に見て取れる。「生産」「組織化」「統制」といった用語を用いた説明は、学校に向けられた厳しい視線に対して学校外への説明責任を果たすものとしても機能していたと思われる。

　「生産教育」は、初めに「郷土教育の現實的實踐的形態」と定義されたとおり、郷土における「生活学習」の実現のための方法であった。

　「生産教育」は、「生産」をキーワードとして、外見はそれまでの学校のまま、複線的に学習者主体をパラダイムとする学校の実現を意図したものであったと考える。

第9節　考察
―「概念なき認識」―

　本章では、峰地の「新郷土教育」の理論と実践について検証し、その意図と方法について考察することを目指した。峰地郷土教育を、大正「新教育」の流れの中に位置する「生活教育」であったと考えることから、それ以前の学習者主体教育を念頭に置いた上で、特に児童に求められた実体としての郷土認識の方法と内容を明らかにすることを課題として検討を行っ

ている。

　『新郷土教育の原理と實踐』の大半は、新しい学問としての地域研究の紹介が大半を占めている。峰地の郷土教育の理論は、新渡戸稲造を中心とする「郷土会」が郷土に向けた視線と同様の視線を以て郷土を見ようとするものであった。

　その視線のあり方が当時新しいものであったことは、たとえば峰地が地域研究紹介の初めに取り上げた小田内通敏の地理学書『聚落と地理』(1928(昭和3)年2月)の新渡戸稲造による序に「風土と生活との交渉を、村落や都市の立場から見やうとしてゐる態度」について「まだ類書のない本書」とあることによってもうかがわれる。その同じ序には、そもそも小田内通敏が「自然と人生の交渉を明かにする」ことを問いとして、1902、3(明治35、6)年頃小田内が新渡戸を訪ね、やがてそれが郷土会へとつながった経緯が述べられている。1918(大正7)年8月15日から25日に行われた、日本最初の村落調査といわれる内郷村調査もその中にある。

　この、新渡戸「郷土会」を中心にその頃から次第に各分野で結実していった郷土研究は、そもそも郷土を見ること自体を出発点としたものであり、大正の自由主義的な思想の上にある。これを取り上げたのが、峰地の『新郷土教育の原理と實際』における地域研究であり、郷土教育として取り入れようとしたのが、峰地の「新郷土教育」である。今まで見えていなかったものを対象化し、自身の目で観察することによって価値を見出してゆくという方法と視線の方向性は、綴方実践の当時から継続してとりくんできた内容であり、かつ郷土会の郷土への視線と一致するものである。いわゆる大正自由教育実践ともいえる峰地の「生活学習」が、郷土教育につながっていったことは、不思議ではない。

　また峰地のその立場は、当時の郷土教育全体の中で、さほど突出したものではなかったと思われる。郷土会の中心メンバーであった小田内通敏は、1930(昭和5)年8月、郷土教育推進の任を背負って文部省嘱託となり、1930(昭和5)年11月、尾高豊作とともに郷土教育連盟を設立し、当時の郷土教育の理論的中心者であった。それとほぼ同時に峰地の『新郷土教

育の原理と實際』も出版されている。当時の郷土教育は、その意味で大きな流れとしては、大正期の自由主義的な考え方の上にあるものであり、峰地の郷土教育もその一つであったとすることができる。

　一方、発足当初より、連盟は郷土科の創設を主張し、また「新しき郷土社会建設」を目指すとするなど、教育全体の「郷土化」を主張する峰地と連盟との間には考え方の相違があることも明らかである。そこに峰地の「新郷土教育」の特徴もある。

　峰地の「新郷土教育」の特徴は、教育体系として構想されている点にある。それは、児童それぞれに、それぞれにとっての「郷土」の認識の獲得を目指すものであった。そこでの見る主体はあくまで児童であり、目的もその価値もそれぞれの児童に属するものとしてある。「生活学習」における目的と価値の内在という特徴をここに見出すことができる。その郷土教育は、言わば郷土における生活教育であった。

　それ以前との相違点としては、「科学的」見方を含む多面的考察を求めようとした点が新たな要素として加わっているが、「郷土」の定義については、特定の限られた地域や具体的な状況を指すのではなく、それぞれに生活として関わる自然、社会、地域を指すなど、その教育は、引き続き児童の認識を中心に構想されている。

　「生活学習」を踏襲しつつ、多面的観察をもたらす「科学的社会的経済的」観点をその認識に加えようとしたものが、郷土教育の特徴であり内容である。それは、池袋児童の村退職後に鳥取の公立小学校である上灘小学校に校長兼訓導として赴任した峰地が、直面した農村の児童の状況に合わせて、その実践を変化させたものであると考えられる。

　実践には、郷土教育の学習者主体教育としての特徴が明らかに見てとれる。

　綴方実践の考察から、峰地郷土教育の「科学的」という言葉が、自分自身の実感という意味での「正確な認識」であり、読み方実践に見る「郷土化」も、同じく実感と子どもにそれぞれの認識を持たせることであった。新課

題法と呼んだ「課題」のあり方は、児童自身が身の回りに題材を見出すための援助であり、深い意味での興味へつなげるものという点で、それ以前と変わらないものであった。

「郷土室」実践には、「郷土」から見出すべき何かも、多様であるべき観点も、すでにあるものでなく、見る者自身が作り出すことを目指そうとした実践であったことは、それが学習者主体を立場とする教育であったことが端的に表れている。

自分自身の目で見て、自分にとっての意味を、自分で再構成することは、自ずと既成概念への批評性を持つことになる。峰地の「新郷土教育」の理論と実践は、その意味で革新性を持つものであり、そのことは、当然峰地自身にも自覚されていたにちがいない。しかし、その性質上、直接社会変革に意味を見るかどうかの選択も児童にゆだねられるものであり、積極的に社会変革に向けての認識形成といった意図を持つものではなかったと考えられる。

最後に、郷土教育の展開形としての「生産教育」について述べたい。

峰地「生産教育」を特徴づけるもの一つは、教育の全体系としていることであり、もう一つは、その「組織化」である。教育活動を中心としたその組織図は、教師と児童を学校精神という同一目的に向う成員として位置づけ直すものとして機能している。

「生産教育」は、「生産」をキーワードとして、外見はそれまでの学校のまま、学習者主体をパラダイムとする学校を複線的に実現させたものである。その意味で、「生産教育」は、初めに「郷土教育の現実的実践的形態」と定義されたとおり、郷土における「生活学習」であり、厳しい状況下公立小学校における学習者主体教育の実現のための方法であったと考える。

峰地光重の郷土教育とは、目的と価値を認識者自身に置きつつ「生活」としての「郷土」に対峙し、そこに認識する者自身が新たな価値を見出すことであった。『新郷土教育の原理と實際』の序に目指すとされた「概念なき認識」である。それは、児童の認識によって教育内容を構成するもの

第4章　「新郷土教育」

であり、学習者主体教育の実践そのものである。郷土教育は、児童それぞれにとっての郷土の認識形成と価値発見自体を教育とする学習者主体教育であった。

---

1 ）森分孝治、「郷土教育論における社会認識教育（Ⅰ）—峰地光重の場合—」、内海巌編著、『社会認識教育の理論と実践—社会教育学原理—』1971年、葵書房
2 ）影山清四郎、「郷土教育にみる社会科作業学習理論の再評価」、『社会科教育学研究第三集』、1976年、明治図書
3 ）坂井俊樹、「郷土教育連盟の活動と教育実践」、海老原治善監修、『郷土教育　復刻版　別巻 2 』、1989年、名著編纂会（解説 2 ）
4 ）川口幸宏、「昭和初期の郷土教育における『生活』観」、「講座日本教育史」編集委員会編著、『講座　日本教育史（第四巻）　現代Ⅰ／現代Ⅱ』、1984年、第一法規出版（第二章として所収）
5 ）浅井幸子、『教師の語りと新教育—「児童の村」の1920年代』、「第6章　峰地光重の『田園学校』の夢とその展開—池袋児童の村小学校」、2008年、東京大学出版会、p.199
6 ）杵淵俊夫、「農村経済更生運動と郷土教育——近代学校教育体制の現代的「転換」：教育民俗学の試み（ 2 ）——」、『上越教育大学研究紀要』、第19巻第 1 号、1999年 9 月
7 ）杵淵は郷土教育の直接の動きの原因として、1930年長野の不登校騒動をあげる。この時期の郷土教育の背景として、1920年代以来の農村における小作争議、農民の組織力、発言力の強化、1925年以降の「普選」運動を核とした「民本主義的」政治運動の全国展開（その結果としての「男子普通選挙権」の成立）などをあげている。
8 ）中内敏夫、「「活通し」の人間形成」、『中内敏夫著作集Ⅶ　民衆宗教と教員文化』、2000（平成12）年、藤原書店
9 ）『綴方生活』を『赤い鳥』の批判として位置づける見方は『綴方生活』出版当時から見られるが、峰地においてはその後の『綴方教育発達史』（1939（昭和14）年）にまとまったものがある。この時期の峰地は、鳥取東伯郡東郷小学校校長兼訓導として勤務しており、引き続き郷土教育実践の最中であるが、時期的にやや下がるので本文には取り上げない。ここでは『赤い鳥』について「文芸主義綴方としての『赤い鳥』綴方」として章立てされ、かなり紙面が割かれている。
10）この当時の研究の詳細なノートが峰地家に残されており、その内容の一部は、『新郷土教育の原理と實際』にも掲載されている。
11）峰地光重、『小學綴方教授細目』、1929（昭和 5 ）年、文園社
12）峯地光重、『最新小學綴方教授細目』、1921（大正10）年、兒童研究社
13）ここで取り上げなかったその他の記事の内容は以下のようなものである。
◆⑤「綴方に於ける語感」（『綴方生活』第二巻第 4 号、臨時増刊、1930年 4 月）臨時増刊号掲載の短い文章である。国語統一などの運動があるが、新語が生まれてく

るのは否定できないものであるとしている。◆⑨「旅の断Pen」（『綴方生活』第二巻第11号、1930年11月）　敦賀、金沢、直江津から山形、秋田への旅行記である。途中、俳人歌人などと会うなどしながら、秋田にて師範附属小を訪問、講演、滑川道夫、北方教育者の人達と会うなどしている。山形で村山俊太郎と面会し、帰りに東京によっている。大西伍一の家を訪問したこと、帰りに郷土社同人に送られて東京駅を発ったことなどが記載されている。日付は、10月28日夜。

14）峰地光重、『各學年各教科新郷土教育の實踐』、1931（昭和6）年、人文書房、『著作集8』、1981（昭和56）年、けやき書房、p.4
15）伏見猛弥、「郷土教育の理論」、『教育思潮研究』、第六巻第一輯、第二輯、1931（昭和6）年、東京帝大教育学研究室編
16）『郷土教育と實踐的綴方』p.33
17）『新郷土教育の原理と實際』p.14
18）郷土教育連盟、『郷土学習指導方案』、1932（昭和7）年4月、刀江書店
19）小国喜弘、『民俗学運動と学校教育　民族の発見とその国民化』、2001年、東京大学出版会、p.179
20）小国は「郷土教育と生活綴方教育は、歴史的・文化的に固有性を備えた地域に生きる人々の個別性を再発見し、その個別性を子どもに認識させようとする一方で、地域の歴史や文化の多様性の認識を媒介にしつつ子どもたちの国民意識を再構築することも目指していた。」「このような両義的な思考が民俗学運動にも共有されていた」p.204としている
21）『郷土教育と實踐的綴方』は、郷土教育について、内容を綴方に絞ってその理論について述べたものである。『新郷土教育の原理と實際』からの引用掲載部分も多いが、説明がやや整理され、具体的である。
22）のちに『郷土教育と實踐的綴方』p.32に所収
23）のちに表を簡略にして『郷土教育と實踐的綴方』p.30に所収
24）「土の綴方」は、地方主義の綴方として従来あったものと説明されている。p.22
25）峰地光重編『子供の郷土研究と綴方』厚生閣、1933（昭和8）年は、年3回発行の文集「郷土学習」から厳選した作品を収めたものである。編纂の目的を「我が校の綴方、並に郷土研究史として役立たせたい」とし、それまでに他書でも紹介・解説した綴方などを多く収める意欲的な1冊となっている。
26）上田庄三郎、『調べた綴方とその実践』、1933（昭和8）年、厚生閣、『上田庄三郎著作集第六巻』国土社、1979より
27）上掲書に同じ。同書については以下も同様。
28）北村和夫、「昭和初期長野県下における郷土教育の実践―竹内利美の実践の検討を中心に―」、日本民俗学会、『民俗学と学校教育』、1989年、名著出版
29）小国喜弘、「生活組織の発見―竹内利美の郷土教育」、『民俗学運動と学校教育　民族の発見とその国民化』、2001年、東京大学出版会。小国は結果として、国民教育と村の教育現象との対立を止揚したいという竹内の構想自体、ほとんど理解されなかったとしている。また「川島村」という行政村に一体性をみようとした点で、竹内実践は、村人の「生活伝承」を「日本人」の「民俗の伝統」と等置して見せたという意味で、「国民」の創出に間接的に寄与していたことを結論としている。

第4章 「新郷土教育」

30) 尾高豊作と小田内通敏を中心として創設された、民間の郷土教育推進団体である。峰地も連盟創設当初より、重要なメンバーとして参加していた。
31) 当時の郷土科特設をめぐる論議のおもなものは、以下のとおりである。
・1931年12月　第二回　郷土教育研究協議会(於　浅草富士小)赤井米吉による提案「郷土教育教材選択の基準」が採択、決議され、その場の討論の中で、郷土教育の究極の目的が「新しき社会の建設」であることの確認。「各教科の郷土化」ではものたりないとして、付帯決議として「郷土教育実施方法として郷土化の特設を要望す。」
・1932年8月　文部省主催　郷土教育研究協議会第2日　「郷土科特設の可否」をめぐって論議
32) 他に高学年教材「火と人」があげられているが、これには具体的実践例はない。
33) 峰地光重、『各學年各教科郷土教育の實踐』、1931（昭和6）年、人文書房（『著作集8』、p.247)
34) 峰地光重『各學年各教科新郷土教育の實踐』（昭和6年　1931　人文書房（『著作集8』p.299)
35) 峰地の記載には「くりから谷（小学國語讀本尋六、七課）」とあるが、掲載書の発行年から、国定Ⅲ期（大正7～昭和7）の「尋常小学国語読本」六巻　六課「くりから谷」（口語文のもの）であると考えられる。また、「尋六」は「巻六」の誤りで、学習する学年は尋三にあたる。
36) 『岩波講座　国語教育　小学国語読本総合研究　巻八（第二冊）』、1936-37年、岩波書店、p.63
37) 文部省、『初等科國語四　教師用』、1942（昭和17）年、東京書籍、p.60
38) 峰地光重、『新教育と國定教科書』、1926（大正15）年、聚芳閣（『著作集4』、p.164）
39) 碓井茂、「郷土教育当面の根本問題―主として農村における」（『郷土教育』、21号、1932年7月）などに記載
40) 杵淵俊夫、注6) に同じ
41) 中内敏夫、「「活通し」の人間形成」、『中内敏夫著作集Ⅶ　民衆宗教と教員文化』、2000（平成12）年、藤原書店、p.165
42) 柏崎榮、「生産と教育について　峰地氏に問ふ」、『生活學校』、1937（昭和12）年1月号
43) 森分孝治（「郷土教育論における社会認識教育Ⅰ―峰地光重の場合―」、内海巌編著、『社会認識教育の理論と実践―社会教育学原理―』、1971（昭和46）年、葵書房、p.126）は、「柏崎は、現実の生活事実の「喘ぐ部分」に彼の教育の出発点をおいており、そうすることが、社会の発展・変革と、子供の育成・変容につらなると考えている。」としている。それに対して太郎良（「『生産と教育』論争の研究―峰地・柏崎論争の背景」、『生活綴方教育史の研究―課題と方法―』、1990（平成2）年、教育史料出版会、p.134）は、柏崎の実践は「物質的生産」そのものであり、教育的観点を持たないものであったとしている。
44) 峯地光重、「柏崎君にお答する」、『生活學校』、1937（昭和12）年1月号
45) 太郎良信、『生活綴方教育史の研究―課題と方法―』、1990（平成2）年、教育史料出版会、p.133

317

終章　学習者主体教育への挑戦

第1節　峰地光重教育実践の変遷

　峰地光重による綴方実践、生活学習、新郷土教育の3期の実践は、それぞれが独立した一連の実践としてある。その理論と実践にはそれぞれに意図と方法があり、その時々の状況と児童に直面する中で、次第に形成されたものである。
　以下にこれまでに確認されたそれぞれの実践の特徴について整理する。

1．「写生文」としての綴方

　柄谷行人は、明治期の文学における「写生」を近代的自我を獲得した個による「発見」の表現として位置づけている。その意味での「写生」の確立とほぼ同時期に、教育の場面においても書くことによる近代的自我の形成を目指した教育がすすめられたが、それには至らなかった。その後書き手自身による見ることの育成に力を注いだのが「赤い鳥」綴方である。ここにそれまでの作文教育が失敗していた書くことによる近代的自我の形成を綴方が担い始める。峰地光重の綴方教育は、その流れの先に位置づけられるものである。峰地光重の綴方指導は、彼が「観察の骨合」と呼んだ対象化と題材の発見をもたらす認識のあり方を身につけること自体を目的とし、作品の完成を目指すものではなかった。教室実践としての峰地実践は、児童自身による表現であることを確保するための徹底的な配慮がその特徴であった。

2.「生活学習」

　教育の世紀社とその実験学校である池袋児童の村小学校の初期の実践は、学習者主体へのパラダイム転換を目指した壮大な教育実験として位置づけられる。そこで学習者主体教育の実践化に最も力のあったのが峰地光重である。

　その実践理論である「生活学習」は、準備教育を否定し、ただ今の生活を教育とする「教育即生活論」の一つである。特徴は、子どもを目的と価値を既に内在させている存在として捉え、社会や文化など子ども以外のものの発展を目指さない点にある。「生活学習」は、「生活」そのものを教育とし、より充実させることを目指すものであった。

　学習者主体を立場とする「生活学習」は、峰地の在任中を通じ深化している。学習者の自由選択を前提としつつ、実践に変化が見られる。いわゆる学問体系につながる学びへの援助から、真の自由選択による学びへの援助へ、そして取り組み内容そのものでなく、主体としての熱中、つまり個として深く向き合うことへの援助への変遷である。それは、学習者も教師共々、次第に真に主体であることに目覚めてゆく過程でもあった。

3.「郷土教育」

　峰地における郷土教育は、教育の全体系として構想されるものとしてあった。郷土とは生活そのものであり、彼の郷土教育は、郷土における生活即教育の実践である。一つ一つの実践における焦点は、児童自身の視線による周囲の認識形成にあり、また何をやるかではなく、どう深く向き合うかにあった。この意味でも郷土教育は、「生活学習」において到達した学習者主体実践の地方公立小学校における応用として位置づけることが出来るものである。また「生産教育」には、教師と児童を学校精神の実現を目指す平等な成員として位置づけ、学習者主体実現に必要な平等な関係の確保をするなど、「生活学習」実践における経験と考え方が形を変えて表れている。郷土教育は、当時の厳しい社会情勢と学校への厳しい視線の中、地方公立小学校に複層的に学習者主体教育を原理とする学校を構築する試

みであったと考えられる。

『新郷土教育の原理と實際』の序に目指された「概念なき認識」とは、目的と価値を認識者自身に置きつつ「生活」としての「郷土」に対峙すること、及びそれを認識する者自身が新たな価値を見出すことであった。

4．目的としての「見る」こと

峰地実践を貫いているのは「見る」ことである。峰地実践は常に子どもが、子ども自身の周囲をどう見いだすのかという部分で形成されている。

このことを端的に示すのが、三期を通じて実践の方法的特徴としてあげられる「課題」である。『最新小學綴方教授細目』の時点ですでに課題の必要性を主張しているが、これは、練習目的の課題ではなく、書くこと以前の深く見るための刺激としての課題であった。

「生活学習」における課題も外的刺激としてある。その意味では、「環境」も教師も学校も生活も全て「課題」である。ここに主体は常に児童にあって、教師は支援者でしかないという位置づけを見ることが出来る。

「郷土教育」においても課題は、興味を喚起し、児童と対象との関係をより緊密なものとするための補助としてあった。ここで言う「興味」が、表面的な興味でなく、深い関心としてあることを求めているのは、「生活学習」におけるものと同様である。

「生産教育」における組合や工場も、児童がそれぞれの役割を理解し、責任を担うことによって、深い関心を形成するための「場」であり、外的刺激をもたらす環境として位置づけられるという意味で「課題」であった。

峰地実践の変遷は、それぞれの場で直面した子どもに求めた「見る」ことの内実の変遷によるものでもあったと言える。

第2節　学習者主体教育のありか

峰地光重の教育における学習者主体を可能にしていたのは、学習者の認識を中心とした実践構成である。ただしデューイや篠原助市の生活即教育

論の検討から、準備教育を否定した生活即教育の実践というだけでは学習者を状況の中に置くことはできないことが明らかになった。生活即教育かつ子どもの外にある社会や文化などの価値の連続的発展を目指さない覚悟においてようやく、教室の学習者一人一人がそれぞれにとっての学びの中に置かれることとなる。

　学習者主体教育における教師は、教師が信じる発展の方向へと学習者を導くことを諦めなければならない。教師は学習者にただ寄り添う者でしかない。学習者主体は、学習者が学習者であることを、教師が信じることを前提として成立する教育パラダイムである。

　それが確かに初期の池袋児童の村小学校にあったことを信じつつ、一方で学習者主体は未だ想像の域にあるに等しい原理であるように思われる。

　本書は、峰地光重の実践を学習者主体という観点から大まかに照らし出すことにとどまるものとなった。時代や他の教育実践との関係を視野にいれつつの検討に至ることは出来ていない。

　今後の当面の課題として、初期の池袋児童の村小学校における実践について、その記述を学校全体の状況や野村芳兵衛や平田のぶなど他の教師達による実践との関係の中に置いて検討する必要があると考えている。池袋児童の村小学校における学習者主体教育が短命に終わった理由の第一は実践の行き詰まりであり、そのことの検証は、実践一つ一つを個別に見ることだけでは不十分であるからである。

　また、今回は触れられなかったが、峰地光重の晩年の実践である岐阜県多治見市池田小学校廿原分校での実践は、そこを訪れた野村芳兵衛によれば、彼等が池袋児童の村小学校にいた当時のようであったということである。廿原分校での様子を描いた『はらっぱ教室』には、次第に健康になってゆく児童らの様子が描かれるなど、初期の池袋児童の村小学校についての記述を髣髴とさせる。学習者主体教育実践が行われていたことがうかがわれ、興味深い。

　最後に、本書を閉じるにあたって序章の問いに立ち返り、現代の学校に

目を向けたい。

　峰地実践は、具体的には、事物や生活を対象化すること、観察すること、それに深く関わること、また多様な観点から見ることなどでを行うものであった。事物や生活を対象として認識する、そのこと自体への教育としての取り組みであった。

　一方、現在の学校における学習は、すでに認識され言語化されたものについて扱うことがほとんどである。そのため、例えば峰地の実践についても、表現が綴方である場合は綴方の学習として、生活を表現とする場合は「生活」の学習として、認識の対象が「郷土」である場合は社会認識教育とされ、別々に取り扱われてきた。これは、現在の学校教育における実践が、学習内容としてすでに対象化されたものによって分類・構成されているからにほかならない。

　国語科教育も同様である。言葉に関わる教科として、現象した言葉の姿によってほとんどの実践や研究が分類構成されている。しかし、現象としての言葉は氷山の一角のごときものであり、それぞれ海面下に大きな背景を持つ。個々の背景を言葉に現象させることは、ある境界（＝海面）を越えることであるにもかかわらず、国語科教育の教室では、それが当然のこととされ、ほとんど看過されてきた。峰地実践はその、認識が言葉として現象化するその海面部分に焦点化した実践であったといえる。

　学習者主体とはまた、学習者一人一人を状況の中に置くことである。その意味での学習者主体は現在の実践のここかしこにすでに存在している。峰地光重による学習者主体教育実践構築への軌跡を追うことはパラレルワールドの如く存在する様々な教育のありかたとしての現在の実践へも目を向けさせてくれる。

　学習者主体とは、教室の学習者を学びの当事者とすることである。そのことは、今そこにある言葉に今そこにある学習者の学びとして向き合うべき国語科の教室において、特に意義が深いものであると考えている。

　　　　　　　　おわりに

　本書は、博士学位請求論文「峰地光重教育思想の研究」(2009年　広島大学大学院教育学研究科に提出)を、平成26年度筑紫女学園大学学術出版助成を受けて公刊したものである。学位請求論文は、主査として難波博孝先生、副査として吉田裕久先生、木村博一先生のご指導を受けた。
　公刊に際して、表題を『峰地光重の教育実践　―学習者主体教育への挑戦―』と改め、論文全体を学習者主体を視点として圧縮と加筆修正を行った。

　教師としての私の原点は広島市立基町高校にある。「国語教官室」という札の下がった天井まで本の詰まった狭い部屋の様子が、旧校舎が無くなった今でも、ありありと眼に浮かぶ。伝統校の持つ豊かな蓄積の中での、温かく、しかしあっという間の13年間であった。次の広島市立広島商業高校勤務中の2002年より広島市の研修制度によって広島大学大学院教育学研究科教育学専攻国語文化教育学専修に在籍した。大学院は現場で覚えてきたことがほとんど意味をなさない研究の場で、以来ずっと、言語の異なる二つの世界を行き来している感覚が抜けない。
　指導教授難波博孝先生には、修士論文の時からご指導をいただいている。修士論文のテーマは「生徒の声を聞きとどけるための研究　―ケアリングと女性の生活の表現とから考える―」である。ノディングズのケアリングを視点とし、表現としての家事と『源氏物語』の女性の方法を例として、弱者の持つ力と方法を可視化し、それを通して同じ弱者としての学習者にとっての力について考えようとしたものであった。
　その後数年の勤務の後、広島市を退職して博士課程後期に在籍し、本書のテーマである峰地光重の実践研究に取り組んだ。修士論文の研究内容とは全く関連のない分野だと考えていたが、今ここに至ってそのつながりを

見出し驚いている。思えばあのときからテーマは学習者の声に耳を澄ますことであった。

　修士論文とつながる底流を見出すにあたって、難波先生が、ご指導にあたって私自身の深い問いに向かわせて下さったことにようやく思い至り、改めて感謝に堪えない。独りよがりな私の拙い模索を様々な形で支え続けて下さったことこそは、学習者主体教育そのものであると今になって感じている。

　本書の研究にあたっては、難波先生の他に多くの方に協力と助言をいただいた。国語科教育では吉田裕久先生、山元隆春先生、中洌正堯先生、菅原稔先生、大内善一先生に有効なコメントやご助言をいただいた。吉田裕久先生を初め、ここにお名前をあげさせていただいた先生方にお目にかかるたび、ここは学校だと感じる。私がよく知っている温かい学校である。国語科教育に関わる先生方には同様の感覚を覚える方が少なくない。本当に学校とは一体何だろう。社会科教育の木村博一先生には、博士課程後期在学中を通じて、毎週大学院のゼミに参加させていただいた。峰地光重との出会いも木村博一先生からお借りした本が始まりである。木村先生からは、郷土教育についての実際的なご助言とともに、研究するということについても多くの学びを得ることができた。デューイについては中村和世先生のご指導を受けた。アメリカから帰られて間もなかった先生のご指導は新鮮で、ついていくのが必死だったけれど、今に大いに活かされている。

　そして現在の私が教育について考えていることも本書の研究も、私を実践者として時間をかけて育てて下さった広島市立基町高校国語科の先生方のおかげによるものであるとしみじみと思う。

　また、いつも快く迎えて下さる峰地正文さんとお母様。大山のふもとの峰地家の静かなたたずまいと共に、うかがったいろいろなお話を思い出す。少々不思議なことだけれど、光重氏は、縁側や庭に来た雀なんかの野鳥を手に乗せたりして、よく一緒に過ごしていたのだそう。それから光重氏は、いつか自分の教育を理解してくれる人が現れると語っていたともうかがった。表紙のほか、写真はすべて峰地家所蔵のものである。鳥取の田村達也

さん、豊島区郷土資料館他、資料を快く提供して下さった多くの方々、年齢を経てからの院生生活で巡りあった友人達にも心から感謝している。

　学校とは、誰かが誰かの声に耳を澄ますための場所であるのだと思う。

　研究として不足の多い本書は、学習者に同じく、声を持たない存在である実践者としての私の切なる声の書でもある。できることなら、批正、ご指導いただければと希望している。

　本書の刊行にあたって、渓水社の木村逸司さんには、多くのご無理を申し上げたにもかかわらず、いろいろな面で支えていただいた。また筑紫女学園大学の日本語・日本文学科の先生方、事務の高田晶子さんに応援していただいたことは何よりの力であった。学園、教職員の皆さんの温かい雰囲気と研究への有形無形の応援に心より感謝している。最後に、いつも見守ってくれている夫と、娘、そして両親にもこの場を借りて感謝の気持ちを伝えたいと思う。

　二〇一五年　遅い春

著　者

主要引用参考文献

浅井幸子、「峰地光重による事物の教育―新教育における田園学校の夢とその展開―」、「國學院大學　教育学研究室紀要」、2002年

浅井幸子、『教師の語りと新教育―「児童の村」の1920年代―』、2008年、東京大学出版会

浅井幸子、「教育の世紀社による「児童の村」構想の成立過程　――教育擁護同盟の運動を中心に――」、「日本教育史研究１９」、2000.8

磯田一雄、「『教育の世紀社』の教育思想―「児童の村小学校」成立の背景として―」、国際基督教大学学報Ⅰ－Ａ　教育学研究19、1976.3

伊藤純郎、『郷土教育運動の研究』、思文閣、1998

稲葉宏雄、「大正期におけるデューイ　教育思想の理解と解釈　―篠原助市と永野芳夫の場合―」、日本教育研究センター、『デューイ研究の現在―杉浦宏教授古稀記念論文集―』、1993

因伯私立教育会、『因伯教育』、鳥取県教育会、『復刻版　因伯教育』

上田庄三郎、『調べた綴方とその実践』、厚生閣、1932、『調べた綴方とその実践　上田庄三郎著作集　第6巻』、国土社、1979

梅根悟「解説　篠原助市とその教育学」、『世界教育学選集55　批判的教育学の問題』、明治図書、1970

海老原治善、『現代日本教育実践史』、明治図書、1975

大井令雄、『日本の「新教育」思想　野口援太郎を中心に』、勁草書房、1984

大内善一、『国語教育学への道』、渓水社、2004

大内善一、『昭和世前期の綴り方教育にみる「形式」「内容」一元論　―田中豊太郎の綴り方教育論を軸として』、渓水社、2012

大久保正健、「言語と神」、『日本デューイ学会紀要　第30号』、1989

岡谷昭雄、「鈴木三重吉『赤い鳥』綴方成立史の研究」、仏教大学『教育学部論集　第9号』、1998

小川貴志、小川貴志編著『日本語教育のフロンティア　―学習者主体と協働』、くろしお出版、2007

小国喜弘、『民俗学運動と学校教育　民族の発見とその国民化』、東京大学出版会、2001

小田迪夫、「『赤い鳥』の科学的説明文」、全国大学国語教育学会、『国語科教育26』、1979 小田内通敏、『聚落と地理』、古今書院、1928

影山清四郎、「郷土教育に見る社会科作業学習理論の再評価」、『社会科教育学研究　第三集』、明治図書、1976

鹿島徹、『可能性としての歴史』、岩波書店、2006
梶原郁郎、「経験主義の学習組織論における仕事と地理・歴史の認識連関―幼児の言語獲得における他者認識に遡って―」、『日本デューイ学会紀要44号』、2003
川合章、「Ⅱ　生活教育と綴方教育」、『生活教育の100年―学ぶ喜び・生きる力を育てる―』、星林社、2000
川合章、「戦前日本における生活教育論について」、『埼玉大学紀要　教育学部（教育科学）第29巻』、1980
川口幸宏、『生活綴方研究』、白石書店、1980
川口幸宏、「昭和初期郷土教育における『生活』観」、「講座　日本教育史」編纂委員会『講座　日本教育史（第四巻）現代Ⅰ／Ⅱ』、第一法規出版株式会社、1984
河原和枝、『子ども観の近代　―『赤い鳥』と「童心」の理想―』, 中公新書、1998
柄谷行人、『定本　柄谷行人集1　日本近代文学の起源』、岩波書店、2004
北岡清道「調べる綴方―峰地光重を中心に―」、『鳥取大学教育学部研究報告　教育科学』第14巻第1号」、1972.6
北村和夫、「昭和初期長野県下における郷土教育の実践―竹内利美の実践の検討を中心に―」、日本民俗学会、『民俗学と学校教育』、名著出版、1989
杵淵俊夫、「農村経済再生運動と郷土教育―近代学校教育体制の現代的『転換』：教育民俗学の試み（2）―」、『上越教育大学研究紀要　第19巻第1号』、1999.9
教育の世紀社、『教育の世紀』、1923.10-1927.10
郷土教育連盟、『郷土』『郷土科学』『郷土教育』復刻版1－6 、名著編纂会、1989
久保田英助、「郷土の綴方教育――上灘小学校における峰地光重の実践――」、『国語教育史研究　第2号』、2003
駒村徳寿・五味義武、『写生を主としたる綴方新教授細案　下』、目黒書店、1915
佐々井秀緒、峰地利平、『綴方作文の先覚峰地光重』、あゆみ出版、1984
佐々木倫子、「パラダイムシフト再考」、独立行政法人国立国語研究所編『日本語教育の新たな文脈　―学習環境，接触場面，コミュニケーションの多様性―』、アルク、2006
佐藤明宏、「峰地光重の最新綴方教授細目に見られる文章表現観」、『香川大学教育学部研究報告　第1部』、1996
篠原助市、『批判的教育学の問題』、東京宝文館、1922、『学術著作集ライブラリー　篠原助市著作集　第1巻　批判的教育学の問題』、学術出版会、2010

ジョン・デューイ「私の教育的信条」、大浦猛編者『創業六十年記念出版　世界教育学選集87　実験学校の理論』、明治図書、1977

ジョン・デューイ／市村尚久訳、『学校と社会・子どもとカリキュラム』、講談社学術文庫、1998

ジョン・デュウイー／帆足理一郎訳、『民主主義と教育　改訂新版』、春秋社、1959

鈴木三重吉、『綴方読本』、中央公論社、1935

鈴木三重吉、『赤い鳥』1918.7-1929.3　1931.1-1936.10、日本近代文学館、1979

生活学校復刊刊行委員会編著、『生活学校』1－6、教育史料出版会、1979

高橋修、「作文教育のディスクール　―＜日常＞の発見と写生文―」、小森陽一・紅野謙介・高橋修、『メディア・表象・イデオロギー　明治三十年代の文化研究』、小沢書店、1997

竹内利美編著、『小学生の調べたる　上伊那川島村郷土誌』、アチック　ミューゼアム、1934

竹内利美編著、『小学生の調べたる　上伊那川島村郷土誌　続編』、アチック　ミューゼアム、1936

田中史郎、「昭和初期の郷土教育―郷土教育連盟の郷土教育論―」、永井滋郎他、『社会認識教育の探求』、第一学習社、1978

田中智代子、「手塚岸衛における『自由』―自学と自治の実践をてがかりに―」、『東京大学大学院教育学研究室研究室紀要第39号』、2013.9

谷口和也、『昭和前期社会認識教育の史的展開』、風間書房、1998

田浦武雄、「特別研究『デューイと教科の原理』デューイの言語論」、『日本デューイ学会紀要　第19号』、1978.10

田村達也、「日記に見られる峰地光重の作文行動（1）」、『鳥取県立公文書館研究紀要　3』、2007

田村達也、『峰地家資料』、私家版

太郎良信、『生活綴方教育史の研究―課題と方法―』、教育史料出版会、1990

太郎良信、「峰地光重の生活指導論の検討―特別活動の歴史的系譜についての研究―」、『日本特別活動学会紀要　第1号』、1993.3

『綴方生活』復刻委員会編、『綴方生活』復刻版、第1巻～第15巻、1980

鶴見俊輔、「日本のプラグマティズム―生活綴り方運動―」、鶴見俊輔・久野収『現代日本の思想』、岩波新書、1956

鳶野克己、「生の冒険としての語り」、『物語の臨界―物語ることの教育学』、世織書房、2003　中内敏夫、『生活綴方成立史研究』、明治図書、1970

中内敏夫「「活き通し」の人間形成」、『中内敏夫著作集Ⅶ　民衆宗教と教員文化』、藤原書店、2000

中洌正堯、「峰地光重の読方教育論」、全国大学国語教育学会『国語科教育　第三十三集』、1986
中野光、『教育名著選集⑩　大正自由教育の研究』、黎明書房、1998
中野光・髙野源治・川口幸宏、『児童の村小学校』、黎明書房、1980
滑川道夫、『日本作文綴方教育史２　大正篇』、国土社、1978
滑川道夫、「第４章　教育の生活化をめぐる論争」、『日本教育論争史録・第二巻近代編（下）』、第一法規、1980
野家啓一、『物語の哲学』、岩波現代文庫、2005
野地潤家、『作文・綴り方教育史資料　上』、桜楓社、1976
野村芳兵衛、『新教育に於ける學級經營』、聚芳閣出版、1926
波多野完治、「自由選題論争の歴史性―綴方教育問題史―」、『教育』第三巻第二号、1935.2
藤武、「言語・数の基礎技能と幼児教育―デューイの理論を中心に―」、『京都産業大学論集　人間科学系列三』、1974
前田真証、「峰地光重氏の綴り方教授観―小学校綴り方教授細目を中心に―」、『福岡教育大学紀要(文化編) 31』、1981
松井貴子、『写生の変容―フォンタネージから子規、そして直哉へ』、明治書院、2002
松下晴彦、「Knowing and Known におけるデューイとベントリーの言語観」、『日本デューイ学会紀要　第三三号』、1992
峰地光重、『最新小學綴方教授細目』、児童研究社、1921、『峰地光重著作集９』、けやき書房、1981
峰地光重、『文化中心綴方新教授法』、教育研究会、1922、『峰地光重著作集１』、1981
峰地光重、『文化中心國語新教授法(上)』、教育研究社、1925、『峰地光重著作集２』、1981
峰地光重、『文化中心國語新教授法(下)』、教育研究社、1925、『峰地光重著作集３』、1981
峰地光重、『新教育と國定教科書』、聚芳閣、1926、『峰地光重著作集４』、けやき書房、1982
峰地光重、『新訓導論』、教育研究会、1927.1、『峰地光重著作集５』、けやき書房、1981
峰地光重、『聴方教育の新研究』、日本教育學会、1927.10、『峰地光重著作集６』、けやき書房、1981
峰地光重、『小學綴方教授細目』、文園社、1929
峰地光重、『各學年各教科新郷土教育の實踐』、人文書房、1931、『峰地光重著作集８』、けやき書房、1981

峰地光重、『上灘小學校の教育』、東伯印刷所、1932.4、『峰地光重著作集9』、けやき書房、1981
峰地光重、『郷土教育と實踐的綴方』、郷土社、1932.3、『峰地光重著作集9』、けやき書房、1981
峰地光重、『生産の本質と生産教育の實際』、厚生閣書店、1933.4、『峰地光重著作集１０』、けやき書房、1981
峰地光重、『子供の郷土研究と綴方』、厚生閣書店、1933.9、『峰地光重著作集１１』、けやき書房、1981
峰地光重、『綴方教育發達史』、啓文社、1939、『峰地光重著作集１３』、けやき書房、1981
峰地光重・今井誉次郎、『学習指導の歩み　作文教育』、東洋出版社、1957
峰地光重、『生活読方の理論と工作』、1959、『峰地光重著作集１７』、けやき書房、
峰地光重、『私の歩んだ生活綴方の道』、明治図書、1959、『峰地光重著作集１６』、1981
峰地光重、「遊戯の學習化に対する疑問」、『教育論叢　16巻2号』、1926.8
峰地光重、「四たび『遊戯の學習化』の問題について」、『教育論叢』 17巻2号、1927.2
峰地光重、大西伍一『新郷土教育の原理と實際』、人文書房、1930、『峰地光重著作集7』、けやき書房、1981
民間教育史料研究会、中内敏夫・田嶋一・橋本紀子編著『教育の世紀社の総合的研究』、一光社、1984
メイヨー／エドワーズ共著　梅根悟／石原静子共訳、『シリーズ世界の教育改革4　デューイ実験学校』、明治図書、1978
森久佳、「デューイスクールにおける「読み方(Reading)」・「書き方(Writing)」のカリキュラムに関する一考察― 1898～99年における子どもの成長に応じたカリキュラム構成の形態に着目して―」、日本教育方法学会紀要『教育方法学研究　第31巻、2005
森分孝治「郷土教育論における社会認識教育Ⅰ―峰地光重の場合―」、内海巌編著、『社会認識教育の理論と実践―社会教育学原理―』、葵書房、1971
守屋貫秀、「尋一教育に於ける遊戯の学習化と其の実際」、『教育論叢　15巻6号』、1926.6
文部省、『初等科國語四　教師用』、東京書籍、1942
谷口雅子、「戦前日本における教育実践史研究Ⅴ―社会認識教育を中心として（郷土教育連盟の郷土学習論と各地の郷土学習の様相）―」、『福岡教育大学紀要　第53号　第2分冊』、2004
柳田国男編著、『郷土会記録』、大岡山書店、1925
山住正己、「解説」、豊田正子『新編　綴方教室』、岩波文庫、1995

山本茂喜、「池袋児童の村小学校における峰地光重の綴方教育」、筑波大学国語・国文学会『日本語と日本文学6』、1986.11

米盛裕二、「デューイの言語論に関する一考察」、『日本デューイ学会紀要 第3号』、1962 米盛裕二、「デューイ哲学における言語と認識」、『日本デューイ学会紀要 第4号』、1963

John.Dewey, Democracy and Education,1916, Dover Publication,2004

John..Dewey, The School and Society and theChild and the Curiculum,1915 ,1902, by the University of Chicago Press ,Dover Publication,2001

Mayhew,Katherine Camp and Anna Camp Edwards,The Dewey School：The Laboratory School of the University of Chicago 1896-1903,1936,by Atheron Press, 2007

事項索引

〈あ行〉

芦屋児童の村 82
ありのまゝ 19,24,25,41
池袋児童の村小学校 12,81,82,92,143
位地 148
イデオロギーと教育 211,213,214
活通し 66,186
意味 164

〈か行〉

概念なき認識 229,280,314
科学的 222,224,228,230,237,238,296,313
科学的態度 233,241
科学的認識 230,240
書き 164
学習者主体 9,10,193,311,315,320
学習指導案 170,172,174
学習者中心 9,10
学習と遊戯 99,105,106,213,309
課題 21,57,139,249,250,255,259,265,273,276,278,279,309,321
価値 117,121,321
価値転倒 23
価値の内在 112,125
学校 150,156,159
歓喜的學習 96,98
環境 121,126,131,136,142,156,158,159
関係の組み直し 89,183
観察の骨合 53,54,56,319
漢字学習 96
鑑賞 130
鑑賞文 139
聽方 127,128,170

教育課程 165
教育即生活論 82,144,146,151,153,160,185,320,322
教育の世紀社 82,84,89
教育の世紀社「教育精神」 84,86,90
教育の世紀社「宣言」 82,83
教育擁護同盟 83
教科の学習 111
教材 134,170,173
教師 150
郷土的取扱 287,296
郷土 217,228,246,248,314
郷土化 280,281,291,293,297,313
郷土科 313
郷土会 222,226,312
郷土教育 13,216,228,242,247,255,314,320,321
郷土教育連盟 280,312
郷土研究 223,226,229,255,256,259,266
郷土誌 266
郷土室 242,244,245,314
郷土調査 275
興味 249,253,309
九十九里濱夏の生活 99,100
黒住教 14,66
継承 221
系統案 174
系統性 165
劇化 169,179,181
言語活動 165,168
原始生活 176,181
考現学 227
構成 19,20,28,30,41,42,64
構成的世界観 146,152,186,219

国語　100,126,140,323
個人の尊重　93
コミュニケーション　162,164,169

〈さ行〉
作業　109,118
算数（術）　101,105
自然科学的研究　227,294
思想の構成　205,209,214,
実用主義　147
児童に目覚めた教育　67
児童の村のプラン　89
自発活動　86,90,183,311
事物主義　14
社会科　165
社会認識教育　13,194,199,227
写生　17,18,23,25
写生主義　46,77
写生文　21,24,26,32,34,35,39,41,42,64,
　319
修身　136
収得　126,127,222,296
主客融合　76
順応　148
情緒　234,240
上灘小学校　197,242,304
新課題主義　250
新課題法　253
進化論　176
新教育　84,85,87,89,196,311
新郷土教育　193,215,216,313
人文地理学　224
随意選題論争　18,19,21
正確な認識　236,238,239,240
生活解放　120,142
生活学習　110,113,128,129,137,139,140,
　141,144,155,160,175,182,214,217,219,
　229,247,309,311,312,313,314,320
生活観照　137

生活指導　13,71,123,126,125
生活準備説　147,184,219
生活の記録　64,68,78,143
生活読方　14
生産化　303,311
生産教育　297,298,303,314,320,321
生産教育論争　304,309
精読　130
相互学習　48,57
創造的要求　65
組織化　310,314
組織図　299,300,310

〈た行〉
題材主義（綴方）　254,295,296
題材の発見　54,56,64,79
対象化　26,28,30,32,39,41,54,62,64
地理　135,137,282,293,
綴方　127,139,323
綴方教師弾圧事件　12
手紙　94,103,104
統一的藝術觀的看方　201,202,209
道具　161,163,164
童謡　59,285
図書室　123,158

〈な行〉
内化　127,210
内発の興味　86,87,90,183,311
夏の学校　100
日本語教育　9,10

〈は行〉
発見　19,20,23,79,226,319
発表　169
話方　127,137
範文指導　47,58,63
雲雀丘児童の村　82
姫路プラン　85

表現　126,127,139
文芸主義綴方　263
文の組み立て　61
文話　48,140
方言　33,227,285
豊富な思想　204,205

〈ま行〉
民俗学　266,275
目的と価値の内在　118,142,183,186
模範文　139
模倣　43

〈や行〉
遊戯　120
読（讀）方　96,127,129,134,281
読み　164
読み書き　163,169

〈ら行〉
理科　97,135,165,299
歴史　282
連続的発展　147,152,160,185,186,219

人名索引

〈あ行〉
浅井幸子　14,195
芦田恵之介　17,18,20
稲葉宏雄　145
上田庄三郎　259,279
上田萬年　19
梅根悟　145
大井令雄　85
大内善一　25
大久保正健　162
岡谷昭雄　25
小田内通敏　224,227,312
小野武夫　226

〈か行〉
影山清四郎　195
梶原郁郎　165
柄谷行人　19,23
川口幸宏　195
杵淵俊夫　196
久保田英助　13
國木田獨歩　22,23,224
小国喜弘　248,276
五味義武　17

〈さ行〉
坂井俊樹　195
佐々井秀緒　13
佐々木倫子　10
佐藤明宏　13
志垣寛　81,84,103
志賀直哉　39
篠原助市　144,184,185,321
下中彌三郎　82,83,86
白井道人　198

鈴木三重吉　18,24,64

〈た行〉
高橋修 19
竹内利美　248,266
田嶋一　83,92
谷口和也　13
田上新吉　18,21
田浦武雄　162
爲藤五郎　82
太郎良信　13
手塚岸衛　85,145
ジョン・デューイ　10,144,145,161,322
友納友次郎　18,21
豊田正子　25,28

〈な行〉
中内敏夫　14,24,86,196
中洌正堯　14
中野光　86
滑川道夫　264
新渡戸稲造　222,312
野口援太郎　82,83,85
野村芳兵衛　82,322

〈は行〉
波多野完治　20
樋口勘次郎　19
平田のぶ　82,322
藤武　162
細川英雄　10

〈ま行〉
前田真証　13
松井貴子　34,39

338

松下晴彦　162
森久佳　164
森分孝治　13,194

〈や行〉
谷口雅子　13
柳田國男　226,247
山住正己　25
山本茂喜　13
米盛裕二　162

書名索引

〈あ行〉
赤い鳥 18,24,26,28,64,198,253,263,319
上灘小學校の教育 194,242,299

〈か行〉
教育の世紀 81,82,83,91,92,106
各學年各教科新郷土教育の實踐 194,198,286,290
学習指導の歩み 作文教育 6
学校と社会 10,163,169,
聽方教育の新研究 197
教育の世紀社の総合的研究 82
郷土教育と實踐的綴方 194,208,230,235,254,255,256,294
郷土學習指導方案 245
子どもとカリキュラム 10
子供の郷土研究と綴方 194,235,236,241,255

〈さ行〉
最新小學綴方教授細目 12,18,41,72,78,174,198
作文教授法 19
寫生を主としたる綴方新教授細案] 17
聚落と地理 312
小学生の調べたる上伊那川島村郷土誌 267,270,273
小学綴方教授細目 197,198,214
調べた綴方とその實踐 259,263
新教育と國定教科書 290
新郷土教育の原理と實際 12,193,194,196,197,215,228,242,249,256,280,281,298,312,314,321
尋常小學國語讀本 286
生活學校 303,304

生産の本質と生産教育の實際 194,298,299,301
生命の綴方教授 18
綴り方教授 17,20
綴方教室 25
綴方生活 12,25,197,198,199,254

〈た行〉
デューイ実験学校 10,161,165,174,176,179,182
統合主義新教授法 19

〈は行〉
はらっぱ教室 13,322
東伯兒童文集 252,264
批判的教育學の問題 145,146,161
文学形象の綴方教育 264
文化中心國語新教授法 81,91,110,113,142,158,161,176,210,219,309
文化中心綴方新教授法 12,17,18,41,65,78,137,201,249,251,295
ホトヽギス 19,24,39

〈ま行〉
民主主義と教育 145,164

〈わ行〉
私の歩んだ生活綴方の道 6,13

【著者】

出雲　俊江（いづも　としえ）

著者略歴
1963年生まれ。
東京女子大学文理学部日本文学科卒業。
広島市立基町高等学校他教諭。
広島市の研修制度により広島大学大学院教育学研究科言語文化教育専攻国語文化教育専修博士課程前期修了。のち広島大学大学院教育学研究科学習開発専攻カリキュラム開発専修博士課程後期修了。博士(教育学)。学位請求論文『峰地光重教育思想の研究』
現在　筑紫女学園大学文学部日本語・日本文学科　准教授

論文
「教室を現実の中におく試み―内的主体性を立ち上げるために―」、「『赤い鳥』綴方における鈴木三重吉の人間教育」、「『写生』の展開としての峰地光重実践―初期綴方実践から郷土教育へ―」「池袋児童の村小学校における学習者主体教育1　―教育の世紀社の教育構想に見る学習者主体―」(『国語教育学研究の創成と展開』) 他。

峰地光重の教育実践
―― 学習者主体教育への挑戦 ――

著　者　出雲　俊江　　　　平成28年4月25日　発行

発行所　株式会社溪水社
　　　　広島市中区小町1-4（〒730-0041）
　　　　電話 082-246-7909　FAX082-246-7876
　　　　e-mail: info@keisui.co.jp
　　　　URL: www.keisui.co.jp

ISBN978-4-86327-339-9 C3081